Karl Jaspers

Die maßgebenden Menschen

Sokrates · Buddha · Konfuzius · Jesus

R. Piper & Co. Verlag
München Zürich

Von Karl Jaspers liegen in der Serie Piper außerdem vor:

ISBN 3-492-10126-7
Neuausgabe 1975
9. Auflage, 44.–47. Tausend Januar 1986
(5. Auflage, 19.–22. Tausend dieser Ausgabe)

Umschlag: Disegno
Satz: Eugen Göbel, Tübingen
Druck und Bindung: Clausen & Bosse, Leck
Printed in Germany

Inhalt

SOKRATES

BUDDHA

KONFUZIUS

Warum Persönlichkeit

36
Seite 98–39 Die Weise des

Umgangs

Wirkung Jesu

1) – Nach seinem Tod wird Jesus Inhalt
des Glaubens: Jesus Christus,
– Konsequenz: Es kommt nur darauf
an, daß Gott i. d. Welt und gekreu-
zigt wurde.
– Jesus ist nicht Begründer des Christen-
glaubens, sondern ein Moment.

Einleitung

I. VON MENSCHLICHER GRÖSSE ÜBERHAUPT

1. *Größe und Geschichte:* Menschen in ihrer Größe wurden jederzeit gesehen als Bild und Mythus und fanden Gefolgschaft. Größe wird erfahren: im Heroismus des Kriegers, in der ordnenden Gründungskraft des Gesetzgebers, in der Wirksamkeit von Planungen und Erfindungen, in der Offenbarung göttlicher Mächte, in der Erschütterung und Befreiung durch Dichtung und Kunst, in der Erhellung durch den Gedanken. In anfänglichen Zuständen wurde dies alles in Einem getan oder gesehen.

Geschichte hat der Mensch, wo aus der Vergangenheit Größe zu ihm spricht. Bindung an die Tiefe des Göttlichen, sittliche Entschiedenheit, Gehalt des Welterblickens, Klarheit des Wissens haben ihren Ursprung in großen Einzelnen.

Wie sie angeeignet werden, macht den Rang der Völker und wird den Rang der Menschheit im Ganzen bestimmen. In ihrem Spiegel kommt jede Gegenwart zu sich, findet gegenwärtige Größe ihr Maß. Sie werden vergessen und tauchen wieder auf. Sie werden heller gesehen und treten zurück in Verschleierungen. Ohne sie bleibt das Dasein geschichtslose Nichtigkeit.

2. *Was ist Größe?* Der große Mensch ist wie ein Widerschein des Ganzen des Seins, unendlich deutbar. Er ist dessen Spiegel oder Stellvertreter. Nicht verloren an die Vordergründe steht er im Umgreifenden, das ihn führt. Seine Erscheinung in der Welt ist zugleich Durchbruch durch die Welt, sei es als der schöne Schein der Vollendung, sei es als tragisches Scheitern, sei es als die rätselvolle Ruhe in der aus dem Grunde beseelten unaufhaltsamen Bewegung seines Lebens, das zur Sprache der Transzendenz wird.

Wohl wird von der Größe auch etwas Nützliches geleistet. Aber in Leistung und Nutzen, mögen sie quantitativ noch so beträchtlich sein, liegt noch nicht Größe. Denn Größe ist nicht meßbar. Nur was sich auf das Ganze unseres Daseins, auf das Weltganze, auf die Transzendenz bezieht, kann Größe gewinnen. Das Nützliche der Leistung wird groß erst, wenn es von dort, vom Umgreifenden seinen Sinn erhält. Größe ist, wo das Reale, das für unsere Erfahrung allein die Wirklichkeit in der Welt macht, durch jenen Widerschein zu einem Symbol des Ganzen wird. Wo Größe ist, da ist Kraft, aber Kraft ist noch nicht Größe. Ob unverwüstliche, überschäumende Lebensenergie, ob geistige Schaffenskraft, ob intellektuelle Bezwingungsgewalt, irgend etwas von diesen gehört zwar zur Größe; denn was matt oder müde oder kurzatmig ist, hat nicht Größe. Aber Vitalität, Produktivität, Intelligenz, Tüchtigkeit und Arbeitskraft, sie alle machen als solche noch nicht die Größe, sondern erst in ihrer Verwandlung und Beseelung durch jenes Andere.

Größe ist ein Allgemeines in der Unersetzlichkeit einer geschichtlich einzigen Gestalt. Alles nur Allgemeine ist als solches, weil faßbar auch endlich, weil gedacht auch abstrakt. Das Allgemeine, das in geschichtlicher Gestalt wirklich geworden ist, bewahrt den Grund in der unfaßbaren Unendlichkeit des Wirklichseins. Größe trägt daher zwar in sich die Allgemeinheit und Allgemeingültigkeit, ist aber nicht in das von ihr in die Welt gebrachte Allgemeine auflösbar. Sie ist nicht mehrmals in gleicher Weise da. Was auch ein anderer hätte leisten können, ist nicht groß. Was sich identisch übernehmen, lernen und noch einmal tun läßt, wenn es auch einer zuerst getan haben muß, verleiht nicht Größe. Die Unersetzlichkeit allein hat Größe.

Diese Unersetzlichkeit aber hat Größe noch nicht als das Individuum in der Besonderheit eines Soseins, auch noch nicht in der Einzigkeit jeder liebenden Menschenseele, die nur dem Liebenden und Geliebten in der Verborgenheit sichtbar ist. Größe liegt in dieser Unersetzlichkeit erst, wenn sie einen objektiven Charakter gewinnt im Medium von Leistung, Werk, Tat, Schaffen und, diese überschreitend, mit ihrer Einmaligkeit Wahrheit für alle wird. Größe setzt voraus, daß ein Allgemeingültiges geschichtlich persönliche Gestalt annimmt. Erst die Einheit des persönlichen Individuums mit der Allgemeinheit einer Sache verleiht Größe. Es ist das Unerschöpfliche der geschichtlichen Persönlichkeit und des Werkes, daß es nicht als freischwebendes Allgemeines, in losgelöster Lehrbarkeit herausgeholt werden kann, ohne an Gehalt zu verlieren. Das Allgemeine als Lehrbarkeit einer Einsicht oder eines Tuns ist noch nicht jenes allgemeingültige Überpersönliche, das nur durch die Persönlichkeit spricht, wenn das Persönliche selber objektive Bedeutung gewonnen hat.

Wenn Größe noch nicht in Leistungen liegt, wenn Taten, Erfindungen, Forschungsergebnisse, schöne Bilder und gute Verse und Virtuosität noch keine Größe bedeuten, kurz, wenn alles objektiv Faßliche,

Aufweisbare noch nicht Größe hat, dann ist sie, weil ohne zwingende Kriterien, ein offenbares Geheimnis.

3. *Wodurch nehmen wir Größe wahr?* Unser Drang zur Befreiung aus der Enge sucht Menschen, die mehr sind als wir selbst, sucht die Besten. Indem wir uns unserer Kleinheit bewußt werden, aber durch die Großen zugleich den Anspruch erfahren, erweitern wir die Grenzen unseres möglichen Menschseins.

Größe ist da, wo wir in Ehrfurcht und Hellsicht spüren, wodurch wir selber besser werden. Von den großen Menschen geht die Kraft aus, die uns wachsen läßt durch unsere eigene Freiheit; sie erfüllen uns mit der Welt des Unsichtbaren, deren erscheinende Gestalten durch sie entdeckt, deren Sprache durch sie hörbar wird.

Wen ich groß sehe, offenbart mir, was ich bin. Wie ich Größe sehe, und mit ihr umgehe, dadurch komme ich zu mir selbst. Je reiner der Wille, je wahrhaftiger das Denken, desto klarer sprechen Wille und Wahrheit der Großen an. Die Möglichkeit des eigenen Wesens ist das Mittel für die Wahrnehmung der Größe.

Ehrfurcht vor den Großen schließt ein die Achtung vor jedem Menschen. Nur wer den Menschen achtet, ist fähig, auch in der gegenwärtigen Welt leibhaftig die Größe zu sehen, wie sie diesem Zeitalter vergönnt ist. Das Maß dieser Größe, mag sie noch so winzig sein, bleibt der Leitfaden zu der Größe in der Geschichte, die durch sie erst glaubhaft sichtbar wird. Die gegenwärtigen in Liebe und Ehrfurcht erblickten Menschen geben das Maß für die Schätzung des Menschen überhaupt und seiner Möglichkeiten.

Größe ist für uns noch nicht da, wenn wir Quantitatives bestaunen, wenn wir etwa am Maß unserer Ohnmacht die Macht derer wahrnehmen, die uns beherrschen. Wir sehen auch noch nicht menschliche Größe, wenn unser Drang zur Unterwerfung uns die Verantwortung abnimmt, wenn diese Lust am Sklavesein unseren Blick trübt und einen Menschen übersteigert.

Größe sehen wir nicht mehr, wenn wir nur forschend untersuchen. Sie verschwindet daher im Raume psychologischer und soziologischer Wissenschaft. Die Denkweisen der Psychologie und Soziologie, wenn sie absolut werden, machen blind für Größe. Diese löst sich für sie auf in Begabungen, Eigenschaften, in das, was durch »Tests« und durch historische Wirkung objektiv und quantitativ feststellbar ist.

Erst das Dasein der Großen ist wie eine Garantie gegen das Nichts. Sie zu sehen, ist an sich von unvergleichlicher Befriedigung.

4. *Reflexion über die Größe:* So weit geschichtliche Erinnerung reicht, immer ist in Menschen Größe verehrt worden. Groß sind die Herrscher der Urzeit, sind die mythischen Rishi's in Indien, denen die Offenbarungen zuteil wurden, sind die Namen der frühen indischen Denker (Yajnavalkya, Sandilya, Kapila), sind die Gründer der Vorzeit in China, sind die Weisen in Ägypten (Imhotep, Ptahotep), ist Gilgamesch in Mesopotamien. Sie sind historisch im Sinne empirischer Faktizität durchweg nicht faßbar. Es sind Gestalten der religiösen, denkerischen, sittlichen, politischen, erfinderischen, technischen Führung in eins. In der Folge sind es die realen historischen Gestalten, vor allem die des Alten Testaments, der Griechen und der Römer, dann einige Chinesen und vereinzelte Inder, die als Große anerkannt, als Bringer des Guten und als Vorbilder vor Augen gestellt wurden.

Zunächst sah man Größe nur faktisch. Reflektiert wurde über den großen Menschen schon in den homerischen Gedichten. Heraklit sprach das Wort: Einer gilt mir Zehntausend, wenn er der Beste ist. Die Sophisten, Plato, Aristoteles, Poseidonios erörterten die Größe als Begabung, als Gottesauftrag, als dämonische Wirklichkeit, als Enthusiasmus, als Vollendung denkender Einsicht, als ursprüngliche Einheit alles Schaffens im menschlichen Wesen.

Ein später Entwurf menschlicher Größe findet sich bei Longinus (1. Jahrhundert n. Chr.); er schreibt: Die gottgleichen Männer hatten im Auge, daß die Natur uns nicht als niedrige und unedle Geschöpfe ansah, uns vielmehr in das Leben und den Kosmos wie in eine große Festversammlung einführte, damit wir in ihr Zuschauer und Mitkämpfer würden, und unseren Seelen von Anfang an eine unbezwingliche Liebe zu allem einpflanzten, was groß und göttlicher ist als wir. Deshalb genügt dem Schauen menschlicher Kühnheit selbst das Weltall nicht, denn wir überschreiten in Gedanken auch die Grenzen der umhüllenden Sphäre. In der Welt aber bewundern wir vor allem das Ungemäße und Große und Schöne, nicht die kleinen Flüsse, sondern den Nil und die Donau oder den Rhein und noch viel mehr den Ozean, nicht das vor uns angezündete Flämmchen, sondern die Himmelslichter und die Krater des Ätna. Leicht zu erwerben ist das Nützliche oder auch das Notwendige, bewundernswert ist jedoch immer das Außerordentliche. Die großen Männer strebten in ihrem Schrifttum nach dem Höchsten, verschmähten die in jedem Stück peinliche Genauigkeit, darum ragen sie, von Fehlerlosigkeit weit entfernt, über das Maß alles Sterblichen hinaus. Das Fehlerlose schützt nur vor Tadel, das Große aber erzwingt Bewunderung. Die Erhabenheit des großen erhöht sie bis an die Majestät Gottes.

Die Auffassung der Größe steht selber in geschichtlicher Wandlung. In der Geschichte des Geniebegriffs fand sie einen Niederschlag seit

zum Kaspern mit Kaspers fehlt ihm das gewisse Etwas.

der Renaissance (Zilsel). Im Sehen der Größe galt es, sich herauszuarbeiten aus der beschränkenden Parteilichkeit zum Blick auf die Größe als solche in ihrer Objektivität. Wenn man zunächst gebunden war an Menschen, denen man sich verpflichtet fühlte durch die eigene Gemeinschaft von Stadt und Volk, so war es ein Ruck der Befreiung, wenn Größe als solche gesehen wurde, gleichgültig wo, in allen Völkern, auch im Feinde. Wo überhaupt Größe ist, da enthält man sich der parteiischen Entscheidung für oder wider und erkennt sie als solche an, mit der Befriedigung im Anschauen ihres Daseins. Man ist parteiisch allein für die Größe als solche gegen alles, was wider die Größe sich empört, sie nicht will und am liebsten vernichten möchte, und dies vorläufig dadurch tut, daß ihre Anschauung verweigert wird.

Wahre Ehrfurcht steigert die Empfindlichkeit und die Unterscheidungsfähigkeit für den je Einzigen, Unersetzlichen im Reich der Geister. Sie will nicht durch bloße Betrachtung in eine kraftlose Unverbindlichkeit geraten, sondern den Anspruch der Größe ernst nehmen dadurch, daß ihr eigenes Sehen dem Ernst entspringt. Sie steht in der Erwartung, daß in aller Größe eine Norm liege, die am Ende, unbegriffen und unbegreiflich, in einer einzigen Transzendenz gründet.

5. *Gegen die Menschenvergötterung:* Ehrfurcht vor der Größe ist nicht Menschenvergötterung. Jeder Mensch, auch der größte, seltenste, kostbarste, bleibt Mensch. Er ist von unserer eigenen Art. Nicht Kult ist ihm angemessen, sondern das Sehen seiner Wirklichkeit in ihrer Schleierlosigkeit, in der die Größe erst gewiß wird. Nicht in der Mythisierung ist das Große zu bewahren, sondern im Erblicken der gesamten Realität des großen Menschen.

In den anfänglichen Zeiten findet die wirkliche Persönlichkeit noch keine Beachtung. Man denkt nicht an diesen realen Einen, sondern an die göttlichen Mächte, die aus ihm wirken, nicht an seine Innerlichkeit und Gesinnung, sondern an seine Tat, nicht an den Einzelnen als solchen, sondern an die Gemeinschaft, die er vertritt. Und wo man sich einem Einzelnen als der Autorität unterordnet, tut man es nicht angesichts seines persönlichen Wesens, sondern weil man göttlichen Willen, dämonische Macht in ihm inkarniert glaubt.

Etwas von dieser anfänglichen Haltung geht durch die weitere Geschichte bis heute. Die Idee des Einen, von der Gottesidee auf den Menschen übertragen, hebt diesen einen Menschen, durch einen Abgrund getrennt, aus allen übrigen heraus. Ob die Vergötterung dem Lebenden oder dem Toten gilt, er rückt in eine andere Seinsweise. Ein ferngerückter Nicht-mehr-Mensch, Übermensch, gar Gott, zurechtgerückte oder verdeckte Realität, wird aufgerichtet gegen alle anderen, die in ihrer Gleichheit des Nichtgroßseins übrigbleiben, unterschieden nur dadurch, ob sie an ihn glauben oder nicht.

Es ist eine große und eigentümliche Aufgabe der Philosophie, die Menschenvergötterung in der Helligkeit ihrer Vernunft zu tilgen zugunsten der Ehrfurcht für menschliche Größe. Die Großen haben nie die Vergötterung sich selber gegenüber geduldet, auch nicht Jesus. Aber schon in der Spätantike gab es Artisten und Zauberer, die groß und einzig zu sein beanspruchten. Die wahrhaft großen Menschen haben jederzeit, trotz der Distanz, ihr Verhältnis zu anderen Menschen auf derselben gemeinsamen Ebene des bloßen Menschseins stattfinden lassen. Im Augenblick, wo sie es nicht mehr taten, verloren sie an Größe.

Auch große Philosophen wurden zuweilen von ihren Kreisen für die Einzigen gehalten und herausgehoben. Die Schulhäupter der Stoiker, der Epikureer, der Neuplatoniker genossen außerordentliche Ehren durch Generationen. Plato hieß der göttliche Plato. Konfuzius, Laotse, Meti waren für ihre Anhänger je die Einzigen. In kleinerem Maße geht das durch die akademischen Schulen der Professoren bis heute fort. Mit solcher Vergötzung ist jedesmal die Philosophie verlassen. Durch diese Irrung gewinnt die persönliche Gestalt des Philosophen, statt ein geschichtlicher Zugang zur Philosophie zu sein, einen Zug von Ausschließlichkeit. Wohl ist es gehörig, daß einige Wenige oder gar ein Einzelner vor allen anderen ansprechen und dann eine bevorzugte Stellung erhalten. Diese Liebe aber ist ohne Anspruch auf Allgemeingültigkeit. Hier entscheidet eine in der eigenen Selbsterziehung erfahrene Wirkung eines Großen und die Unmöglichkeit, viele Philosophen in gleicher Gründlichkeit kennenzulernen.

Denkwürdig ist, daß Emerson, der Fürsprecher der Heroenverehrung, zugleich die Unwahrheit in der Abgötterei gesehen hat. Durch diese Verkehrung sieht er einen Lehrmeister der Menschheit zu ihrem Bedrücker werden. Beispiele sind ihm die aristotelische Philosophie, die ptolemäische Astronomie, Luther, Bacon, Locke. Dies geschehe ohne Willen der Großen. Nur Kleine, die groß sein möchten, »finden ihr Entzücken darin, den Zuschauer zu blenden und unfrei zu machen«. Echte Größe aber »sucht uns vor sich selber zu beschützen«. Der einzelne Mensch, sagt Emerson, und auch der größte, ist »Exponent eines größeren Geistes und Willens«. Kein Mensch, auch der größte nicht, ist ein Ganzes. Daher geben wir es auf, nach einem ganz vollkommenen Menschen zu suchen. Die großen Menschen sind dazu da, daß größere werden. Den größten aber nennt Emerson den, »der sich selbst und alle Helden überflüssig machen kann, indem er in unsere Gedanken das Element der Vernunft einführt, die nicht nach Personen fragt, diese gewaltige Macht, die so groß wird, daß der Machthaber nichts wird.«

Wo Größe des Menschen als Menschen gesehen wird, da wird nie ein Einziger allein gesehen. Der große Mensch bleibt Mensch. Seine Größe erweckt, was ihm ähnlich in jedem sein kann. Der Unersetzlichkeit der in der Welt geltenden Größe entspricht die Unersetzlichkeit jeder Menschenseele, die unsichtbar im Verborgenen bleibt. Wer Größe sieht, erfährt den Anspruch, er selbst zu sein.

II. UNTERSCHEIDUNG DER PHILOSOPHEN VON ANDEREN GESTALTEN MENSCHLICHER GRÖSSE

Die Antike kannte Sammelbiographien berühmter Männer, Biographien der Kaiser (Sueton um 75–150), der Staatsmänner (Plutarch um 45–127), der Philosophen (Diogenes Laertius um 220 nach Chr.). Im Mittelalter gab es die Schemata von Gruppen der großen Gestalten der Vergangenheit, der Propheten, Apostel und Kirchenväter, der Kaiser, der Heiligen, der Dichter, der Philosophen. In der Zeit der Renaissance gab es Sammelbiographien berühmter Männer, in denen die Gruppen der Größe in Rangordnungen sich folgten, zum Beispiel dieser: Theologen, Philosophen, Poeten und Historiker, Krieger und Juristen, Ärzte, ritterliche Familien, Mechaniker, »deren Wissen von der Philosophie nicht weit absteht und die Praxis der Mathematik darstellt« (Michele Savonarola 1440, zit. nach Zilsel). In solchen Sammlungen wurde Größe verwechselt mit Berühmtheit oder mit den Leistungen an sich durchschnittlicher Geister oder mit der bloßen Merkwürdigkeit, so daß gar Hofnarren und monströse Zwerge aufgeführt wurden. Erst in der deutschen klassisch-romantischen Zeit wurde mit Bewußtsein die Größe als solche gedacht. Es wurden die vier Gruppen der Heiligen, Helden, Dichter und Denker üblich. Und innerhalb dieser Gruppen wurde echte Größe von sekundären Figuren unterschieden.

Wenn das Gemeinsame der Philosophen mit den Dichtern, Künstlern, Helden, Heiligen und Propheten der Bezug auf das Weltganze ist – die Erhellung des Geheimnisses von Sein und Dasein – die überzeitliche Wahrheit im geschichtlichen Kleide – die Freiheit von partikularen Interessen in der Welt –, was ist dann das Eigentümliche der Philosophen? Sie sind die Denker, die im Unterschied zu den Mitteln der Tat, des Gebildes, der Dichtung vielmehr im Mittel der Begriffe und der Operation mit Begriffen zu dem kommen, was jeder Größe eignet. In ihnen gelangt das Denken dorthin, wo es auch sich selber denkt und darin zu erfahren meint, was das Sein im Ganzen sei. Was sonst im Symbol, sei es in der ergreifenden Anschauung für Auge und Ohr, sei es in dem Sinne der Tat, gegenwärtig ist, das soll in den Gedanken genommen werden, der philosophisch heißt.

Das gesamte Altertum sah das Urbild der Philosophen in den sieben Weisen (Snell). Diese sind historisch reale Personen, aber nur von Solon hat man eine reale historische Anschauung. Sie sind Träger der Spruchweisheit, die, allen Völkern eigen, hier mit griechischen Gehalten auftritt. Sie werden gesehen als Männer der Welt, nicht als Heilige und nicht als Gottgesandte. Ihr Bild aber wandelte sich mit der Idee, die spätere Zeiten vom eigentlichen Philosophen hatten. Sie werden daher geschildert als der vorbildliche Typus der ewig wahren Philosophie, wie sie jeweils das spätere Zeitalter auffaßte. Zum Beispiel: Sie wissen um das Maß des Menschen, das ihn radikal von den Göttern unterscheidet. Sie kennen die Weisheit für das Leben in der Polis und für den Umgang mit Menschen. Sie werden zu lebensfremden Forschern (so Thales, der, weil er die Gestirne anschaut, in einen Brunnen fällt und von der Magd verlacht wird, – bei Plato). Sie gelten als die Männer der Lebenspraxis für Dikaiarch (um 320 vor Chr.): »Die sieben Weisen seien verständige Männer und Gesetzgeber gewesen. Sie hätten nicht mit dem bloßen Wort philosophiert. Ihre Weisheit habe in der Leistung guter Werke bestanden. Jetzt scheine der ein großer Philosoph zu sein, der überzeugend disputiere. In alten Zeiten war nur der Tüchtige Philosoph, auch wenn er keine langweiligen Sätze austiftelte. Denn jene beschäftigten sich nicht mit dem Problem, ob man Politik treiben solle oder wie, sondern sie trieben Politik, und zwar gute.« Cicero (106–43) sagt: Die sieben Weisen haben alle, wie ich sehe, mitten im Staatsleben gestanden und an der Spitze ihrer Staaten.

Auch in China galten als die großen Weisen Männer der Vorzeit, die Gründer, Herrscher, Erfinder, denen alle Kultur und Ordnung und das Wissen um die Götter und um die göttliche Vernunft in allen Dingen verdankt wird.

Es gibt geschichtlich keinen allgemein anerkannten Begriff des Philosophen. Die ursprüngliche Einheit, mag sie je wirklich gewesen sein oder nicht, gilt noch von Zeit zu Zeit als das Ideal des Philosophen, so dem Poseidonios (135–50) (Reinhardt). Dieser sah im vollen Philosophen den Erfinder, Künstler, Denker, Gesetzgeber, Erzieher, Staatsmann in eins. Er dachte solchen Philosophen als wirklich in jener Vorzeit, die noch nicht die Spaltung der menschlichen Tätigkeiten gekannt hatte, als die Weisen und Dichter sich noch nicht von den Regierungen zurückzogen und diese geringeren Leuten überließen. Dieses Ideal konnte in der Geschichte nie wirklich werden, auch nicht im uomo universale der Renaissance. Es schwächte sich ab zur Idee des »kompletten Menschen«, der ein ganzer Mensch ist nicht durch Verwirklichung von allem, sondern weil er alles versteht (Deutsche Philosophie des Idealismus).

Nach der Trennung der Gestalten sind die Entwürfe des Philosophenbildes nicht mehr auf einen Nenner zu bringen: etwa der von den

Welthändeln losgelöste und in ihnen unbewanderte Philosoph in Platos Theätet, der autarke Weise des Stoikers, der priesterliche oder mönchische theologische Denker im Mittelalter, der unpersönliche Forscher der Neuzeit, der philosophische Gesetzgeber Nietzsches, der Denker als der religiöse »Polizeispion« bei Kierkegaard usw. Wir müssen, wenn wir auf dem Wege über die Philosophiegeschichte uns um das bemühen, was ein Philosoph sei, wissen, wie vielfach Philosophie und Philosophen wirklich gewesen und im Begriff formuliert worden sind. Wir dürfen den Philosophen nicht gleichsetzen mit einem der Typen unter ihnen, die wir kennenlernen werden.

Die Philosophie hat sich herausgearbeitet aus dem ursprünglichen Ganzen geistigen Tuns, in dem Denken und Dichtung mit Religion und Mythus, mit Leben und Handeln noch eines sind. Die Impulse sind im Ursprung verbunden zur Gestalt der Einheit, die nach der Trennung noch als Idee bleibt, die die Besonderungen zusammenhält. Das Philosophieren ragt hinein in die anderen Gestalten, von denen es sich trennte, und es wird von ihnen getragen. Manche Philosophen bewahren den prophetischen Zug in Gebärden des Verkündens und der göttlichen Inspiration (wie Empedokles). Manche bewahren die Form der Dichtung (sogar einer der denkkräftigsten der frühen Philosophen, Parmenides). Manche beziehen sich auf Mythen, während sie das mythische Denken bekämpfen, sie bringen selber absichtlich Analoga des Mythus hervor (Plato). Manchen ist Dichtung und Kunst unerläßlich für die Vergegenwärtigung ihrer eigenen Vernunftwahrheit, sie sprechen von Dichtung und Kunst als dem Organon der Philosophie (Schelling). Es gibt Gestalten, die ebensosehr Dichter wie Philosophen sind (Dante, Goethe), und solche, die ebensosehr Künstler wie Philosophen sind (Lionardo). Besser als von Grenzen verschiedener Bereiche sprechen wir von verschiedenen Formen der einen Wahrheit. In dem Maße, als der Gedanke herrschend wird – er kann nie allein herrschen –, sprechen wir von Philosophie, in dem Maße, als Bild und Gestalt herrschen, von Dichtung. Soweit aber der Dichter Gedanken vorträgt, wird er Philosoph. Soweit der Philosoph für seine Gedanken bildhafte Gestalt, Gleichnis und Mythus findet, wird er Dichter.

Wenn in der Philosophie der Gedanke den Vorrang vor Gestalt und Bild hat, so wird der Anspruch des Denkens außerordentlich. Die philosophische Vernunft glaubt durch ihre Einsicht am weitesten zu gelangen. Sie setzt sich zum Prüfer und Richter über alles, auch über das, was sie selber nie schaffen kann, und das sie begehrt als die Wahrheit, die nicht nur Denken ist. Sie gewinnt eine Weite, die jede andere überschreitet. Daher liegt der Beginn der Existenz der Philosophen als der großen Denker dort, wo vermöge der Scheidung des Denkens zugleich eine Spannung einsetzt zwischen den Ansprüchen der Philosophie einerseits, dem Mythus, der Religion, der Dichtung andererseits.

Die Trennung der Philosophie erfolgt mit ihrem Anspruch, Wissenschaft zu sein in jenem noch weiten Sinn des rationalen Tuns, das sich trennt von dem Mythus, der bildhaften Gestalt, der Verkündigung, der Musik, dem Rhythmus. Sie will Begründung geben durch Denken. Erst in der Folge wurde – spät und nur im Abendland – die Erfahrung von dem Spezifischen der eigentlichen Wissenschaft gemacht, als derjenigen Erkenntnis, die nicht nur methodisch, sondern zwingend und allgemeingültig ist und sich als identisch für alle faktisch bewährt. Damit aber wurde in neuer Zeit auch die Philosophie sich deutlicher ihres ursprünglichen unverlierbaren Charakters bewußt: in der Bindung an Wissenschaft mehr als Wissenschaft zu sein. Nun erst wurde die Frage nach ihrem eigenen Denken im Unterschied von wissenschaftlichem Denken zu einer Grundfrage.

Gemeinsam ist allen Philosophen das Denken in einem gesteigerten und durchdringenden Sinne, den Wissenschaften nah, sie selber fordernd und manchmal hervorbringend, aber unendlich übergreifend. Was dies Denken sei, ist die große Frage, seit dem Altertum beantwortet und doch immer wieder neu gefragt. Was die Philosophie denkend tut, ihrem Willen nach in höchster Bewußtheit, soll von ihr auch im Wissen um das, was sie tut, noch einmal bewußt werden. Aber am Ende zeigt sich auch hier ein Moment der Unbewußtheit, ohne das nichts Großes im Menschen geschieht, auch dort, wo das Prinzip des Tuns die äußerste, uneingeschränkte Bewußtheit selber ist.

III. KRITERIEN DER GRÖSSE DER PHILOSOPHEN

In der historischen Vergegenwärtigung gelten nur Denker, die wirklich gelebt haben. Sie müssen als reale Menschen, historisch nach Zeit und Ort lokalisierbar, in Wort und Wirkung aufweisbar sein. Mythische Gestalten vorzeitlicher Seher und Propheten, so wichtig sie für das Bewußtsein der Völker waren, scheiden hier aus.

Äußere Bedingungen, ohne die eine Größe nicht sichtbar wird, sind:

Erstens: Es müssen Werke erhalten sein. Aber es gibt Ausnahmen. Bei Großen, die nie eine Zeile geschrieben haben, tritt an die Stelle ihrer eigenen Schrift das von ihnen berichtete Wort: Sokrates, Buddha. Andere haben geschrieben, aber es ist kein authentisches Werk, sondern nur Bericht erhalten (Konfuzius); oder es gibt Bruchstücke aus ihren Schriften, die aber, ergänzt durch Berichte, die Größe spüren lassen, die zur wirkenden Erinnerung in der Folge der Zeiten geworden ist, wenn auch ihre Umrisse nur wie im Nebel sichtbar sind (Anaximander) oder schon deutlicher werden wie die des Parmenides, Heraklit.

Zweitens: Die Größe ist erkennbar in ihrer nachweisbaren Wirkung auf das Denken späterer Großer, auf das Denken breiterer Kreise und in der Weise, wie sie Autoritäten werden. Den Großen folgt durch die Zeiten ein Verstanden- und ein Mißverstandenwerden, das bis heute bei der Unerschöpflichkeit ihres Werkes unabgeschlossen ist. Daher sind sie noch wie Gegenwärtige.

Kriterien des inneren Gehalts, die bei Vertiefung in die Philosophie der Großen fühlbar werden, sind:

Erstens: Sie stehen in der Zeit über der Zeit. Jeder, auch der Größte, hat zwar seinen historischen Ort und trägt seine historischen Kleider. Das Kennzeichen der Größe aber ist, daß er nicht an sie gebunden scheint, sondern übergeschichtlich wird. Das, was in seiner Greifbarkeit auch bedeutenden ihrer Zeitgenossen eigen ist, wird bei ihnen übersetzt in einen zeitlosen Sinn. Der Große ist nicht schon der, der seine Zeit in Gedanken faßt, sondern der dadurch die Ewigkeit berührt. Die Transzendenz in Werk und Leben läßt daher den großen Mann zu einer Erscheinung werden, die grundsätzlich zu aller Zeit, zu jedem zu sprechen vermag.

Zweitens: Jeder echte Denker ist wie jeder Mensch ursprünglich, wenn er wahr und wesentlich ist. Aber der große Denker ist in seiner Ursprünglichkeit original. Das heißt, er bringt eine Mitteilbarkeit in die Welt, die vorher nicht da war. Die Originalität liegt im Werk, in der schöpferischen Leistung, die nicht identisch wiederholbar ist, aber den Späterkommenden zu seiner eigenen Ursprünglichkeit hinführen kann.

Die Originalität bedeutet einen Sprung in der Geschichte. Sie ist das Wunder des Neuen, das auch nachträglich nicht aus dem Vorhergehenden und aus den Bedingungen des Daseins, in dem es entsprang, abgeleitet werden kann.

Die Originalität liegt nicht im bestimmten Satz, sondern in dem Geist, aus dem er kommt und der ihn mit vielen anderen Sätzen verbindet. Oft gelingt es dem Historiker nachträglich, wesentliche Formulierungen des Schaffenden schon vor ihm zu finden. Aber dort waren sie versunken in das, was sie umgab, wirkten wie ein augenblicklicher Einfall, der wieder vergessen werden kann, wurden ohne Bewußtsein ihres ganzen Sinns und seiner Folgen gedacht.

Die Einsicht der originalen Großen erweitert den Menschen und die Welt selbst. »Was sie wissen, sie wissen's für uns. Mit jedem neuen Geist dringt ein neues Geheimnis der Natur ans Licht, und die Bibel kann nicht geschlossen werden, ehe nicht der letzte große Mensch geboren wurde« (Emerson).

Drittens: Der große Philosoph hat eine innere Unabhängigkeit gewonnen, der die Starrheit fehlt. Es ist nicht die Unabhängigkeit des Eigensinns, des Trotzes, der fanatisch festgehaltenen Doktrin, sondern die Unabhängigkeit im Wagen der ständigen zeitlichen Unruhe und im Gewinn der absoluten Ruhe. Die Unabhängigkeit des Philosophen ist bleibende Aufgeschlossenheit. Er kann es ertragen, anders zu sein als andere, ohne dies zu begehren. Er kann auf sich stehen und für sich sein. Einsamkeit hält er aus.

Aber was er aushalten kann, will er nicht. Er weiß die Abhängigkeit des Menschen im Miteinander von Selbst zu Selbst. Er begehrt unablässig zu hören. Er erfährt Hilfe durch den anderen, der ihm im Ernst begegnet. Er verweigert keine Hilfe, sondern sucht sie. Er hat nicht den Stolz der Einzigkeit, sondern die Kraft des unabhängigen Sichkorrigierens. Er nimmt kaum die Gebärde des überlegenen Eigensinns an, eher die der ausgestreckten Hand.

Die Unabhängigkeit, gegründet in der Existenz vor der Transzendenz, ermöglicht ihm, Herr seiner Gedanken zu bleiben, Herr selbst seiner guten Handlungen und seiner Abirrungen. Aber wer ist diese Unabhängigkeit, die ständig in Abhängigkeiten eingeht? Er selbst, der sich selbst nicht begreift außer in jener Instanz, die nicht nur er selbst, sondern das Allverbindende ist, die Vernunft; und dies Begreifen ist unvollendbar.

Diese Unabhängigkeit des Philosophen wird in seinen Gedanken gespürt. Wo sie aber betont wird als Eigenschaft, die man für sich beansprucht, da ist sie schon fragwürdig. Größe hat die Kraft der Unabhängigkeit, aber geht verloren im stolzen Anspruch der Unabhängigkeit. Der Übermut der kleinen Philosophen, die Außerordentliches getan zu haben und sich über allen anderen Menschen glauben, ist eine wunderliche Kehrseite der Möglichkeit der Größe.

Kriterien der Größe sind schließlich bestimmte sachliche Eigenschaften des Gedankenwerkes:

Erstens: Als Maßstab der Zugehörigkeit galt, seit der Zeit der antiken Sophisten und vor allem in den letzten beiden Jahrhunderten, der Charakter der »Wissenschaft«, d. h. in der Philosophie die logische Form und der Charakter als System. Ausgeschlossen wurden Essayisten, Aphoristiker, Dichter, philosophische Schriftsteller. Dieser Maßstab ist in der Folge selber fragwürdig geworden. Heute ist man einerseits zum Extrem einer positivistischen und logistischen Wissenschaftlichkeit unter Verwerfung aller Metaphysik und dessen, was früher Philosophie hieß, gekommen. Andrerseits hat sich Philosophie aufgelöst in eine wissenschaftsfeindliche Weise des ergreifenden Sprechens. Diese beiden einander entgegengesetzten Möglichkeiten lassen große Philosophie nicht zu. Die erste Auffassung läßt Philosophie erst mit dem 19. Jahrhundert überhaupt beginnen und erklärt alle frühere für hinfällig. Die zweite Auffassung verliert mit der Bindung an Wissenschaft auch den Ernst der Philosophie. Die Beziehung der Philosophie zu den Wissenschaften ist heute zur entscheidenden Frage geworden. Von jeher aber ist ein Kriterium großer Philosophie die Weise, wie Wissenschaft in ihr wirksam ist.

Zweitens: Die Philosophen haben uns verholfen, zum Bewußtsein unseres Daseins, der Welt, des Seins, der Gottheit zu kommen. Sie erhellen, über alle besonderen Zwecke hinaus, unseren Lebensweg im Ganzen, sind ergriffen von den Fragen der Grenzen, suchen das Äußerste.

Ihr Wesen ist die Universalität. Sie selber verwirklichen die Idee des Ganzen, wenn auch nur in der Kontemplation und in der symbolischen Geschichtlichkeit ihres Daseins gleichsam als Vertretung. Was dem Philosophen als solchem eigen ist, gewinnt Größe durch den Gehalt dieses Ganzen.

Aber Größe kann auch dort sein, wo die Inhalte des Werks partikular scheinen, wenn im Medium dieser Besonderheit in der Tat das Ganze wirkt. Andererseits kann universell alles ins Auge gefaßt sein, doch so, daß der Gehalt arm, die Universalität schematisch, die Denkungsweise flach ist, so daß man sich, trotz starker historischer Wirkung solcher Denker, scheut, von Größe zu sprechen.

Die Universalität des Philosophen mag viele Gestalten annehmen. Immer ist sie da. Emerson spricht davon; er möchte die ganze Geschichte in eigener Person durchleben, Griechenland, Palästina, Italien, möchte das schöpferische Prinzip aller Dinge in seinem eigenen Geiste wiederfinden. »Dem Philosophen sind alle Dinge befreundet und geweiht, alle Ereignisse nützlich, alle Tage heilig, alle Menschen göttlich« (Worte Emersons, die Nietzsche als Motto in der »Fröhlichen Wissenschaft« wiederholt).

Drittens: Der große Philosoph hat einen Zug des Normativen. Ob er es beabsichtigt oder nicht (durchweg das letztere), er wird Vorbild in irgendeinem Sinne, nicht als Autorität für Gehorsam, aber als Kraft zu ergreifen für den, der ebenso hingebend wie kritisch fragt. Nietzsche charakterisiert ihn als Gesetzgeber, spricht gar von dem »cäsarischen Züchter und Gewaltmenschen der Kultur«. In solchen Formeln wird jedoch die einzige Bedeutung des wegweisenden, prägenden Denkens im Wesen mißdeutet. Denn im Unterschied von der Autorität durch Macht will das philosophische Denken den Hörenden dazu bringen, sich selbst zu überzeugen, selbst zu denken, um die eigene Verantwortung nicht durch Nachfolge zu mindern, sondern durch Einsicht zu steigern. Der Unterschied des normativen Charakters der Philosophie von dem der Religion ist, daß jene allein durch immer einzelne Philosophen in völliger Freiheit wirkt, diese aber durch das Mittel von kirchlichen Institutionen, durch vertretbare Ämter, Lenkung und Zensur, Bekenntnis und Gehorsam. Der Unterschied von der Geltung der Wissenschaften aber ist, daß im Philosophieren das Selbstsein des Menschen im Ganzen beansprucht wird, in den Wissenschaften der bloße Verstand des Bewußtseins überhaupt.

IV. AUSWAHL UND GRUPPIERUNG DER GROSSEN PHILOSOPHEN

Unumgänglichkeit und historische Wandlung der Gruppenbildung

Für die Gruppierung der Philosophen liefert die *Geschichte des geschichtlichen Wissens* Beispiele:

Am Anfang der griechischen Philosophiegeschichte stehen die Namen der Weisen, die schließlich als die sieben zum festen Bestand werden. Die in der Folge auftretenden Philosophen wurden seit dem vierten Jahrhundert in Gruppen geordnet, die man Schulen nannte. Aus des Diogenes Laertius (3. Jahrhundert n. Chr.) Exzerpten kennen wir diese philosophiegeschichtlichen Anschauungen der Alten. Sein Buch enthält die Namen, die auch heute gelten, und andere, von denen wir kaum mehr wissen, als was in Kürze Diogenes berichtet. Er gibt seine Übersicht in den Gruppen der ionischen und italischen Reihen der Philosophen. Er bemerkt die Gesichtspunkte, unter denen Gruppen benannt würden: nach ihren Heimatstädten (Elier, Megariker, Kyrenaiker), nach ihren Lehrstätten (Akademiker, Stoiker), nach zufälligen Umständen (Peripatetiker), aus Spott (Kyniker), nach ihren Lehrern (Sokratiker, Epikureer), nach dem Lehrgehalt (Physiker, Ethiker, Dialektiker). Besonders ausführlich sind behandelt: Plato, Aristoteles, Epikur. Mit diesem Buch und den reichen Angaben bei Cicero, Plutarch u. a. ist der Grundstock philosophiegeschichtlichen Wissens des Altertums gegeben.

Im Mittelalter gab es eine Schematik der traditionellen Namen in wechselnder Gestalt. Dante z. B. sieht die heidnischen Philosophen im ersten Höllenkreis: zunächst den »Meister derer, welche wissen«, Aristoteles, dann Sokrates, Plato, Demokrit, Diogenes, Anaxagoras, Thales, Empedokles, Heraklit, Zeno, Dioskorides, Orpheus, Cicero, Linus, Seneca, Euklid, Ptolemäus, Hippokrates, Avicenna, Galen, Averroës. In dieser Reihe finden sich also Namen von Philosophen, Mathematikern, Botanikern, Astronomen, Ärzten. Seit dem 15. Jahrhundert wird in bewußtem Rückgriff auf die Antike der alte Reichtum wiederhergestellt. Von Generation zu Generation kommen neue Denker der Gegenwart hinzu. Die Geschichte der Philosophie geht weiter, und man weiß jeweils fast zahllose Zeitgenossen in ihr.

Seit dem 19. Jahrhundert ertrinkt gleichsam alle Größe in der unermeßlichen Menge der Namen. Die modernen Lehrbücher halten den traditionellen Grundbestand mit wechselnden Betonungen fest und vermehren ihn ständig. Wer zu den Philosophen gehört, darüber scheint man sich in jeder enzyklopädisch berichtenden Philosophiegeschichte informieren zu können.

Das so entstehende Bild des Reiches der Philosophen muß verwirren. Entweder nivelliert sich alles in der Endlosigkeit der Namenhäufungen. Oder es besteht in der Auswahl der Großen und ihrer Rangordnung keine Einmütigkeit. Im geschichtlichen Wandel haben sich die Gewichte der Philosophen verschoben. Die Bewertung der Großen in ihrem Verhältnis zueinander ist an dem denkwürdigen Kampf um die Rangordnung von Plato und Aristoteles durch die Jahrtausende zu beobachten: wie der eine zuungunsten des anderen erhoben wurde, oder wie man versuchte, in beiden die Einheit zu sehen, die sie verband. Wenn eine kleine Zahl großer Denker immer wieder genannt wird, so gibt es doch gegen jeden auch nicht ungewichtige Gegnerschaft. In dem Raum jeweiliger Grundüberzeugungen gibt es durchaus verschiedene Rangordnungen und Gruppierungen, unwillkürlich entstandene und planmäßig geformte. Keine geschichtliche Anschauung darf in ihren Urteilsentscheidungen als endgültig gelten. Alles scheint revidierbar. Pascal wurde im 19. Jahrhundert als ein Aphoristiker nur beiläufig erwähnt, Kierkegaard kam um 1900 in Philosophiegeschichten noch nicht vor. Nietzsche wurde als Dichter eben erwähnt. Heute stehen diese Namen in bedeutendem Rang. Der Prozeß, der um die Größe der Philosophen geführt wird, ist unabschließbar. Daher tauchen Namen auf, die Jahrhunderte vergessen waren, wenn nur durch glückliche Zufälle ihre Schriften oder Fragmente erhalten blieben. Darum gehen Namen unter, die vorübergehend als Größen ersten Ranges galten. Durch tieferes Verstandenwerden können selbst die zu ganz neuer Wirkung gelangen, die schon ständig gelesen wurden.

2. *Welches sind die Instanzen,* die Größe, Rangordnung und Gruppenbildung bestimmen?

Die Instanz sind *Einzelne,* die mehr oder weniger gültig wählen. Eine Philosophie charakterisiert sich selber dadurch, wen sie zu sich rechnet, was sie als ihre Vergangenheit weiß, wo sie Größe sieht, was sie in der Zeitgenossenschaft als zu sich gehörig anerkennt. Man darf dann fragen: Wer nennt sich selber Philosoph? Wer bestreitet dem anderen und wem den Philosophennamen?

Die Instanz ist weiter die Meinung einer *Bildungsschicht.* So war einmal selbstverständlich, daß in der Geschichte der Philosophie ein Jahrtausend zwischen Antike und Neuzeit ausfalle. Damals habe es nur Theologen gegeben, keine Philosophen, nur wiederholende Schüler der Antike und der Patristik, keine originalen Denker. Diese Abwertung ist heute aufgegeben. Weiter galt und gilt zum Teil noch heute die Zeit des Hellenismus philosophisch als unfruchtbar oder zweitrangig. Diese Abschätzung ist in Frage gestellt.

Die Instanz beansprucht schließlich in neueren Zeiten die *akademische Welt der Philosophieprofessoren* (seit einem halben Jahrhundert erst begegnet sie sich auf Philosophiekongressen und dokumentiert so ihr Dasein leibhaftig). Doch diese Instanz ist in sich so zerrissen und vielfach, daß sie auf eine totale Nivellierung und Sammlung der Endlosigkeit der Namen hinausläuft unter modischen Schwankungen nach Analogie der Presse des Tages. Diese Instanz hat nicht selten den Charakter einer Zunft gehabt: das Neue und das Werk des Außenseiters beachtet sie nicht, bis es in der literarischen Öffentlichkeit einen Widerhall findet, um es dann aufzunehmen, darzustellen, anzueignen. Schopenhauer und Nietzsche sind große Beispiele.

Man kann zögern, sich auf eine gewisse Einmütigkeit zu berufen, die sich geschichtlich durchgesetzt habe. Zählt man Namen auf, die allgemein als groß gelten: Plato, Aristoteles, Plotin, Augustin, Thomas, Kant... die Reihe ist fortzusetzen, so finden sich sogar hier Durchbrechungen der Einmütigkeit, in denen auch diese Großen ihrer Größe entkleidet werden. Will man dann sagen, die Wildheit ihrer Bekämpfung zeuge noch für ihre Größe, so war das nicht die Meinung derer, die sie vernichten wollten. Wir dürfen das Vorurteil haben, daß Denker, die lange Zeit galten und in großem Stile bekämpft wurden, auch wenn sie besiegt scheinen, ihre Größe bewahren und darum mit Recht auffordern, wieder und wieder gehört zu werden. Es bleibt bei allem Schwanken ein Boden: wir dürfen uns auf das Ansehen berufen, das Philosophen in der Geschichte gewonnen haben. Der Historiker der Philosophie erkennt wieder und ordnet, was schon geschehen ist in der Gemeinschaft hoher Geister. Er hat nicht das Amt, zur Größe zu ernennen.

Auf diesem Boden aber muß er den Versuch wagen, in seiner Zeit, in seinem Horizont, mit den Vorbehalten seiner Beschränktheit, die Großen zu charakterisieren. Niemand kann alle Philosophen wirklich kennen. Und wer vermöchte auch da, wo er gründlich kennt, die Größe gerecht abzuschätzen! Man darf das Wagnis eingehen (aber mit dem Ernst der Ehrfurcht vor der Größe), weil der Anspruch, auszuwählen, jederzeit unumgänglich ist. In der Nivellierung durch die vielen Namen wird die Abschätzung nur umgangen. Wo das Philosophieren beginnt, erhebt man sich aus dieser Nivellierung zur Anschauung von Größe und Rang und zum vorwiegenden Studium der Großen. Besser ist es, mit hellem Bewußtsein zu verfahren. Dann wagen wir die Sache und wissen zugleich um die Grenzen. Es werden in jedem Versuch gewichtige, unersetzliche Denker fehlen, andere zu großes Gewicht erhalten, Ungehörige sich hinzudrängen. Wir stehen selber geschichtlich in der Bewegung, aus der heraus solche Schätzungen entstehen, revidiert, umgeordnet werden.

3. Über dem geschichtlichen Wandel steht die *Idee des einen ewigen Reichs der Großen,* in das wir hörend und wahrnehmend eintreten, auch wenn wir selbst in der geschichtlichen Bewegung stehen. Es gibt dieses Reich, dessen Umfang und dessen Glieder niemand bestimmen kann, und das keine bestimmbaren Grenzen hat. Es ist für uns offenbar in der Weise, wie wir zu sehen vermögen.

Dieses Reich hat eine uns verborgene Gliederung. Wir suchen sie in einem Abbild, wenn wir Ordnungen in Gruppen von Philosophen zu finden meinen. Wir machen sie nicht, sie bieten sich uns dar. Wir sträuben uns, die Großen zu zählen. Ihre Zahl ist unbestimmbar. Und gezählt scheinen sie in einer Reihe nebeneinander zu stehen, was ihnen ungemäß ist, sofern jeder einzig und unersetzlich ist, und sofern es nicht eine einzige Ebene ist, der sie angehören. Ihre Größe ist selbst verschiedener Art, und diese Art ist in Typen der Größe vielleicht zu berühren. Diese Typen selber stehen in einer Rangordnung. Einer ist groß innerhalb seines Typus, aber der Typus ist gering, wenn auch an seinem Orte gültig. Indem wir solche Ordnung entwerfen, dringen wir mit Unterscheidungen und Vergleichen in den Raum, wo nur einem übermenschlichen Auge diese Ordnung selbst vor dem Blick stände. Ihr näher zu kommen, müssen wir aus den Zusammengehörigkeiten der Denker eines Zeitalters in das alle Zeitalter übergreifende Reich der Großen gelangen, in dem ihre inneren Verwandtschaften fühlbarer werden:

Unsere historische Anschauung sieht in Gruppen die Philosophen, die, einem Zeitalter angehörig, aufeinander wirkend, einander folgend und miteinander kämpfend, die Philosophie voranbringen, so etwa: Sokrates, Plato, Aristoteles, – Descartes, Spinoza, Leibniz, – Locke, Berkeley, Hume, – Kant, Fichte, Schelling, Hegel. Stellt man sie in ihrem Zusammenhang dar, so zeigt sich eine Bewegung in einer »Sache«. Das so entstehende Bild ist nicht unwichtig. Aber es beruht auf der Bindung an diese so vorgestellte gemeinsame Sache. Dabei geht verloren, was in bezug auf diese Sache nicht von Belang, uns aber vielleicht viel wesentlicher ist. Denn wenn man sich von den Denkern philosophisch berühren läßt und näher zusieht, so sind sie je unter sich so außerordentlich verschieden, daß sie erst wirklich sprechend werden, wenn man sie aus den historischen Verbänden herausnimmt. Es ist kaum ein tieferer Abgrund möglich als zwischen Kant einerseits und den Idealisten Fichte, Schelling, Hegel andererseits, und diese wieder sind untereinander in ihren letzten Impulsen heterogen. Es bedarf für den in den überlieferten Gruppierungen Denkenden einer Anstrengung, die historische Gruppierung als eine nur relative, ja vergleichsweise vordergründige zu erkennen und ihre Fessel abzuwerfen. Fragen wir, selber betroffen, nach den für uns letzten Motiven im Philosophieren, so ergeben sich ganz andere Verwandtschaften. Zudem sind die genannten Beispiele noch einigermaßen überzeugende historische Fälle, während viele andere keineswegs so klar zusammengehören. Die historische Gruppenbildung ist nicht die einzige und nicht die beste Lösung.

Die Übereinstimmung der formulierten Probleme und das Zusammenleben im gleichen Zeitalter bedeutet wenig, wenn es sich um die Mitte handelt, aus der die Kraft des Denkens genährt wird. Gruppen, in der sich Namen zusammenfinden, die nach dem Maße der gewohnten historischen Übersichten weder problemgeschichtlich noch chronologisch miteinander etwas zu tun haben, offenbaren vielleicht die Beziehungen im ewigen Reich der Geister durch das Abbild der persönlich lebendigen Erscheinungen so außerordentlich verschiedener Weisen der Größe.

Wollen wir aber diese Verwandtschaft aussprechen, so gelingt das wieder nur durch Beziehung auf philosophische Aufgaben, auf Weisen des Grundwissens, auf die Lebensverfassung und Grundstimmung, auf das geistige Tun und auf die soziologische Wirklichkeit.

Unsere Einteilung in drei Hauptgruppen

Die *erste Hauptgruppe* umfaßt Menschen, die durch ihr Dasein und Wesen das Menschsein wie keine anderen Menschen geschichtlich bestimmt haben. Sie sind bezeugt durch eine durch Jahrtausende bis heute fortdauernde Wirkung: Sokrates, Buddha, Konfuzius, Jesus. Man würde kaum einen fünften von gleicher historischer Mächtigkeit nennen können, keinen, der in gleicher Höhe noch heute zu uns spräche. Man kann zögern, sie überhaupt Philosophen zu nennen. Aber sie haben auch für alle Philosophie eine außerordentliche Bedeutung gehabt. Sie haben nichts geschrieben (außer Konfuzius). Aber sie sind Grundlage gewaltiger philosophischer Denkbewegungen geworden. Wir nennen sie die vier *maßgebenden Menschen.* Sie stehen vor und außerhalb aller übrigen, die Philosophen zu nennen der allgemeinen Meinung entspricht.

Die *zweite Hauptgruppe* umfaßt die *großen Denker,* die einmütig Philosophen genannt werden. Es sind vier Untergruppen zu unterscheiden:

Die *erste Untergruppe* sind die durch ihr Schaffen fortzeugenden Denker. Es sind die, deren Studium wie das keines der anderen Philosophen zu eigenem Denken bringt. Sie schließen nicht ab, sondern werden durch ihr Werk Ursprung unerschöpflicher Gedankenmöglich-

Es gibt Leute, die haben keinen Geschmack. Manche von ihnen sind aber auch noch dumm, indem sie es offen zeigen!

keiten. Ihre Zusammengehörigkeit liegt in dieser Kraft ihres Werkes, das anderes Denken zu sich selber zu bringen vermag. Ihr Denken erlaubt nicht, als ein Fertiges übernommen zu werden. Es zwingt, voranzudenken, ohne daß dieses Voran ein Überbieten oder Überwinden dieses Ursprungs bedeutete. Ich kenne nur drei Denker, deren Werk geschichtlich und für uns so charakterisiert werden kann: Plato, Augustin, Kant.

Es folgt die *zweite Untergruppe* der Visionen des Gedankens, und zwar zunächst die ursprünglichen, zur Ruhe gekommenen und Ruhe bringenden Metaphysiker (Parmenides, Heraklit, – Plotin, – Anselm, Cusanus, – Spinoza, – Laotse, Nagarjuna); dann die Weltfrommen (Xhenophanes, Empedokles, Anaxagoras, Demokrit, Poseidonios, Bruno); – dann die gnostischen Wahr- und Wahnträumer (Origenes, Böhme, Schelling); schließlich die konstruktiven Köpfe (Hobbes, Leibniz, Fichte).

Ihnen folgen als *dritte Untergruppe* die großen Auflockernden, und zwar die bohrenden Negativen (Abälard, Descartes, Hume) und die radikalen Erwecker (Pascal, Lessing, Kierkegaard, Nietzsche).

Den Abschluß bildet die *vierte Untergruppe:* die Gebäude der schöpferischen Ordner (Aristoteles, Thomas, Hegel, – Shankare, Tschu-si). Es sind Krönungen langer Entwicklungen in großen Systemen.

Die *dritte Hauptgruppe* umfaßt das philosophische Denken *im Raum von Dichtung, Forschung, Schrifttum, Lebenspraxis und in der Lehre der Philosophie.* Die großen Dichter sind nicht nur im Besitze der ihnen zugänglichen Philosophie, sondern sie sprechen und wirken als Philosophen. Sie bringen zwar nicht die originalen Gedanken, welche die Menschheit den eigentlichen Denkern verdankt. Aber sie wirken in das Denken durch etwas, das mehr ist als Philosophie. – Philosophen sind auch die Gelehrten und Forscher, sofern sie in ihrer Wissenschaft selber philosophisch denken und durch die Wissenschaft philosophisch wirken.

Um den Bereich der allgemein als Philosophen anerkannten Denker liegt weiter mit unscharfen Grenzen der Raum, in dem Männer sprechen, die entweder nicht als Philosophen gelten oder als solche geringgeachtet oder auch als solche übersteigert werden. Es sind Weise, die ein Lebensideal entwerfen und leben, sind Schriftsteller im Geist der Literatur, sind große Kritiker und Humanisten. Es sind weiter Herrscher, Staatsmänner und Heilige, die von ihrem Tun in sprachlichen Werken zeugten, ferner Theologen, die aus kirchlichem, gemeinschaftstiften-

Du mit Deinen ordinären Turnschuhen. Jeder läuft damit rum. Da ist doch mein Obertail an persönlicher Note 1000 mal

mehr wert!
Du bist mir zu religionsfitt; mit
Dir streit' ich nicht.

dem Interesse philosophierten. Zuletzt sind es die Professoren der Philosophie, die aus der großen Sache einen gelehrten, für Überlieferung und Erziehung unentbehrlichen Beruf machen.

Nachher, kriegt ich bei Gothein Minus.

Grundsätze beim Aufsuchen der Gruppen

Die großen Philosophen stehen für uns nicht beziehungslos nebeneinander. Sie gehören einem gemeinsamen Reich an, in dem sie sich begegnen. Aber sie begegnen sich keineswegs durchweg in der Realität der Zeit, sondern nur in der Idee ihres Sinns: wie die Gesellschaft der Philosophen bei Dante im Limbus und im Paradies, bei Raffael in der »Schule von Athen«. Wenn wir dem Einzelnen uns zuwenden, steht im Hintergrund ein Bild dieses Reiches der Geister.

Eine Darstellung der Philosophen sollte die Anschauung dieses Reiches bringen, als ob die Einzelnen gleichsam einen Ort im Ganzen hätten. Wenn das in Wahrheit nicht möglich ist, so doch im Versuch eines schattenhaften Abbildes ewiger Ordnungen.

Äußerlich ist eine Ordnung für jede Darstellung der großen Philosophen eine Notwendigkeit, weil eine Reihenfolge im Buch unumgänglich ist. Besser als nach den Anfangsbuchstaben wäre schon die chronologische Folge, aber auch diese bleibt äußerlich. Eine problemgeschichtliche Ordnung zerschneidet ihr Werk und Wesen. Nicht als sie selbst, sondern durch einen Teil des von ihnen Gedachten geraten sie mit diesem in eine sachliche Ordnung. Die größten Abstände scheinen durch Zugehörigkeit zu verschiedenen Kulturen (China, Indien, Abendland) zu bestehen, umgekehrt die nächste Beziehung durch Lehrer-Schüler-Verhältnisse. Das alles ist richtig für eine Betrachtungsweise realer Zusammenhänge; es täuscht, wenn es sich um die persönliche Größe des Denkers handelt.

Wenn die Frage ist, ob eine typisierende Gruppierung möglich sei, die über ein Sachproblem hinaus und quer durch Zeitalter und Kulturen das Wesen der persönlichen Erscheinung im Werk deutlicher heraushebt, so wäre die Voraussetzung: die Welt der Philosophie zu sehen nicht nur als sachliche Struktur in der Ordnung ihrer Grundfragen und Antworten, nicht nur als historische Struktur der einander folgenden Zeiten, sondern in der Mannigfaltigkeit von persönlichen Strukturen in ihrer Zusammengehörigkeit. Wir hätten uns statt in einem sachlichem Raum in einem personalen Raum zu orientieren.

Solche Gruppierung kann auf wesentliche Seiten der großen Philo-

Ja, meine Kleidung, – darüber kannst du lästern. Deine pobelhaften Schuhe, – können recht fertige auch der Teufel!

sophen hinweisen, die eine nähere Verwandtschaft bedeuten. Die Ordnung wird durch begrifflich Allgemeines stattfinden; eine andere ist nicht möglich. Aber die Frage bleibt, ob durch dieses Mittel doch durchleuchten könnte eine Struktur in der Sternenwelt der Großen, die sachlich ist im Persönlichen, eine Verwandtschaft zeigt von zugleich schlechthin Eigenständigen. Gruppieren sich die zunächst beziehungslosen Sterne gleichsam zu Sternbildern und sind diese die Gruppen, durch die die Darstellung der Philosophen jedem eine gewisse sonst nicht erreichbare Deutlichkeit zu geben vermag? Läßt sich so ein übergeschichtliches Reich der Großen für unsere anschauende Orientierung formieren? Ist in der bleibenden vielfachen Geschichtlichkeit der großen Philosophen auf dem Wege über die Gruppenverwandtschaft der Denker die umfassende eine Geschichtlichkeit im Reich der Großen zu spüren und zu objektivieren?

Die zu einer Gruppierung verwendeten Grundcharaktere sind derart, daß sie einen Philosophen nicht erschöpfen. Dazu kommen sie auch bei Denkern aus anderen Gruppen vor, nur beiläufiger. Es ist so, als ob die Philosophen gegenseitig für uns sich spiegelten, und als ob ein Etwas in diesen Spiegeln erscheine, das in den einzelnen Gruppen je durch diese Besonderheit in konzentrierter Strahlkraft leuchte. Die Unmöglichkeit des Allumfassenden, des Vollendeten, in dem alles spricht, wird deutlich gerade dort, wo diese Tendenz im Bau gewaltiger Gebäude durch die originalen Ordner zutage treten möchte und notwendig scheitert.

Solche Gruppierung der Großen ist daher unmöglich, wenn sie eine endgültige sein oder auch nur der Idee nach werden sollte. Denn jeder große Philosoph ragt aus der Geschichte als übergeschichtlich heraus. In ihm konzentriert sich das philosophische Ganze zu persönlicher Gestalt. Jeder ist in sich geschlossen. Jede Gruppierung muß die Einzigartigkeit, Unersetzbarkeit, Unvertretbarkeit der Großen antasten. Ich wünschte, daß man bei meiner Darstellung nie vergäße: es kann sich nicht um angemessene Subsumtionen unter Gattungen von Philosophen handeln. Kein Großer ist subsumierbar, weder unter Zeitalter und Völker, noch unter philosophische Grundpositionen, die wir erdenken, noch unter geistige Typen. Jede solche Subsumtion trifft nur eine Seite von ihm. Kein Großer ist durch einen Aspekt erschöpft. Jeder überschreitet zugleich den Rahmen, in den man ihn einordnen will, er wächst hinaus über jeden Typus, dem er immer nur in gewissem Maße entspricht. Ein großer Philosoph gehört nirgends hin in einem wiß-

Nein, nein, ein Mensch mit Geschmack soll ruhig urteilen, nur

baren Gebäude, in dem ihm ein endgültiger Platz zukäme. Er ist vielmehr einzig für den, der seine Größe sieht und aufgehoben in dem einen Grund des Ganzen, den wir nicht kennen.

Die Darstellung der großen Philosophen muß in der Spannung bleiben; die vielen werden zwar gruppiert und in Gruppen charakterisiert, aber so, daß jeder einzig, über alle Gruppen hinaus nur dieser ist. Darum behandeln wir in der Darstellung die einzelnen Großen für sich ohne Rücksicht auf andere. Sie sprengen jede von uns versuchte Klassifikation.

Wir vergegenwärtigen die Gesichtspunkte, die bei dem Versuch personaler Gruppierung uns lenken.

1. *Hinblicken:* Die Gruppen ergeben sich unwillkürlich beim Vergleichen. Zusammengehörigkeiten drängen sich auf, werden nicht konstruiert. Sie werden dem glücklichen Blicke offenbar, werden nicht erdacht. Es gelingt, Verwandtschaften zu charakterisieren, nicht aber durch ein Merkmal zu bestimmen. Man darf es wagen, den sich derart zeigenden Gruppierungen zu folgen. Auf diese Weise wird vielleicht ein Schatten dessen erhascht, was als abschließende wahre Ordnung unerreichbar ist. Die Ordnung in dem Gesamtanblick muß unlogisch bleiben. Sie kommt aus der Anschauung der Größe selber vor Augen.

Solche Gruppierung möchte wohl das Wesentliche treffen. Sie möchte weder Charaktertypen nach psychologischen Gesichtspunkten sehen, noch Repräsentanten ursprünglicher Mächte, die miteinander im Kampf stehen, noch begrifflich faßbare Positionen. Wenn sie in der Durchführung ihrer Charakteristik diese Gesichtspunkte und viele andere benutzt, so wünscht sie selbst eine im Geschichtlichen erwachsende, nicht grundsätzlich allgemeine Typologie. Daher haftet ihr ein Moment des Zufälligen an. Und daher kann keine solche Gruppierung zwingende Gültigkeit beanspruchen. Bei gutem Willen zum Geltenlassen jeder Weise der Größe ist die Gruppierung derart, daß durch sie zwar Konturen gezogen werden, das Ganze aber in Bewegung bleibt. Denn jede Gruppierung ist nur mehr oder weniger treffend. Überschneidungen und neue Aspekte lassen die für den Augenblick notwendig fixierende Ordnung notwendig in der Schwebe.

Niemals stimmt die Zusammenordnung in einem exakten Sinn. Die allgemein formulierbaren Gesichtspunkte der Charakteristik wechseln. Sie sind selber nicht Ausgangspunkt, sondern Folge der Anschauung, die sich allgemein aussprechen muß, um mitteilbar zu werden.

2. *Keine Deduktion:* Da die Gruppen aus der geschichtlichen An-

muß ich noch feststellen ob Du ihn hast. Wertend hast Du Dich

schauung gefunden wurden, ist, trotz ihrer Charakteristik durch notwendig allgemeine Begriffe, die Gruppenbildung nicht aus einem Begriff des Ganzen erwachsen.

Eine Ordnung der Persönlichkeiten aus dem Prinzip der Philosophie (oder der Wahrheiten in persönlicher Gestalt aus dem Prinzip der einen Wahrheit) ist uns so wenig gegeben wie eine Ordnung aller persönlichen Wesen überhaupt aus dem Ursprung des Seins. Die totale Geschichtlichkeit der Wirklichkeit ist in kein Allgemeines aufzulösen.

Daher gibt es keinen übergeordneten Gesichtspunkt, aus dem sich ein System der Philosophengruppen entwickeln ließe. Das erste meiner Arbeit war die Darstellung einzelner Philosophen und diese blieb das eigentliche Ziel. Die Gruppenbildung ist von sekundärer Bedeutung. Die vergleichende Anschauung, die selber in geschichtlicher Gestalt auftritt, aber auf das Übergeschichtliche gerichtet ist, diesen ihren eigenen Inhalt als die umfassende Geschichtlichkeit der Wirklichkeit selber meint, sieht die Gruppen, die sich natürlich, ohne Gewaltsamkeit des Blickenden, zu zeigen scheinen.

Wenn es kein deduzierendes Schema des Ganzen gibt, das den großen Philosophen ihren Platz anwiese, so kann es nicht definierbare Grundtypen geben, unter die die Einzelnen subsumierbar wären. Wie man die Persönlichkeiten zusammennimmt, das charakterisiert sie zwar, aber doch immer wieder nur unter einem Aspekt. Keine Gruppenbildung, auch nicht die der überzeugendsten Zusammengehörigkeit, zeigt eine innerste Wesenseinheit. Jeder der Großen bleibt er selbst, ohne daß eine Gruppe ihm übergeordnet wäre.

Darum ist der Rahmen unserer Darstellung der Großen uns zwar nicht gleichgültig, aber auch nicht entscheidend für die Weise, in der dann jeder Einzelne aus sich selbst heraus zur Geltung kommen soll.

Die Ordnung soll die Hellsicht für persönliche Größe steigern durch Bewußtmachen eines Allgemeinen im je Einzigen. Sie soll die Weite des Begriffs der Philosophie festhalten durch die Anschauung der Weite des persönlichen Geisterreichs.

3. *Die Rangordnungen und ihre Grenzen:* Wir sehen die Philosophen in Rangordnungen und wieder die Gruppen selber nach ihrem Rang. Aber beide Rangordnungen sind nicht einlinig und nicht eindeutig fixierbar. Denken wir unwillkürlich in Rangordnungen, so können wir sie doch nicht endgültig bestimmen.

Keineswegs können wir die Philosophen auffassen als eine Mannigfaltigkeit von Naturunterschieden in Leibesgestalt, Seelenfunktionen und geistigen Begabungen. Denn dazu kommt etwas ganz Anderes, kommt das, was sich all dessen als eines Materials bemächtigt. Der Mensch kennt den Unterschied von Wahr und Falsch, von Gut und Böse. Und seine geistigen Schöpfungen laufen nicht wie eine bloße Mannigfaltigkeit von individuellen Naturgestalten nebeneinander her, sondern sind dem Sinne nach aufeinander bezogen.

In einer übergreifenden, zeitlich unabschließbaren Kommunikation, in der der Rang des Gehaltes erfahren wird, erwächst unmerklich eine Rangordnung der Geister. Zur Rangordnung jener natürlichen Gegebenheiten, die unter Gesichtspunkten der Psychologie und nach dem Maßstab einer geistigen Produktivität objektiv und nach dem Geschmack subjektiv zu treffen ist, kommt eine andere.

Es entschleiert sich aus dem Ursprung der Menschheit die ganz andere Rangordnung der Existenzen, die nur dem liebenden Auge offenbar wird. Was aber jedem einzelnen Menschen aus der Freiheit seiner Existenz geschichtlich bestimmt wird, und was er selbst ist, kann niemand objektiv übersehen und einordnen. Es ist in Wahrheit unmöglich, mit Dante die Menschen im ganzen an ihren Ort in Hölle und Paradies und den Ort ihres Ganges durch das Fegefeuer zu bannen, an den sie ihrem Wesen nach vermöge ihrer Taten gehören sollen. Das heißt als Mensch urteilend vorwegzunehmen, was nur in der Chiffer der Transzendenz eines Gerichtes Gottes gedacht werden kann.

Wenn wir nun in Auswahl und Gruppierung unausweichlich Rangordnungen machen, so müssen wir diese redlicherweise in der Schwebe halten. In vielen Fällen entscheiden die immer beschränkte persönliche Orientiertheit des Darstellers und seine nicht immer von ihm kontrollierbaren Wertschätzungen. Wenn unsere Absicht ist, kleinere Geister in diesem Buch nicht auftreten zu lassen, so besteht doch keineswegs eine scharfe Grenze. Die Großen aber haben den Charakter, daß in ihren Gruppen sich geschichtliche Urbilder zeigen, denen sich Kleinere als mehr oder weniger ähnlich anschließen lassen.

4. *Die Disparatheiten:* Es bleibt die Spannung: die Großen gehören einem Reich möglicher Kommunikation an – die Großen stehen disparat nebeneinander, gehen aneinander vorbei.

Zunächst in der Realität von Zeit und Raum. Die Philosophen stehen nur zum Teil in realer Beziehung zueinander. Die späteren kannten die früheren, die Zeitgenossen untereinander sich nur in beschränktem Umfang. Plato und Demokrit, wenn sie überhaupt voneinander gewußt haben, haben sich ignoriert. Nietzsche hat keine Zeile von Kierkegaard gelesen. Bei jedem Denker ist daher die Frage sinnvoll und notwendig, welche Früheren und welche Zeitgenossen er studiert habe, – welche er gar nicht kannte.

Dann scheint im Reich der Geister selber der Große wie ein einsamer Gipfel. In jedem der Großen sehen wir eine Höhe. Ihre Höhe ist nicht gleicher Art.

Wir, wenn wir als Historiker der Philosophie philosophieren, sind es, die die Welt der Philosophen als ein Ganzes zusammensehen, die Disparatheiten nach Kräften in sinnhafte Beziehungen bringen, und dies wiederum je in einer geschichtlichen Situation, aus der diese Sicht erfolgt.

Wir können die großen Philosophen nicht auf einer Ebene sehen. Fragen wir nach dem Gemeinsamen (ohne das ihr Zusammenbringen sinnlos wäre), erhebt sich alsbald die andere Frage nach der Disparatheit. Eine einzige Liste der großen Philosophen würde in der Nivellierung das Eigentümliche der einzelnen Größe verschwinden lassen. Die disparate Reihe nur Einzelner würde das Ganze auflösen in unbeziehbare Gestalten.

Zwischen beiden Extremen liegt die Sinngemeinschaft der einzelnen Gruppen. Aber nie ist zu vergessen, daß der Einzelne doch nur mit einer Seite seines Wesens auf diese Weise gruppierbar ist.

5. *Gefahr der Antithesen:* Bei der Gruppierung sind Scheidungen durch Alternativen und dadurch gegebene Antithesen leicht irreführend. Solche sind nur untergeordnet zur Charakteristik zu benutzen. Ein Beispiel: Wir sehen Philosophie, die vorwiegend in der Polemik lebt, – das Denken aus dem Nein. Wir sehen Philosophie, die ursprünglich liebend ist, überall Spuren der Wahrheit findet, keinen Denker verachtet, – das Denken aus dem Ja. Wenn wir etwa eine Gruppe »Die bohrenden Negativen« nennen, so heißt das nicht, alle anderen seien die Positiven. Der Akzent liegt auf dem bohrenden Denken, auf dem Nein als dem Mittel der Klarheit, und der Bereitung des Bodens für ein Wachsendes, das in diesem Denken schon gegenwärtig ist. – Ein anderes Beispiel: Philosophie erwächst aus der ursprünglichen Vision, im schaffenden Hervorbringen, und in der Folge aus der schaffenden Wiederholung, dem aus Eigenem im Sprung ergriffenen Ursprung. Oder wir sehen das Denken in nachahmender, nicht ursprünglicher Wiederholung. Wenn wir etwa eine Gruppe »Die großen Ordner« nennen, so heißt das nicht, daß sie nur wiederholen, sondern daß bei ihnen in größtem Stil die Aneignung alles Überlieferten erfolgt, aber

durch die Originalität ihres Bauens ebenso aufgenommen wie verwandelt wird.

Alternativen sind zugleich im selben Denker: in verschiedenen Augenblicken, in Tendenzen seines Wesens. Nirgends kommt das liebende Sehen zur vollen Klarheit ohne das Fegefeuer der Polemik; Liebe aber bezeugt, daß im Bekämpften überall auch Liebenswertes verborgen ist, außer im konstruierten Idealtypus des Bösen eines Gegners, der als solcher keine Wirklichkeit mehr hat. Kein Ursprung wird denkend in Klarheit ergriffen ohne das Geheimnis des Unbegreiflichen. Keine aneignende Nachahmung geschieht ohne eine Wahrheit auf dem dargebotenen Wege.

6. *Die Gruppenbildung ist nach Durchführung wieder abwerfbar:* Wenn auch einzelne Gruppen natürlich, manche unmittelbar überzeugend wirken, so sind andere weniger bezwingend. Manche können wie eine Aushilfe aussehen. Will man den Weg dieser Ordnung beschreiten, als eine der Weisen der Bildwerdung für uns, so muß man ihn durchführen bis an die Grenzen des dem Autor Möglichen. Ich bin überzeugt, daß diese Weise der vergleichenden Anschauung für das geschichtliche Aneignen fruchtbar wird. Jedoch soll meine Darstellung jedes einzelnen Philosophen für sich bestehen können. Wirft man die Gruppenbildung ab, so bleibt jeder Philosoph als dieser, der er ist, anschaulich in seinem Denken zu vergegenwärtigen. Aber wer einen großen Philosophen erblickt, der versteht ihn besser, wenn er andere kennt. Sie erleuchten sich gegenseitig. Im Vergleichen tritt die je eigene Größe um so klarer heraus.

Die Wahl für den Studierenden

Ein Einzelner kann nicht alle Philosophen zugleich studieren, muß vielmehr in dem ihm zugemessenen Leben auf viele verzichten. Welchen Philosophen er aber zuerst wählt, und welche er später ergreift, in welchen er Größe sieht, das sind für ihn folgenreiche Entscheidungen.

Ich mache einen Vergleich. Es ist eines jeden Schicksal und Verantwortung, welchen Menschen er in seinem Dasein begegnet, wo er wählt und gewählt wird, wo er meidet oder ausweicht. Er hat im Raum des Gegebenen seine Freiheit. Es gehört zum Wesen des Einzelnen, mit wem er gelebt, und wer ihn bestimmt hat.

Wo durch Bücher und Überlieferung Menschen aus der Geschichte zu mir gelangen, da ist eine analoge Verantwortung. Trete ich in diese unbestimmte Gemeinschaft der Denker, so muß ich wählen. Philosophiere ich, so ist entscheidend, an welche Philosophen ich mich halten will. Denn mit wem ich, ihn lesend, spreche, das bestimmt mein eigenes Denken. Im Studium der Sache gestalten sich die persönlichen Bilder der Großen zur Einheit eines denkend Getanen. Sie werden zu Vorbildern und Gegenbildern. Durch den Umgang mit ihnen wähle ich einen Weg meiner Selbsterziehung.

In der weltgeschichtlichen Auffassung gelten wenige allgemein als groß und unumgänglich. Ein Zufall kann mich aber durch einen Philosophen dritten Ranges an die Philosophie gebracht haben, dann bleibt mir dieser Philosoph mit Recht wert, aber er gilt nicht für alle.

Welchen Philosophen ich wähle, ist entscheidend erst, wenn ein gründliches Studium unternommen wird. Denn dieses macht Mühe. Es verlangt Zeit und bedarf der Geduld, um auch nur einen einzigen Philosophen zu erfassen. Allerdings mache ich dann die Erfahrung: habe ich einen großen Philosophen wirklich kennengelernt, so habe ich zu allen anderen einen schnelleren und wesentlicheren Zugang. Die Wahl sollte schon früh einen der Großen treffen. Mag auch noch im geringsten Philosophen irgend etwas Lohnendes sein, so ist doch das Niveau des von Menschen erreichten und daher nun möglichen Philosophierens nur bei den Großen zu erfahren, in ihrer Tiefe, ihrer Unabhängigkeit, ihrer Weite, ihrer Denkintensität, ihrer gehaltvollen Prägnanz. Nur bei ihnen ist die Konzentration des Gehalts, die fast keine Seite vergeblich lesen läßt.

Aber wo finde ich diese Großen? Die Menge der Bücher, die Masse des Wißbaren kann verwirren. Es scheint hoffnungslos, durch sie hindurch und in freien Besitz zu gelangen. In dieser Masse der Bibliotheken gibt es nur eine geringe Zahl ursprünglicher und dauernder Werke. Würde ein Vernunftwesen gegenwärtig sein, das die Gabe der Unterscheidung der Geister in Vollendung besäße und den Inhalt all der Bücher kennte, es würde einige wenige leuchtende Sterne sehen, mehrere, die geringer sind, aber doch selbst leuchten, und eine Menge nur im Widerschein von fremdem Licht lebender kleiner bis zu den unbestimmt und wechselnd erglimmenden Nebelschwaden der endlosen, kaum unterscheidbaren Geister.

Jene wenigen dauernden Bücher in der Philosophie sind solche, in denen ein Gedanke ursprünglich zu hellster und knappster Fassung kommt. Er braucht nicht zum erstenmal gedacht zu sein. Selten ist er ohne Voraussetzungen und Vermittlungen durch andere in eines Menschen Kopf gekommen. In den späteren wird er wiederholt, wird er abgewandelt oder verkümmert er. Hat man ihn wirklich erfaßt, dann kennt man mit einem Male ganze Büchermassen.

Es wäre gut, diese Bücher zu wissen, an sie in Arbeit und Studium sich zu halten, sich nicht zu vergeuden in der Mühe um das Verständnis abgeleiteter, nicht eigentlich aus einem Selbstsein sprechender Bücher. Aber es gibt keine gültige Tafel dieser Werke und Namen. Die Autorität der Überlieferung in der Abschätzung der Größe wandelt sich selber im Laufe der Geschichte. Durch sie aufmerksam gemacht, muß der Einzelne doch immer wieder aus eigener Verantwortung spüren, wo das Studium ihm hilft, um dem Wesentlichen näherzukommen, welche Denker kennenzulernen ihm von der größten Bedeutung ist. Eine Darstellung der Großen, wie sie in seiner Zeit einem Einzelnen als Lehrer der Philosophie erscheinen können (wie dieses Buch sie versucht), hat die Aufgabe, den Lesenden auf die Spuren zu führen, auf denen er seine Wahl treffen mag für die Reihenfolge seines Studiums und für den Vorrang einiger weniger.

V. DER UMGANG MIT DEN PHILOSOPHEN

1. *Betrachten und Umgang:* Sollen wir uns erbauen oder vergnügen an einer Galerie großer Philosophen? sie ansehen so, daß sie alle in ihrer Weise gut, schön und wahr sind? sie für uns unverbindlich Revue passieren lassen? unsere Kenntnis vermehren? Das alles mag auch geschehen, aber die Philosophie beginnt erst, wo die Philosophen mich in meiner eigenen Möglichkeit angehen, ich ihre Ansprüche höre, wo ich aneigne und abstoße. Wenn dieses Buch in die Gesellschaft der Großen führt, möchte es ihren Ernst zur Sprache kommen lassen. Der Größe, ihrer Geschichtlichkeit und Übergeschichtlichkeit, vergewissern wir uns nur im Umgang mit dem Werk der Philosophen und darin mit ihnen selber. Ihre Bedeutung erfahren wir erst in unserem Verhalten zu ihnen.

2. *Unterschied der Toten und Lebenden:* Wohl ist ein radikaler Unterschied im Umgang mit Lebenden und mit Toten. Zwiesprache zwischen Lebenden geschieht in Frage und Antwort, aus der Kraft des Selbstseins, die sich gegenseitig zu sich selbst bringt. Aber es ist eine Analogie dazu im Umgang mit dem Toten. Ich mache ihn in der Zwiesprache gleichsam lebendig. Wenn ich ihn frage, erhalte ich Antwort aus Text-

stellen, die durch meine Frage wieder lebendig werden, während ein nicht Fragender darüber hinwegliest. Diese Antworten aber haben Wirklichkeit nur, soweit ich, was ich höre, im »gemeinten Sinn« des Textes belegen kann. Wo kein solcher im Text des Toten antwortet, bleibt er stumm.

Wenn ich über den ausdrücklich gemeinten Sinn hinaus zu verstehen wage, was ihm unausgesprochen zugrunde liegt, muß ich wissen, was ich tue, und es sagen. Dieses Verfahren ist zwar gehörig zur Aneignung des eigentlichen Gehaltes, wird aber immer noch eine Bestätigung durch die Kombination der ausdrücklich gesagten Gedanken des Philosophen suchen.

Nur ein Verlust der Scheu vor der Größe und ein Übermut des Selbstdenkens kann sich die Worte der Großen als ein bloßes Geländer nehmen, das ich mir zurechtstelle und an das ich fasse, um einen Weg zu gehen, zu dem der Philosoph nicht leitet, indem ich in seine Worte willkürlich hineinlege, wovon keine Spur zu finden ist. Diese Gefahr ist für den philosophierend Lesenden immer da. Denn nur philologisch ist kein philosophischer Text zu verstehen.

Was aus der Zwiesprache mit Toten hervorgeht, wird lebendig doch nur, wenn es in dem Gespräch zwischen Lebenden aktuell wird. C. F. Meyer läßt den »Chor der Toten« sprechen:

> Und was wir vollendet, und was wir begonnen,
> Das füllt noch dort oben die rauschenden Bronnen,
> Und all unser Lieben und Hassen und Hadern,
> Das klopft noch dort oben in sterblichen Adern,
> Und was wir an gültigen Sätzen gefunden,
> Dran bleibt aller irdische Wandel gebunden,
> Wir suchen noch immer die menschlichen Ziele ...

Der Umgang mit den Toten ist Quelle der Wahrheit unseres eigenen Wesens, damit wir nicht das schon klar Erfaßte verlieren, nicht verfallen an längst durchschaute Phantasmagorien, – damit wir nicht arm werden durch Verschwindenlassen der Mächte, die, in der Zeit kämpfend, den Menschen zu seinen höchsten Möglichkeiten lenken, – damit wir die Verantwortung gegenüber den Großen erfüllen dadurch, daß wir nach Kräften sie neu zur Sprache bringen, – damit wir uns selber verwirklichen im hellen Raum des schon Gedachten, uns erziehen am Erwerb der Geschichte.

3. *Zeitlich und überzeitlich:* Daß jeder Denker seiner Zeit und Welt angehört und historisch in ihr gesehen werden muß, schließt nicht aus,

daß aus ihm spricht, was jederzeit von Menschen gehört werden kann.

Es ist das Zeichen der Größe des Denkers, daß er in die mögliche Gleichzeitigkeit mit allen gelangt, daß er sagt, was über die Zeiten hinweg menschliche Möglichkeiten erweckt, ihnen zum Spiegel wird, sie ermutigt und stärkt, mit ihnen im Kampf steht. Ein Denker, der nur zeitgebunden ist und durch unsere historische Analyse schon angemessen und wesentlich getroffen scheint, gehört nicht in den Kreis der Großen.

Sofern aber kein Mensch schlechthin nur zeitgebunden ist, vermag auch der Geringste von uns aus seiner Unabhängigkeit einzutreten in jene einzige Gleichzeitigkeit mit den Großen. Dort hört er Antworten, erfährt er Impulse, Anziehungen und Abstoßungen. Die Großen sind seine ewigen Zeitgenossen.

4. *Weisen des Umgangs:* Der Umgang mit den Toten vollzieht sich auf die vielfache Weise des Verstehens der von ihnen hinterlassenen Texte.

Das erste ist: Wir suchen das Gemeinte nachzuvollziehen, im Gedanken des Philosophen mit ihm zu denken, sein Ganzes zu vergegenwärtigen mit den intellektuellen Operationen, die er selber bringt. Wir üben seine Methoden der Konstruktion, der Dialektik, des bohrenden Eindringens, der Analogie der gegebenen Erscheinungen usw. So lernen wir und gewinnen Ordnungen.

Dann aber: Wir lesen nicht einfach Texte. Denn wir sind betroffen, erweckt, befreit, sind angezogen und abgestoßen. Damit gelangen wir in die Bewegung, die hört und fragt. Jetzt erst beginnt eigentlich der Umgang.

Ein Raum metaphysischer Gehalte hat sich geöffnet. Wir sehen Visionen im Begriff und spüren die wundersame Beruhigung. Wir erfüllen uns mit Chiffern der großen Anschauungen, durch die das Sein im Bewußtsein der großen Denker sich uns mitteilt. Durch die schöpferischen Philosophen wird das jedem Menschen eigene ursprünglich denkende Vermögen in Gang gebracht.

Philosophie geht in eins mit dem Menschentum, das sie trägt. Wir werden der Aufgabe bewußt, durch den Umgang mit Texten uns im Reich der Philosophie in einer personalen Orientierung ansprechen zu lassen, und damit Kritik an der Persönlichkeit der Denker zu vollziehen. Die Größe selber wird in Frage gestellt und dann auf eine je eigentümliche Weise, anders als vorausgesetzt war, bestätigt.

Die Realitäten des Daseins, der Lebensführung, der Umwelt, der Handlungen und des Charakters des Philosophen gewinnen Interesse. Das Befremdende wird Gegenstand psychologischer Untersuchung.

Wir sind betroffen unter dem Gesichtspunkt von Gut und Böse, Wahr und Falsch. Wir urteilen in einem nicht nur rationalen, sondern metaphysischen und existentiellen Sinne, korrigieren uns, um schließlich für uns zu einem vorläufigen Schluß zu kommen. Oder unser Vertrauen wächst bei jedem weiteren Schritt unseres Kennenlernens. Dann treten wir ein in eine persönliche Atmosphäre, wo zwar Kritik nicht aufhört, aber der liebende Blick in der Teilnahme an den Bewegungen des Philosophen die Wahrheit nur tiefer, gegründeter und umfassender sieht.

Wir gestatten uns nicht, bei den von uns vor allen Bevorzugten zu bleiben. Vielmehr ist der Anspruch des Wissenwollens und der Gerechtigkeit, sich im gesamten Raum der Möglichkeiten umzusehen. Wir schauen solchen Möglichkeiten zu, nähern uns ihnen mit Sympathie und Antipathie, aber nicht als unserer eigenen Sache. So werden wir informiert über das Heterogene dessen, was als Philosophie auftritt. Mit philosophischem Sinn haben wir den Willen, durch Erfahrung dorthin zu gelangen, wo alles, auch das sich gegenseitig Feindselige, wenn es nur nicht nichtig ist, zusammentrifft in dem Kreise einer möglichen Kommunikation. Tun wir es aber im Sinne literarischen Genusses an der Mannigfaltigkeit, so geraten wir in die Neugier zum Vielfachen, in die Zerstreuung des unverbindlichen ästhetischen Spiels.

Es liegt in uns etwas bereit, das antwortet, wenn die Erscheinung der Größe, sei es in welcher Gestalt, uns begegnet. Erst als mögliche Existenz hören wir, was aus der Existenz des seine Gedanken mitteilenden Philosophen zu uns spricht. In dieser Berührung erhält aller Umgang seinen letzten Sinn. Ihn selbst müssen wir hören, wenn wir des Philosophen Größe spüren, seine Wahrheit urteilend auffassen wollen. Dieses Hören geschieht im Medium unserer verstehenden Gedankenarbeit je durch den Einzelnen. Wie es geschieht, das ist methodisch schlechthin unzugänglich, vielmehr selber das sinngebende Moment in allen Methoden.

Um diesen Umgang so offen wie möglich zu halten und um hinzuweisen auf die Bedrohungen seines Gelingens, erörtern wir zwei besondere Diskussionsweisen: die, ob es überhaupt persönliche Größe gibt, und die nach den eigentümlichen Fragwürdigkeiten der Größe.

VI. BESTREITUNG DER GRÖSSE

Unsere Voraussetzung bei allen Erörterungen war: die ursprüngliche Wirklichkeit der Philosophiegeschichte sind die großen Philosophen. Sie geben die Anstöße, von denen die Folgezeiten sich bewegen lassen, schaffen die Substanz, von der diese sich nähren, stellen die Urbilder hin, auf die die Späteren blicken. Gegen diese Voraussetzung gibt es Einwände, denen die Persönlichkeit als untergeordnet, ja als gleichgültig und ersetzbar gilt.

1. *Die Sache an sich:* Eine These lautet: Philosophie ist Wissenschaft. Wie diese ist sie in ihrer Sachlichkeit rein objektiv. Auf den Menschen kommt es nicht an. Statt persönlicher Größe im Werk gilt nur die große Leistung. Sie gedeiht wie in der Wissenschaft durch die Zusammenarbeit vieler. Die philosophische Leistung an der Sache ist um so wahrer, je mehr die bestimmte Persönlichkeit verschwindet, je entschiedener das allgemeine Denken des Menschen überhaupt zur Geltung kommt, und je weniger es einen eigenen Charakter hat. Die reine Einsicht ist von der Bindung an die Individualität frei. Sachliche Unbefangenheit und Tilgung der besonderen Persönlichkeit fallen zusammen.

Dazu ist zu sagen: In der Tat sind Sachen der Philosophie als solche zu denken. Es gibt die losgelösten, allgemeinen Denkfiguren, Weltbilder, Grundoperationen, die in ihren typischen, zum Schema werdenden Gestalten vor Augen zu stellen sind. Es gibt unter bestimmten formulierbaren Voraussetzungen sachliche Probleme. So kommen in der Philosophiegeschichte Namen vor, die ohne persönliches Gewicht nur als die Begründer von Gedankengebilden gelten, wie Leukipp, von dem wir nichts wissen, als daß er den Atomismus entworfen hat. Auf dem Wege der Erfassung von Sachen der Philosophie zeigen sich am Ende bezwingende Lehrsysteme, nicht bezwingende Persönlichkeiten.

Nun ist aber diese losgelöste Erfassung der reinen Sachen für das Philosophieren nur ein Mittel, für die Wissenschaften das Endziel. Der Wahrheitsraum der Wissenschaften ist eine Voraussetzung, aber nicht das Eigene der Philosophie. Daher geschieht die Loslösung der sachlich objektiven Richtigkeit überall dort, wo es sich um zwingende wissenschaftliche Erkenntnis handelt. Diese Erkenntnisse bestehen als Ergebnisse, haben in Lehrbüchern ihre sachentsprechende Darstellung. Wo es sich aber um eigentliche Philosophie handelt, da ist ein Lehrbuch, das die gesamte erworbene Wahrheit angemessen als Ergebnis darstellt, unmöglich, – möglich nur als hinweisendes, befragendes, Wege zeigendes Orientierungsbuch. Auch in der Philosophie gewinnt das wesentlich Gedachte einen allgemeinen Charakter, aber es ist durch die persönliche Gestalt seines Gedachtseins erst überzeugend und glaubwürdig. Wo diese Gedanken ursprünglich gedacht wurden, aufgenommen in das Ganze eines persönlichen Wesens, von daher haben sie für immer die größte Kraft.

Daher gilt: Erstens: Der eigentlich philosophische Gedanke ist untrennbar vom Menschen, der ihn denkt. Losgelöst als nur noch objektive Aussage ist er nicht mehr in gleichem Sinne wahr. Er bedarf in der Folge der Wiederholung aus neuem persönlichen Ursprung, gilt nicht schon als Richtigkeit eines Lernbaren. – Zweitens: Wahre Philosophie zentriert sich in hohen Persönlichkeiten. Die Sprache der philosophischen Werke ist hörbar als Sprache menschlicher Existenzen. – Drittens: Es gibt die Vielfachheit des philosophisch Wahren in der Vielfachheit der Menschen und die Einheit dieses Wahren nur in der Einheit durch mögliche Kommunikation der Menschen unter der Idee der einen in ihrer Geschichtlichkeit ewigen Wahrheit.

Die persönliche Größe kann aber nicht als psychologisch erfaßbares Individuum begriffen werden. Wie jeder Mensch mehr ist als das, was in psychologischen Aspekten von seiner Realität gewußt werden kann, so ist die Größe nicht schon die Kraft oder der Reichtum oder die Begabung eines besonderen Menschenexemplars. Größe ist im Individuum die Gestalt eines einzig Allgemeinen und darin Allgemeingültigen.

2. *Die Sache als das umfassende eine Ganze:* Gegen die Bedeutung der Persönlichkeit des Philosophen steht eine scheinbar einleuchtende These: Die Sache der einen wahren Philosophie ist eine so ungeheure, daß jeder einzelne Mensch, und sei er der bedeutendste, ihr gegenüber winzig werde. Jeder kann nur einen kleinen Beitrag leisten für das Ganze, das das eigentlich Wahre und das in der Geschichte Wirkliche ist. Er kann ein Glied dieses Ganzen sein und nur als solches seinen Sinn haben. Zwar kann auch die umfassendste historische Darstellung des bisher Hervorgebrachten dieses Ganze nicht erreichen, aber jeder, der Größte und der Geringste, muß sich auf es beziehen und ihm angehören, wenn er Wahrheit will. In der Tat ist es das Bewußtsein der Größten, einem unermeßlichen Ganzen zu dienen.

Aber für wen ist dieses Ganze da? Immer nur für Einsicht und Existenz des einzelnen Menschen. Die philosophische Wahrheit ist nur wirklich in dieser Paradoxie: Bei der Hinfälligkeit des Menschenlebens muß sie wirklich werden in Formen und Umfängen, die in die Grenzen eines so kurzen Lebens und eines so beschränkten Bewußtseins einzugehen vermögen. Das Ganze kann nie größer sein, als die Lebensjahrzehnte eines Menschen, seine geistige Energie, Erfahrungsweite und Fassungskraft es ermöglichen.

Die Wirklichkeit der Wahrheit in einem vollendeten Ganzen, gebunden an Einzelne, bleibt eine Erscheinung, gesehen von einzelnen Menschenwesen aus. Diese können einander verstehen auf dem Wege, auf dem ihnen die Idee der Einheit des Ganzen leuchtet, das in keines Menschen Besitz ist oder gelangen könnte. In außerordentlichen Abständen der Stufenhöhe kann mehr oder weniger hell *ein* Ganzes als Repräsentant *des* Ganzen in Menschen wirklich werden, im Widerhall auch dessen, was dem deutlichen Bewußtsein entzogen bleibt.

Grundsätzlich anders ist es in wissenschaftlicher Erkenntnis. Niemand kann alles wissen, und niemand braucht es, um forschend an der Wissenschaft teilzunehmen. Die Zusammenhänge aller Wissenschaften arbeiten sich zu einem objektiven Geist des Erkennens heraus, in dem jeder durch die Mittel des Verfügbarmachens in Archiven, Enzyklopädien, Institutionen, Bibliotheken, aus einem ungeheuren unabgeschlossenen Ganzen sich orientieren und sachgemäß finden kann, was er gerade will und braucht. Die wissenschaftliche Bildung besteht zu gutem Teil in dem Erlernen, wie diese Verfügbarkeiten zu nutzen sind. Das nun ist dem philosophischen Ganzen fremd. Dessen Sinn besteht in der Gegenwärtigkeit. Philosophie kann nicht partikular sein, ohne aufzuhören, Philosophie zu sein. Sie läßt sich nicht verfügbar machen (wohl aber das äußere philosophiehistorische Material).

Daher ist die Sache der Philosophie selber auf grundsätzlich andere Weise als die der Wissenschaften an den je einzelnen Philosophen gebunden. Sie spricht durch die Ganzheiten, die von Philosophen erreicht worden sind.

3. *Der Geist der Zeitalter:* Die Bedeutung der großen Persönlichkeit wird nivelliert durch den Blick auf die Geschichte mit der Behauptung: Die Philosophie wird durch den Geist der Zeitalter bestimmt, die Individuen sind nur deren Werkzeug. Die Verwandlung der Zeitalter ist der gewaltige historische Prozeß, in dem die Persönlichkeiten wachsen, auf den sie in dem Maße, als sie ihm entsprechen, wirken, den sie aber nicht hervorbringen und nicht in seinem Gang beeinflussen. Dieser hat vielmehr sein eigenes, alles in sich einbeziehendes Gesetz. Persönlich-

keiten sind Funktionen des Geschichtsgeistes, aber keine eigenständige Macht. Sie sind vertretbar. Von dem, was sie tun, gilt: macht es nicht der eine, so macht es ein anderer.

In der Tat gibt uns die Geschichte im Ganzen einen Aspekt, der solche Auffassung zu fordern scheint. Es gibt Verwandlungen des geistigen Klimas von Zeitaltern, die sich nicht auf einen großen Menschen, auch nicht auf die Größten zurückführen lassen. In historischen Darstellungen wird dieser Aspekt zum Thema. Aber entscheidend ist, daß alle historischen Gesamtbilder von Prozessen nur Aspekte sind, das heißt Methoden der Untersuchung partikularer Zusammenhänge. Ob man den Blick auf historische Verwandlungen der Ideen, des »Geistes« der Zeiten lenkt, oder auf die nicht ableitbaren durch einen Sprung in die menschliche Geschichte eintretenden Grundgedanken, Urbilder, Symbole, oder auf die wissenschaftliche und die technische Entwicklung, oder auf die technischen Arbeitsweisen und ihre Folgen in der gesellschaftlichen Struktur, oder auf die politischen Tendenzen, auf die Erscheinungsform und Folgen des Willens zur politischen Freiheit, – jeder Aspekt bedarf der Ergänzung durch die anderen, und es ergibt sich kein haltbares Prinzip des Gesamtprozesses, keine wissenschaftliche Einsicht in das Totalgeschehen. In diesem so vielfältig verwickelten geschichtlichen Gang der Menschheit haben die großen Philosophen ihren Platz und die Bedingungen ihrer Möglichkeit.

Wir nehmen nun die großen Denker, die in der historischen Darstellung als Funktionen der Zeitalter vorkommen, für sich als Einzelne. Das bedeutet: Gewicht und Umfang des Sinnes ihres Daseins sprengt die Proportionen geschichtlicher Übersichten. Ihr überzeitliches Wesen als Sprache der Wahrheit ist mehr als ihr historischer Zusammenhang. Ihr Eigentliches liegt in diesem Übergeschichtlichen. Mit solcher Auffassung verneinen wir nicht die Geschichte, sondern gehen über sie hinaus.

Daß große Philosophen überzeitlich sind, bedeutet: sie sind alle gleichsam Zeitgenossen. Hegels Satz »Besseres nicht als die Zeit, doch sie aufs Beste zu sein« gilt nicht für die, denen die Geschichte als die absolute, übergeordnete, alleinige Wirklichkeit entthront ist. Denn die Geschichte hatte den Thron nur für Menschen, die die Transzendenz und damit die Gottheit fallen ließen, usurpiert.

Durch die Bewegung in der Zeit geht das ewig gegenwärtige Wahrsein. Der historisch bestimmbare, ständig wechselnde Ort trägt in sich den gleichbleibenden ewigen Ort. Die geschichtlich zeitliche Erscheinung möchten wir so erblicken, daß sie im Kleid ewiger Gegenwart den Träger des Kleides zu uns sprechen läßt. Dann sehen wir zwar die empirische Realität als den immer nur wechselnden Ort (ohne das Ganze zu kennen, von dem her eine eindeutige Ortsbestimmung möglich wäre), aber spüren darin den ewigen. Der Gehalt der Wahrheit ist uns nur in der Einheit von Zeitlichkeit und Ewigkeit zugänglich. Die bloße Zeitlichkeit führt uns ins Endlose des Gleichgültigen, nur Kommenden und Gehenden. Die bloße Ewigkeit führt uns in das Abstrakte eines Unwirklichseins. Gelangen wir in die Einheit beider, gebunden an das Empirische, erleuchtet von einem Überempirischen, dann sehen wir von solcher Einheit her, was wesentlich heißen darf.

Es hat einen guten Sinn, die Philosophie und die Philosophen in den historischen Tatbeständen und in den Zusammenhängen der Zeitalter des Geistes zu untersuchen. Dies aber ist nur eine Voraussetzung, um die Größe der Philosophen in dem Licht zu sehen, das ihre übergeschichtliche Wahrheit gegenwärtig werden läßt.

4. *Unterschied von Abendland und Asien:* Die Bedeutung der persönlichen Größe als zum Menschsein gehörig wird eingeschränkt durch die These: Persönlichkeit, Genie, Größe sind Begriffe des Abendlandes. Sie gelten nicht in Asien. Wenn die Fülle der Anschauung persönlicher Gestalten eine abendländische Erscheinung ist, dann ist sie nur eine geschichtliche Form unter anderen und gilt nicht für alle menschliche Geschichte.

In der Tat ist es eine selber historische Frage, wo in der Geschichte Persönlichkeiten für uns sichtbar vorkommen und wo die Umgebung sich ihrer bewußt geworden ist, so daß eine Auffassungsform vom Wesen der Persönlichkeit auftrat. Es gibt die anonymen Zeitalter und Kulturen, aus denen herrliche Kunstwerke und große philosophische Gedanken ohne Namen zu uns sprechen. Die Philosophiegeschichte ist im Abendland in keiner Zeit anonym. In China gelten von früh an Namen der Philosophen, spielen Persönlichkeiten eine Rolle, aber nicht in dem Maße und nicht in der eindringlichen Bewußtheit des Abendlandes. In Indien ist die Philosophiegeschichte in der frühen großen Zeit überwiegend anonym (trotz der mythischen Namen), und bleibt es weitgehend (trotz der späteren blassen Namen). Wir finden große Persönlichkeiten nur ausnahmsweise und dann ohne volle realistische Deutlichkeit. Die indische Philosophiegeschichte darzustellen als eine Folge von Philosophen, wäre unmöglich; in Griechenland und im späteren Abendland ist es natürlich und durchführbar; auch für China ist es möglich, wenn auch nicht mit der gleichen Anschaulichkeit.

Tatsächlich werden in unserer Darstellung der großen Philosophen die Namen des Abendlandes die Hauptrolle spielen, einige aus China, sehr wenige aus Indien. Das liegt nur zum Teil an der Überlieferung. Die empirische Anschaulichkeit der Philosophen ist auch im Abendland erst für die letzten Jahrhunderte in realer Fülle da. In Indien ist aber solche Überlieferung gar nicht versucht worden. Denn von vornherein und für alle historische Zeit ist die persönliche Gestalt dem indischen Denken unwesentlich und darum deren Überlieferung gleichgültig gewesen. Es gab kein persönliches Selbstbewußtsein als Aufgabe und Sinn, keine Geschichtlichkeit als Bewußtseinsform der Existenz. In China dagegen gab es Persönlichkeiten, gab es das Wissen von ihnen und ihrer Besonderung, gab es die Aufzeichnungen über ihr Leben. Jedoch im Vergleich zum Abendland ist die dort gewonnene Auffassung viel weniger realistisch, an Schemen gebunden.

Die Tatsache scheint unumgänglich: Die persönliche Zentrierung ist nicht für alle Philosophie wesentlich. Zwar wird das Faktum persönlicher Bedeutung Einzelner nirgends, nicht einmal bei Naturvölkern, zu bezweifeln sein. Aber wenn diese nicht als solche gesehen wird, vielmehr unbeachtet bleibt, und wenn die persönliche Einmaligkeit und Unersetzlichkeit der Umwelt nicht zum Bewußtsein kommt, dann ist für unser historisches Wissen keine anschauliche Persönlichkeit zu finden.

Wenn wir die Philosophie in Gestalt der großen Philosophen sehen, ist es notwendig, die Analogien des Persönlichkeitsgedankens in Asien zu beachten; denn ganz fehlen kann er nicht. Unser eigener Persönlichkeitsbegriff muß klarer werden, indem das Denken Asiens einbezogen wird.

5. *Die Massen:* Die Bedeutung der großen Persönlichkeit wird durch eine heute sehr geläufige These tief herabgesetzt: Die Masse der Menschen, die Völker, die Zustände der Gesellschaft machen die Geschichte, nicht wenige *Einzelne.* Für einen sublimen, aber in der Realität wirkungslosen geistigen Standpunkt mögen wenige Große jenen unersetzlichen Charakter haben. Der Gang der Geschichte aber zeigt, daß ihre Wirkung ungemein gering, ja verschwindend war. Auch da, wo ihr Name gilt, wirkt nicht, was sie waren, dachten, gestalteten, sondern ein mythisch werdendes Bild, das Völker sich entwerfen zu ihrer Führung. Sache kleiner Bildungsschichten, die nur unter bestimmten sozio-

logischen Bedingungen eine Rolle spielen, ist es, die Größe als solche zu sehen und für sich zur Geltung zu bringen. Auch dies geschieht in den Horizonten dieser Schichten, gelenkt von den Interessen einer Macht und Ordnung, die sich durchsetzen und sich behaupten will. Wenn, wie im 19. Jahrhundert Europas, eine ungewöhnliche Freiheit historischer Forschung sich verwirklichte im Rahmen der staatlichen Erziehung für die akademisch gebildete, alle führenden Stellungen besetzende Schicht, dann zeigte sich die Realitätsferne und historische Machtlosigkeit solcher universalen Betrachtung aller Weisen der Größe darin, daß eine solche Welt in Deutschland (und die Möglichkeit besteht für ganz Europa) mit einem Schlage (zwischen 1933 und 1945) weggewischt werden konnte, als ob sie gar nicht dagewesen sei. Es wird insbesondere behauptet, die Anerkennung menschlicher Größe gehöre zur Wirtschaftsordnung der bürgerlichen Welt, der Städte und des Kapitalismus. Sie selber und ihr Gegenstand seien an diese historisch vergängliche Welt gebunden. Die Massenqualität sei das Normale, das Ursprüngliche und das Wiederkommende.

In der Philosophie, so heißt es weiter, ist es wie in der Religion. Was an Glaube in den Bevölkerungen herrscht und auf die Dauer den Gang der Dinge bestimmt, das sind nicht Plato, Augustin, Kant, sondern heute etwa ein simplifiziertes rationales Denken eines vermeintlich aufgeklärten Verstandes ohne Ordnung und Prinzip; und das sind nicht Buddha und Jesus, sondern von jenen nur als Namen noch geltenden Ursprüngen her eine ganz andere, durch Massenbedürfnisse bestimmte kultische, dogmatische, rituelle und hierarchische Realität.

Dazu ist folgendes zu sagen. In der Tat ist es zweierlei: die Größe eines schöpferischen Menschen und die historische Wirkung auf das Leben der Völker und auf die Entscheidungen im Gang der Dinge. Es ist schwer, diese Wirkungen nachzuweisen oder auszuschließen. Die Wirkungsgeschichte im Zusammenhang der Großen untereinander und kleiner Bildungsschichten und die Wirkungsgeschichte in bezug auf die Prägung von Menschenmengen ist keineswegs dasselbe. Wenn die faktische Unwirksamkeit der Großen bei Geltung ihrer Namen ein nicht zu leugnender Tatbestand scheint, so ist doch dieser Tatbestand nicht so eindeutig, wie die skeptische Auffassung zu behaupten pflegt. Auch was die Massen denken, was in den Sprachen ein Überlieferungsgut ist, enthält Wirkung der Großen. Nicht Unwirksamkeit, sondern Entstellung scheint das häufige Ereignis zu sein.

Es ist weiter ein verwunderlicher Tatbestand, daß es so außerordentlich wenige der ganz Großen gibt, die durch die Jahrtausende bleiben. Sie sind nicht groß nur für eine Meinung, sondern durch den Widerhall in der Geschichte in solcher Bewährung. Sie sind von der Art, daß unsere Welt anders wäre, wenn ein einziger fehlte. Aber selbst angesichts dieser Wenigen gibt es keine Einmütigkeit in der Anerkennung durch alle. Es bleibt in jedem großen Menschen, wie überragend er dastehen mag, eine Grenze, eine Vieldeutigkeit und ein Mangel, denn jeder bleibt ein Mensch. Das hat zur Folge, daß kein einziger der Großen bedingungslos für alle Menschen gültig wurde.

Es ist schließlich ein historischer Tatbestand, daß es Zeitalter großer Persönlichkeiten gibt, wie das 6. bis 4. Jahrhundert in Griechenland, Indien, China, das europäische Zeitalter vom 14. bis 18. Jahrhundert. Ganze Jahrhunderte sehen damit verglichen so aus, als ob sie leer ausgingen. Die Größe tritt in den hohen Zeiten auf innerhalb von Gruppen geringerer Größe; eine isolierte Größe über einem Abgrund der geistigen Nichtigkeit kommt nicht vor. Wohl aber ragt dann in einem Sprung ein Mann über den Kreis hinaus, dessen geistiges Leben ihn trägt und ihm antwortet.

Daß für das Auftreten großer Persönlichkeiten die soziologischen Zustände eine Rolle spielen, ist offenbar. Sie ermöglichen oder verhindern die Entfaltung großer Menschen, aber sie erzeugen sie nicht. Auch im Abendland ist nicht jederzeit »Größe« da, und wird die Größe nicht jederzeit auf dieselbe Weise gedacht. Es ist nicht gleichgültig, ob die soziologische Daseinsform der Philosophen die von unabhängigen Adligen ist, von Rentenbeziehern, von Priestern, von Wanderlehrern, von akademischen Professoren, von freien Literaten, von mäzenatisch Sustentierten, von Vaganten, von Mönchen.

Die Frage, unter welchen Bedingungen überhaupt Größe wachsen kann, unter welchen aber sie unwahrscheinlich oder unmöglich wird, und ob man für kommende Zustände negative Erwartungen haben muß, ist zu Beginn der römischen Kaiserzeit gestellt (und damals beantwortet: ohne politische Freiheit ist keine Größe möglich) und ist im letzten Jahrhundert und heute von neuem dringend geworden. Die Schilderung der gegenwärtigen Tendenzen pflegt pessimistisch zu sein. Wie ein Symbol des Niedergangs kann die Nivellierung aller geistigen Werke in den Millionen und Abermillionen Bänden der Bibliotheken erscheinen, die endlosen Verzeichnisse der Namen, die Erörterungen beliebiger und zufälliger Autoren in den anschwellenden Mengen von Abhandlungen. Es ist wie ein Ersticken der Größe durch Einordnung zu einem unter unbegrenzt vielen Namen. Burckhardt sah keine Hoffnung mehr. »Jedenfalls kann sich das vorherrschende Pathos unserer Tage, das Besserlebenwollen der Massen, unmöglich zu einer wahrhaft großen Gestalt verdichten.« Aber voraussehen läßt sich immer nur das Negative (heute der mögliche Untergang alles Lebens auf der Erde schon im kommenden Jahrhundert). Was positiv und was an Größe möglich ist, entzieht sich aller Voraussicht; sie sehen, hieße sie schaffen.

6. *Die Gerechtigkeit:* Gegen das Gewicht der großen Persönlichkeit empört sich eine Gesinnung, welche sagt: Die Heraushebung der wenigen Großen ist eine Ungerechtigkeit; ihr entspringt Menschenverachtung. Denn grundsätzlich sind alle Menschen gleicher Art. Die Größten und die Kleinsten, jeder Mensch ist einer, ein einziger und unersetzlich. Ob ein Felsblock oder ein Sandkorn, jeder ist Substanz. Der Zusammenhalt und die Kontinuität der menschlichen Dinge wird durch diese Substanz unzähliger, öffentlich unbekannter, in der großen Geschichte namenloser Menschen erwirkt. Ihr Gewicht ist es, das den Zusammenbruch der Gesellschaft in eine sich selbst vernichtende Masse gieriger Triebe verhindert. Ohne sie würde alles zerpulvert und technisch vermasst zu einem Milliardendasein überflüssiger Menschen, in dem jeder ersetzbar ist und als bloßes Material behandelt und verbraucht wird. Diese zahllosen substantiellen Menschen aber halten durch in den wirbelnden Bewegungen des entleerten Daseins, das in psychologischen und soziologischen Deutungen nur scheinbar angemessen verstanden wird.

In solchen Sätzen ist Wahrheit und Falschheit wunderlich gemischt. In der Tat wird hier erinnert an das, was in der Chiffernsprache die Gleichheit aller Menschen vor Gott heißt, an den Wert jedes Menschen, an die Wirklichkeit des sittlichen Gewichts der Vielen, durch die wir überhaupt eine freie Gesellschaft sind. Diese Erinnerung verwehrt mit Recht einen absoluten Unterschied zwischen Menschen, auch zwischen den größten und den übrigen, zu machen (obgleich der Abstand so ungeheuer ist). Sie hält fest, daß die Großen uns darum hilfreich werden, weil wir der Möglichkeit nach als Menschen mit ihnen einer Art sind. Sie mahnt, den Menschen in seiner Idee zu ehren und nie einen Einzelnen ganz zu verachten.

Aber diese Gerechtigkeit wird zu neuer Ungerechtigkeit, wenn sie die Abstände übersehen und das eigene Recht der Größe verkennen möchte. Sie darf nicht verhindern, daß wir wenige Große anerkennen. Was immer geistig geschaffen wurde, ob technische Erfindungen, ob

Epen, Lieder, Bauten, ob Gedanken, Symbole, Ideale, alles geht auf einzelne Persönlichkeiten und auf die Folge der Handlungen anderer Einzelner zurück. Sie hatten den Einfall, oder die Vision, oder die Ergriffenheit und Leidenschaft. Das Werk, das nicht auf einen Einzelnen zurückgeführt werden kann infolge der Anonymität, welche ein Kennzeichen ganzer Zeitalter ist, ist trotzdem immer von Einzelnen hervorgebracht. Sie wurden für das allgemeine Bewußtsein nicht zum Bilde und daher nicht in der Erinnerung bewahrt. Aus diesen vielen Einzelnen heben sich die wenigen Großen heraus. Sie verbergen sich in dem Mythus der Heroen, Stifter, Gründer, Gesetzgeber, Rishis usw.

7. *Folgen des Erblickens der Größe für die Philosophiegeschichte:* Die sechs Einwände gegen die Größe sind durch Aufweis von Tatbeständen und durch zwingende Erkenntnis allein nicht zu erledigen. Die Frage bleibt am entscheidenden Punkt offen für die Freiheit des Menschen, der seinen Blick auf die Großen richtet.

Es gibt eine Tendenz, die an Größe nicht glaubt, Größe nicht will, Gleichheit überall begehrt. Man sträubt sich, wo immer Größe Geltung haben soll. Was in den Einwänden sachlich richtig ist – ohne die Größe zu gefährden – wird mißverstanden von Instinkten, die zur Nivellierung menschlicher Größe drängen zugunsten von Zauberern und Übermenschen und totalitären Führern.

Aber in der Welt des Geistes gibt es keine Majorität als Instanz. Vielmehr entfaltet sich, durch die Freiheit des Sehenkönnens aus Liebe und Ehrfurcht, ein Reich der Rangordnungen. Diese erfolgen in Wahrheit durch keine Willkür, durch keinen Verwaltungsakt, kein Gericht, keine Ernennung (vergeblich erzwingen dergleichen die Diktatoren, absoluten Staaten und Kirchen, etwa hierarchische Ordnungen unter chinesischen Kaisern und katholischen Päpsten). Die echten Rangordnungen bilden sich geschichtlich heraus und wandeln sich und haben darin doch einen Zug der Beständigkeit, der trotz aller Versuche, die Großen von ihrem Thron zu stürzen, sie wiederherstellt.

An jeden Einzelnen geht daher der Anspruch zu entscheiden, wofür er wirken wolle, für die Geltung, Erkenntnis und Aneignung der Großen, oder für die Passivität des Gehorsams, Aberglaubens und des platten Verstandes; ob, was durch Große geistig wirklich wurde, versinken oder bleiben solle.

Größe zu sehen und von ihr ergriffen zu werden, das hat für die Struktur der Philosophiegeschichte Folgen, die nur aus der untilgbaren Einzigkeit des Großen verständlich sind.

Erstens: Das Nacheinander der großen Philosophen durch die Jahrtausende ist nicht als eine fortschreitende Entwicklungsreihe zu begreifen. Vielmehr steht jeder Einzelne schon auf der Höhe. Seine Vollendung ist keineswegs wiederholbar. Indem die Späteren ihre Weise der Vollendung suchen, geht ihnen ebenso verloren, was war, wie sie ihrerseits etwas verwirklichen, das nicht war. Die Unüberholbarkeit ist das Kennzeichen jeder großen Philosophie und ihrer Wahrheit.

Zweitens: Ein großer Philosoph ist unersetzlich nicht nur im ästhetischen Sinne einer schönen Erscheinung, sondern wesentlicher als Ursprung des Wachwerdens ewiger Wahrheit in jedem, der ihm in seinen Gedanken begegnet. Die philosophische Wahrheit wird nicht schon in ihren Abstraktionen und Schematisierungen zu Lehrstücken deutlich, sie wird vielmehr tief, hell, reich, je entschiedener die Berührung mit ihrer geschichtlichen Erscheinung in einem großen Denker wird. Die Aneignung gelingt nicht im bloß Rationalen, sondern mit dessen Hilfe erst im Umgang mit den Großen selber.

Das Unersetzliche scheint zu bedeuten: Der große Philosoph ist nur einmal, mit ihm ist erloschen, was durch ihn wirklich wurde. Später treten andere Große auf, etwas Neues, Unabhängiges. So wären die Großen eine bloße Reihe unvergleichbarer Gestalten. Aber keineswegs ist das so. Sie sind vielmehr Angehörige eines Geisterreichs, in dem jeder ganz und einzig und doch alle in Kommunikation des Sinnes miteinander stehen, sei diese durch sie selbst oder durch eine spätere Zeit vollzogen. Sie treffen sich in einem Gemeinsamen noch dann, wenn sie sich bis in die Wurzeln bekämpfen. Sie sprechen uns an, indem einer uns auf den andern weist. Eine nur ästhetische Anschauung isoliert und genießt, die philosophische Anschauung verbindet und verwandelt in eigene Wirklichkeit.

Drittens: Die großen Philosophen werden in der Folge der Zeiten vergessen und wieder entdeckt. Sie werden nie endgültig begriffen und überblickt. Es bleibt so, als ob das Große immer noch zu entdecken wäre, selbst wenn man es äußerlich ganz zu kennen scheint. Es bewahrt seine Frische durch die Ursprünglichkeit, mit der es in einer neuen Generation begriffen wird, als ob ein Großer nun erst mit seinem Wesen zur Wirkung käme. Die Großen sind in die Welt getreten, um gehört zu werden, aber Jahrhunderte lang können sie verschwunden sein, bis wieder ein Mensch ihre Sprache vernimmt.

VII. DIE GRÖSSE IN IHRER FRAGWÜRDIGKEIT

Wir umkreisen die Größe, als ob sie eindeutig als gut und darum als vorbildlich gelten dürfe, als ob sie als wahr und darum als heilvoll angenommen werden müsse. Aber angesichts der Philosophen wie der Dichter und Künstler zeigt sich ein befremdender Tatbestand. Ein Philosoph ist nur für den Schwärmer einfach ein guter, liebenswerter, herrlicher Mensch. Für das realistische Zusehen scheint sich eine Entschleierung zu vollziehen. Nicht befremdend ist, daß Leute, die sich Philosophen nennen, versagen.

So griff Plato die Sophisten an. So klagte Poseidonios: »Wie wenige Philosophen gibt es, deren Charakter, Sinnesart und Leben derart ist, wie es die Vernunft verlangt. Man trifft unter ihnen Leute von solcher Leichtfertigkeit und Anmaßung, daß es besser für sie wäre, nichts gelernt zu haben. Es ist für einen Philosophen eine um so größere Schande, sich in seiner Lebensführung zu verfehlen, als er bei der Erfüllung der Pflicht, deren Meister er sein will, zu Fall kommt und die Lebensweisheit, zu der er sich bekennt, in seiner Lebensführung verleugnet.« So verspottete Lucian die Philosophen, wenn er sie in aufgeblasenen, zauberischen, schauspielerischen, betrügerischen Gestalten vor Augen führte.

Anders sind wir betroffen, wenn es sich um die Großen selber handelt. In der Geschichte der Dichter zeigt sich eine Welt von Schrecken und Qualen, Unzulänglichkeiten, Bosheiten und Häßlichkeiten und dazwischen hier und dort die Züge von Adel, Verläßlichkeit, Güte (Muschg). Wenn Nietzsche in Dichtern und Philosophen die innersten Triebfedern entdecken möchte, sieht er in ihnen »Seelen, an denen gewöhnlich irgendein Bruch verhehlt werden soll; oft mit ihrem Werke Rache nehmend für eine innere Besudlung, oft mit ihren Aufflügen Vergessenheit suchend, oft in den Schlamm verirrt und beinahe verliebt.« Und er sieht in vielen nur die »Menschen des Augenblicks, begeistert, sinnlich, kindsköpfisch, im Mißtrauen und Vertrauen leichtfertig und plötzlich«.

Es gibt auch wenige Philosophen, bei denen nicht etwas Befremdendes begegnete. Alle sind Menschen, keiner kann, eben weil er ein Mensch ist, vollendet sein, keiner ist ein Heiliger, keiner ein Gott. Niemand ist jeden Augenblick auf der Höhe. Aber auch vom Ganzen seines Tuns gilt, was vom Menschen als Menschen untrennbar ist. Jeder Denker hat seine Grenzen, durch seine konkrete Situation, seine Begabungen, durch die Endlichkeit alles menschlichen Tuns, durch seine Irrungen.

Aber wer beurteilt das? Sollen wir Späteren, wir Menschen einer geistig zerbrechenden Zeit, die Größe nicht nur in Bewunderung, sondern auch mit Kritik in ihren Grenzen sehen können? Ich halte es für unumgänglich. Der große Mensch selber verlangt es. Wir stehen vor ihm in Ehrfurcht noch dann, wenn wir seine Grenzen wahrzunehmen versuchen. Wir würden die eigentliche Ehrfurcht verletzen, wenn wir vergöttern.

Es ist falsch, das vollendete Ideal in einem Menschen zu suchen, es in der Realität zu verlangen und bei Nichtantreffen den Menschen zu verwerfen. Wohl aber sind die großen Philosophen solche Denker, die sich unter das Ideal stellen. Sie haben das Außerordentliche auf ihrem Wege gewonnen, in Vollendungen ausgesprochen, eingebettet in ein Leben, ein Denken, ein Werk, das im Ganzen unvollendet bleiben muß.

Wenn wir den Denker und sein Werk kritisch auffassen, so bedeutet das nicht, daß wir die höhere, die Menschheit vertretende Instanz seien, die zu urteilen vermöchte. Wohl kann der Kleinste am Größten eine Grenze, der Substanzarme an der Substanz einen Mangel wahrnehmen, aber sein Blick ist wahrscheinlich immer so getrübt durch Blindheit und Ungerechtigkeit, daß er zum Urteil nicht ausreicht. Das Urteil von uns Späteren bleibt immer auf dem Wege, ist selber beschränkt, ins Unendliche korrigierbar. Doch es ist unumgänglich, weil nur in Freiheit Aneignung möglich ist. Nicht durch Gehorsam mit der Neigung zur Legendenbildung, sondern nur in dem Versuch größtmöglicher Redlichkeit werden wir überhaupt der Größe als ihrer selbst ansichtig.

Wir erörtern nun die Fragemöglichkeiten kritischer Betrachtungsweise.

1. *Werk und Persönlichkeit:* Man sagt, an das Werk solle man sich halten. Den Menschen ins Auge zu fassen, sei unnötig und zudringlich. Ihm sei nur zu danken, was er geschaffen habe, mag er gewesen sein und sonst getan haben, was er wolle. Er sei dies Werk, und das andere sei beiläufig und der Kunde nicht wert.

Dem widerspricht die Einheit von Person und Werk in den großen Philosophen. Mag in der Polarität von Person und Werk bei einzelnen mehr die Bedeutung des Werkes, bei anderen die Bedeutung des Menschseins wirken, kein Philosoph hat Größe, in dem einer der beiden Pole zur Bedeutungslosigkeit verkümmert ist. Die Unterscheidung der durch ihr Werk großen Philosophen, deren Persönlichkeit als nur privates Phänomen bis zur Gleichgültigkeit verschwindet, und der philosophischen Persönlichkeiten, deren Gedanken nur wie eine Funktion ihres persönlichen Wesens anmuten, ist daher ungemäß. Das sogenannte Private kann unauffällig sein, alles Sensationellen und eines dramatischen Lebensganges, aller sichtbaren Fülle von Erlebnissen entbehren und doch ist, sofern die Überlieferung Kunde gibt, das Unauffällige selber sprechend und steht im Zusammenhang mit dem Werk. Es gibt keine Wahrhaftigkeit, die nicht in Werk und Leben zugleich sich verwirklicht, es gibt keine Lüge und Unaufrichtigkeit, die nicht beides durchdringt.

Und wenn Wahrheit und Schönheit im Werk sprechen, so ist gesagt worden: wem es »gegönnt« wurde, solches zu schaffen, in dem muß auch die persönliche Substanz sein, die es zu empfangen vermochte. Das Werk rechtfertigt den Menschen. Das Werk veranlaßt, durch alles vielleicht Häßliche und Böse privaten Daseins hindurch die Substanz auch in diesem zu finden. Aber die Wahrheit des Werkes steht nicht von vornherein nach dem ersten Bezwungensein von ihm fest. Es kann von Täuschung durchsetzt sein. Diese Täuschung kann vielleicht schneller durchschaut werden, wenn man den Menschen kennt, der sie hervorgebracht hat. Die Tatsachen seines Lebens sind nicht an sich schon das Beweisende, sondern das Hinweisende. Mensch und Werk interpretieren sich gegenseitig.

Die Trennung von Mensch und Leistung kann gelten beim Forscher und beim Techniker. Die Richtigkeit einer naturwissenschaftlichen Entdeckung und die Wirksamkeit einer technischen Erfindung hat nichts zu tun mit der Persönlichkeit. Das Gold solcher Leistung kann in einer schmutzigen Geldtasche liegen oder durch den herrlichsten Menschen hervorgebracht sein. Mit der Persönlichkeit hat es grundsätzlich nichts zu tun. In der Wissenschaftsgeschichte haben die Forscher Geltung nur durch das, was sie als »Bewußtsein überhaupt« vermochten, in der Philosophiegeschichte aber als Forscher darüber hinaus durch das, was sie unvertretbar als Existenzen in die Welt der Erscheinung gebracht haben. In der Philosophie ist die Wirklichkeit des Menschseins der Raum der sich im Denken verstehenden Existenz. Hier ist das Denken des Seins, der Gottheit, der Sache eins mit dem Faktischen der Lebensführung, mit dem Urteil in den konkreten Situationen, mit dem Sichentscheiden und Sichentschließen. Philosophie ist niemals wie wissenschaftliche Erkenntnis als bloßes Werk Wahrheit gewesen. Zur Wahrheit des Werks gehört die Wahrheit des Menschen, der es denkt. Im Werk selbst ist er erkennbar. Ohne Bindung an den Menschen ist das Werk eine artistische Spielerei und erweist sich als solche. Denn die

du warst „gedanklich". Stephan und ich wütellen wie ich soetwas tun konnte.

Philosophie ist nicht getragen von Köpfen, die auch vertretbar sind, sondern von ganzen Menschen, die je einmalig sind. Sie sind vom Werk her bestimmt, das sie hervorbringen, und erfüllen von ihrem Wesen her dieses Werk. In der Philosophie gehört das Wesen des sie denkenden Menschen zur Sache.

Das Einstehen des Menschen für sein Werk ist nicht so aufzufassen, daß man prüft, ob er »nach seiner Lehre lebe«. Das ginge nur, wenn die Lehre nichts als eine Reihe von Formeln und Doktrinen wäre, und der Mensch in seiner Realität nichts als ein unter juristischen Gesichtspunkten zu ermittelnder Tatbestand. Auch kann das Eintreten des Menschen für sein Werk nicht planmäßig in der Form geschehen, nach seiner Lehre leben zu wollen. Dies kann nur eine Hilfe in erlahmenden Zeiten sein, um durch Erinnerung des Wissens vermöge des Willens mit sich eins zu bleiben. Das Einstehen geschieht als das Nichtzuwollende. Aber es ist indirekt zu fördern durch rational unbeantwortbare Fragen wie: Zu welchem Gedanken habe ich das Recht? was zu denken ist mir verwehrt? (weil ich es nur äußerlich als Verstandesinhalt, nicht im Vollzug der Existenz denken kann). Was kann ich zwar wohl berichten, aber nicht als das Meinige mitteilen? Durch solche Fragen, die mit dem eigenen Wesen beantwortet werden, ist das Gewissen des Philosophen wach, dem Wahrhaftigkeit vor allem geht.

Wenn aber Persönlichkeit und Werk nicht voneinander zu trennen sind, dann geschieht mit der kritischen Auffassung des einen zugleich die des anderen. Der Mensch zeigt in seiner persönlichen Erscheinung die Wahrheit als die Wirklichkeit des von ihm Gedachten. Unwahre Philosophie ist der Reflex der Unwahrhaftigkeit des Menschen und umgekehrt. Daher sehen wir im Spiegel der Denkweisen die nihilistischen Leidenschaften, die artistische Zauberei, das gelehrte Wissen, das forschende Eindringen, die Mitteilung eines Selbstseins.

Nietzsche hat einmal die Größe des Werks isoliert gedacht und dann gesagt: »Das Werk, das des Künstlers, des Philosophen, erfindet erst den, welcher es geschaffen hat, geschaffen haben soll; die großen Männer, wie sie verehrt werden, sind kleine schlechte Dichtungen hinterdrein, in der Welt der geschichtlichen Werte herrscht die Falschmünzerei.«

Dies aber würde nur gelten für den, der im Verstehen des Werkes nicht schon den Menschen mithört. Wer sich bezaubern läßt von der vermeintlich reinen Geistigkeit und nicht darin die Seele dessen wahrnimmt, der sie hervorbrachte, versteht weder das Werk noch den

Menschen. Entweder findet eine Täuschung über das Werk statt vermöge der Unempfindlichkeit für dessen existentielle Gründe; oder das Werk zeugt für den Menschen, der aus ihm als Wesen hörbar ist trotz der befremdlichen Tatsachen seines Handelns und Irrens.

Wahrheit des Werks und Wahrheit des Menschen sind identisch. Aber diese Identität ist nicht für einen Verstand feststellbar, der vorher Werk und Menschen von einander trennt. Man darf weder ein geistiges Gebilde isoliert als sich selbst genügende Wahrheit behandeln, noch einen nur psychologisch erfaßten Menschen als solchen schon für den Menschen selber halten.

2. *Psychologie und ihre Grenzen:* Das Naheliegende scheint zu sein, den Philosophen durch Psychologie zu erkennen. Seine Größe wird in das Licht einer psychologischen Wissenschaft gerückt. In der Tat hat es Sinn, die »Personalakten« der Philosophen anzulegen, die Biographie durch Sammlung von Tatsachen vorzubereiten. Die Kunde dieses Tatsächlichen wird von unserem unbeschränkten, nichts verschleiernden Wissenwollen verlangt. Sie ist eine Bedingung für den Zugang zum Wissen des Menschen.

Psychologie kann zunächst auf Grund ihres durch Erfahrung gewonnenen Wissens Geisteskrankheiten, Erscheinungen der Altersphasen, Eigenschaften der Werkzeuge der Intelligenz, des Gedächtnisses und viele andere Tatsachen feststellen und ihre Folgen in der Beschränkung und Ermöglichung geistiger Phänomene erörtern.

Psychologie aber will dann ein »Verstehen« der Tatsachen, das heißt das Deuten ihrer bewußten und unbewußten Motivationen. Damit tritt sie in einen Dschungel endloser Möglichkeiten. Was sie sagt, ist nie nur Tatsachenfeststellung. Sie weist auf die banalen, aber mächtigen Motive, den Sexus, den Machtwillen und Geltungswillen, die Habgier und so fort. Dieses Verstehen, dessen Plausibilitäten so leicht täuschen, das daher gemeinhin voreilig vollzogen wird und bequem als Waffe der Bosheit dient, ist nur in dem Maße sinnvoll, als die Gesamtheit des zugänglichen Faktischen in seinen möglichen Deutbarkeiten wirklich vor Augen kommt. Dieses kritische Verstehen erreicht selten ein endgültiges Urteil. Denn es führt der Natur der Sache nach nicht zu einem in sich geschlossenen Tatbestand.

Statt vieler sei nur ein Beispiel solchen Verstehens genannt, das im Zusammenhang steht mit dem philosophischen Wissen um die Bedeutung der Persönlichkeit im Werk des Philosophen.

Wenn nämlich Philosophen bewußt durch ihre persönliche Gestalt, nicht

Wenn wir mit dem Buch fertig sind veranstalten wir ein Lagerfeuer!

durch Denken den Beweis ihrer Wahrheit liefern wollen, werden sie wie die Tugendbolde aus den Zeiten hellenistischer Philosophie und späterer Zeiten. Was im Ursprung der existentielle Ernst war und als eigentümliche Größe aus jenen Zeiten leuchtet, das wurde ergriffen vom Geltungswillen. Im Kampf um den Vorrang suchte man gegenseitig seine hohe Moral zur Schau zu stellen und statt den Gedankengehalt die Moralität des anderen anzugreifen.

Diese Perversion der Philosophen ist aus der Verwechslung des Existentiellen im Grund alles Tuns mit der Öffentlichkeit oder daraus zu verstehen, daß das eine im Raum des anderen seinen Sinn verlieren muß, wenn beide gleicherweise objektiviert werden. Denn die sittliche Selbstlenkung aus dem Willen zum Guten im Urteil des inneren Handelns geschieht vor der Transzendenz und in Kommunikation mit dem geliebtesten Menschen und in der Freundschaft. Der gute Wille ist das Beste in allem, was der Mensch sich selbst verdankt. Er bedeutet aber weder Leistung, noch geistiges Werk, noch öffentlichen Anspruch. Ohne ihn hat zwar alles, was der Mensch tut, den Keim des Verderbens in sich, aber er selbst ist still, beruft sich nicht auf sich, begehrt als solcher nicht öffentliche Geltung und hat sie nicht.

Der gute Wille ist sogleich verdorben, wenn er als Mittel zum Zweck, aus Wirkungsabsicht gezeigt und behauptet wird. Denn wenn er nicht die Reinheit des Selbstzwecks und seine bleibende Fraglichkeit in der Bewegung bewahrt, wird er zur Täuschung. Wirkungsabsicht tritt an die Stelle von Wirklichkeit, Effekt an die Stelle von Sein, faktische Lüge an die Stelle höchsten sittlichen Anspruchs. Man will etwa durch Gewaltsamkeit gegen sich imponieren und dadurch die eigene Gewaltsamkeit gegen andere rechtfertigen. Moralpathetik verschleiert die eigene Unredlichkeit und Eitelkeit.

Dieses Beispiel psychologischen Verstehens zeigt, wie solche Psychologie einerseits aus philosophischen Impulsen ihre Abschätzungen vollzieht, wie sie andererseits eben darum ihre Stringenz, zumal in der Anwendung auf den konkreten Einzelfall, verliert.

Man kann nicht umhin, sie anzuwenden (vgl. meine »Allgemeine Psychopathologie«, 6. Auflage, 1953, Seite 261–374), aber ist immer unbefriedigt durch die Endlosigkeit der möglichen, einander widersprechenden Motivierungen, und dadurch, daß das Wesentliche des Menschen nicht erreicht wird, vielmehr bei verweilender, unaufhörlicher Psychologie dem Blick ganz verschwindet.

Es ist entscheidend für das Erblicken der Persönlichkeit des Philosophen und den Sinn für Größe, daß die verstehende Psychologie zwar nicht umgangen, aber in den Grenzen ihrer Möglichkeiten gehalten wird. Es ist ein falscher Anspruch der Psychologie, den Menschen im ganzen zu erkennen. Der Mensch selbst wird auf dem Wege der Psychologie nicht erreicht. Vielmehr führt alles Verstehen an die Grenze, die wir nur im Sprung, mit einem anderen Organ unseres Anschauens und Denkenkönnens, zur Existenz des Menschen hin überschreiten. Sie selbst entzieht sich der Verstehbarkeit, aber so, daß sie ins Unendliche verstehbar, doch nie vollendet verstanden ist als je diese einzige, diese ursprüngliche Wirklichkeit. Die Existenz ist nicht schon das psychologisch, soziologisch, biographisch erfaßbare Individuum in seiner endlosen Tatsächlichkeit, sondern erst die in der Einmaligkeit indirekt sprechende allgemeine Bedeutung. Diese liegt nicht schon in den mitteilbar gewordenen allgemeinen Sätzen der Philosophen, sondern darin, daß die Sprechenden als Partner der Kommunikation unersetzlich, weil durch keinen anderen vertretbar sind. Was sie im Bewußtsein überhaupt als lernbar mitteilen, ist nur das unerläßliche Medium, das, für sich abgesondert genommen, leblos wird. Gehalt wie Ernst hat das allgemein und direkt Gesagte nur durch jenen Grund. Das psychologisch, biologisch, soziologisch faßliche Individuum ist nie nur dieses.

Wo der Mensch selbst spricht, hört die Psychologie auf. Was hier wirklich ist, ist nicht psychologisierbar. Hier wird ein neuer Wahrheitsgedanke maßgebend, der nicht empirische Realität und Irrealität unterscheidet, sondern echte und unechte Existenz, Substantialität und Leere. Das Leere und das Lügenhafte sind real, ihr Dasein aber ist existenzlos, trotz empirischer Wirksamkeit.

Was der verstehenden Psychologie verfällt, ist als philosophischer Gehalt nicht mehr ernst genommen. Aber unbetroffen von aller Psychologie ist die Größe. Sie kann mit solchen Simplizitäten der Auffassung nicht berührt werden. Aber die Fragwürdigkeit selbst der Großen läßt im Hintergrunde eine Reihe von Gesichtspunkten stehen bleiben, die auf Ungelöstes und Unlösbares zeigen. Sie werden nunmehr erörtert.

3. *Die Frage nach Gut und Böse:* Philosophisches Denken ist bezogen auf die Entscheidung zwischen Gut und Böse. Es selbst ist gut oder böse am Maßstab dessen, was es für jene Entscheidung wirkend vorbereitet. Aber es scheint, als ob ein Moment des Bösen unüberwindlich sei. Nur in paradoxen Sätzen ist dies Befremdende in der Größe, das doch jedem Menschen in sich selbst begegnet, auszusprechen.

Eine solche paradoxe Formel ist: Das Böse ist begründet in der Möglichkeit des Geistes, sich ohne Bindung auf sich selbst zu stellen. Dann sieht er in seinem Schaffen als solchem, ohne Boden in der Existenz, ohne Führung durch sie, schon das an sich Kostbare und in diesem das Gute. Aber der Geist, diese werkschaffende Kraft des Hervorbringens von Gestalten und Gedanken, ist vergleichbar dem vitalen Blühen des beseelten Leibes. Er ist herrlich, aber noch nicht der Mensch selbst. Er ist nur ein Geschehen im Menschen, entspringt der Begabung, nicht dem Entschluß. Er ist eine Kraft, die überfällt wie Stimmungen; der Gehalt aber dieses Geistes kommt noch nicht aus dem schaffenden Vermögen (dem Genie), sondern erst aus dem Menschen, der er selbst ist.

Dem Selbstsein, das in der Entscheidung zwischen Gut und Böse erwächst, wird der Geist das Mittel, Sprache zu schaffen für das bis dahin Unmitteilbare. Er vermag durch diese Mitteilbarkeit in der Welt zur Helligkeit und Dauer in Bild und Gedanken zu bringen, was sonst in der Bewußtlosigkeit, wenn es einen Augenblick berührt wurde, sogleich wieder verschwindet. Der schaffende Geist an sich aber steht jenseits von Gut und Böse, von Wahr und Falsch, von Adel und Gemeinheit. Er ist kraft seiner Formen, Gebilde und Figuren, die als zweckfreies Spiel in Erscheinung treten, wie das Lebendige überhaupt.

Der Geist in Werken, die hervorgebracht sind von Menschen, die nie recht sie selbst zu sein scheinen, kann bezaubernd wirken. Er kann diesen Zauber im Undurchsichtigen, im Verkehrten, im Absurden behaupten durch die hervorgebrachten Gebilde, in denen kein wirklicher Gehalt mitgeteilt wird, aber Gehalte unbestimmbar vieldeutig und unverbindlich berührt zu werden scheinen. Er kann nicht erziehen, wohl aber Ahnung erwecken, fesseln und verführen. Denn wen er bezwingt, den bringt er doch nicht zu sich selbst. Er bringt ein Licht, das nicht nährt und nicht klärt.

Der Geist ohne Selbstsein des Menschen schafft ein Spiel aus dem Nichts für nichts. Die Person läuft unverantwortlich nebenher. Sie ist von etwas getrieben, das sie nicht zu sich selbst bringt, sondern verzehrt. Der Mensch ist gleichsam außer sich, kleidet sich in fremde sprachliche, gnostische, utopische Gebilde, um in der Selbstentfremdung verzweifelt an dem Spiel festzuhalten.

Die Unverbindlichkeit in der Loslösung des Geistes von der Existenz macht es möglich, diesen Geist in den Dienst beliebiger Mächte zu bringen. Dem Menschen, der nicht als er selbst im geistigen Hervorbringen steht, wird dieses ein Mittel beliebiger Antriebe. Die Unentschiedenheit des bloßen Geistes zwischen Gut und Böse läßt als solche schon in das Böse gleiten.

Beim Philosophen suchen wir die Erhellung des Seins aus der vorhergegangenen Entscheidung zwischen Gut und Böse, Wahr und Falsch. Jeder Mensch vermag der Transzendenz sich zu öffnen, jeder vermag frei, wahrhaftig, vernünftig zu werden, aber nicht jeder kann sagen, was das sei. Was jedem Menschen als Menschen möglich ist, das wird befestigt, wo jene Kraft schaffenden Geistes es mitteilbar für alle werden läßt, deren Wesen entgegenkommt. –

Kraft des Geistes ist noch nicht Größe. Aber keine Größe ist ohne jene Kraft. Größe selbst ist erst in dem philosophischen Denken, das durch die Entscheidung zwischen Gut und Böse, Wahr und Falsch geführt wird. Sie verwandelt den schaffenden Geist zur Sprache der Existenz. Dieses Philosophieren bewirkt überall die Umsetzung, durch die das Dasein zum Leib der Existenz, der Eros zur Verkörperung der

Liebe, der verschwindende Moment zum Augenblick des Ewigen, das zerrinnende Werden zur Geschichtlichkeit wird. –

Die eben versuchte Darstellung des Bösen als entsprungen aus der Selbständigkeit geistigen Schaffens ohne Boden in der Existenz genügt nicht. Es ist die Frage: Gibt es eine Größe des Bösen selbst? Gibt es ein schöpferisches Böses, wie es die Hellsicht des Hasses gibt? Gibt es das Böse, woran selbst das Gute gebunden ist, das in der Zeit zur Erscheinung kommt?

Beispiele von Urteilen großer Philosophen:

Plato sagt: Große Naturanlagen wirken im Guten wie im Bösen. Nur was im Bösen groß werden kann, kann auch im Guten groß werden. »Oder meinst du, die großen Verbrechen und die vollendete Ruchlosigkeit erwüchsen aus einer gemeinen Natur und nicht vielmehr aus einer reich begabten, während eine schwache Natur nie Urheberin von etwas Großem werden kann, weder im Guten noch im Bösen?« »Von einer kleinen Natur geht nichts Großes aus, weder für den Einzelnen noch für den Staat.«

Dante sieht in der Vorhölle die Menschen, die ohne Schande und ohne Lob gelebt haben, so auch jene Engel, die Gott nicht treu blieben und ihm auch nie Trotz boten, dies Jammervolk, das nie lebendig war, diese Wesen, die Gott und Gottes Feinden gleich mißfallen. Nicht einmal die Hölle nimmt sie auf.

Hegel, das furchtbare Schauspiel der Leidenschaften erblickend, sagt, nichts Großes sei in der Welt ohne Leidenschaft vollbracht worden.

Nietzsche schreibt: »Kein Zweifel, daß für die Entdeckung gewisser Teile der Wahrheit die Bösen und Unglücklichen begünstigter sind.« »Zynismus ist die Form, in der gemeine Seelen an das streifen, was Redlichkeit ist ... Es gibt Fälle, wo zum Ekel sich die Bezauberung mischt, wo an einen indiskreten Bock und Affen das Genie gebunden ist, wie bei dem Abbé Galiani, dem tiefsten, scharfsichtigsten und vielleicht auch schmutzigsten Menschen seines Jahrhunderts.«

Solche Aspekte erweichen nicht den Gegensatz von Gut und Böse, von Wahr und Falsch. Sie verwehren die Selbstgerechtigkeit und den Glauben an eine Harmonie des Menschseins in der Zeit. Nur in der Entscheidung ist der Geist existentiell. Sein Schaffen vollzieht sich in der Wahl des Bösen oder Guten. Sein Glanz ist in der Lüge wie in der Wahrheit. Nichts aber ist der Laue, Unentschiedene. Er vermag nichts hervorzubringen, nicht einmal die Gebärde. Hier ist Neutralität zugleich Geistlosigkeit.

Zwischen Gut und Böse ist aber nicht zu scheiden wie zwischen objektiven Beständen eines Soseins. Sie sind wirklich nur in der Entscheidung für das eine oder andere, haben aber nicht eindeutige Realität für bloß theoretische Betrachtung. Daher ist kein Mensch und kein großer Philosoph subsumierbar unter das Gute oder das Böse. Aber vielleicht ist in jedem die Möglichkeit von beidem zu erfahren. Das ist das Befremdende.

Es ist die Drohung des Andern noch in dem Menschen, der auf bestem Wege ist, die Gefahr zumal durch verführende Begabungen, die Gefahr gleichsam der Behexung durch den Geist. Daher handelt es sich nicht um Seinsfeststellungen, sondern um die Erhellung der Situation des Wählens. Auch im größten Philosophen begreifen wir die bleibende Möglichkeit, aber nicht die Notwendigkeit des Bösen. In ihm selber vermögen wir vielleicht das wiederzuerkennen, dessen er Herr geworden ist.

Denken wir objektivierend, was nur in der Wahl wirklich ist, so leuchtet der Glanz der luziferischen Philosophie als etwas, das das Finstere in sich birgt als ein schlechthin Unerhellbares, der Glanz aber der wahren Philosophie als etwas, das das Dunkel als das ins Unendliche Erhellbare in sich trägt.

Die Gefahr sieht nur, wer die verführende Größe sieht, sie als Größe respektiert und darum um so klarer sich der Bedrohung durch diese Macht in sich selber erwehrt. In der Philosophie kommt es darauf an, daß der luziferische Glanz nicht überwältige.

Das Befremdende kann damit in der abgewandelten Frage getroffen werden: Gibt es eine Größe des Nichtigen, die Unwahrheit vermöge der luziferischen Schöpfungen des Geistes? – Nimmt das Böse die Gestalt des Zauberers an? – Hat der Schwindel nicht nur historische Bedeutung durch seine faktische Ausbreitung, sondern Größe in seiner existenzauflösenden »Dämonie«? Oder kann der reine Zauberer, wie der Teufel, nie Größe haben als nur die der Umkehrung, das heißt des Lebens von dem, wogegen er lebt?

Wenn Mensch und Werk für einander zeugen, so können doch beide auf erstaunliche Weise täuschen. Es gibt vielleicht Werke von faszinierender Goldschmiedearbeit, aber aus Talmi. Es gibt vielleicht bezaubernde Menschen, aber sie zeigen sich als lieblos, treulos, armselig nach Dasein lechzend. Es ist eine andere Verantwortung der Wahrhaftigkeit, welche hier sieht oder der Täuschung verfällt, als die Verantwortung, die einen richtigen und falschen Gedanken unterscheidet. Jene Faszination und dieser Zauber können anhalten, sie vermögen zu fesseln, aber nicht zu nähren, sie zerstäuben mit den flüchtigen Seifenblasen des Geistes. Es ist ein Gang ins Nichts unter Führung des Nichts, aber in dem Schein der Erfüllung mit dem täuschenden Bewußtsein, im eigentlichen Sein zu stehen. Es ist die Vampyrisierung, durch die die Seele sich verliert in den Flammen der Hingerissenheit von Wahrem, das nichts ist.

So aber würde von keinem bestimmten Werk und keinem bestimmten Menschen zu sprechen sein. Die Vollendung dieser Täuschung ist unmöglich – selbst bei den Sophisten, auf die Platos Urteil zutrifft, bei den spätantiken Philosophenzauberern, bei den Virtuosen der Renaissance, bei den Zauberern des Geistes in der Zeit der Aufklärung.

Würde man versuchen, historisch eine Gruppe der großen Zauberer zu bilden, so würden nur klanglose Namen übrig bleiben und diese in literarisch typisierter Gestalt, wie in den Schriften Lukians und in manchen platonischen Bildern von Sophisten. So wie aber ein solcher als historische Realität vor Augen tritt, ist in ihm das Andere, das Gute und Wahre nicht auszuschließen. Das wäre nur möglich für ein Richtertum, das (wie bei den Pythagoreern und in Kirchen) sich anmaßt, Menschen als Ganzes in die Hölle zu versetzen und dort noch Platz und Rang anzuweisen.

Doch beim Studium der Philosophen muß immer wieder die Frage auftauchen: Gibt es eine Größe des Zaubers, eine Größe der Verwirrung und des Rausches, eine Größe des Fanatismus, des Scheins, eine Größe der Verführung ins Nichts?

In seltenen großen Erscheinungen sprechen einige wenige der Philosophen uns so an, als ob jede Irrung in dieser Richtung ihnen fremd gewesen sei, als ob es ihnen vollendet gelungen wäre, auf dem Weg unbeirrbarer und unverführbarer Wahrheit zu bleiben. Wir dürfen sie ehrfürchtig lieben, dürfen uns beflügeln lassen durch das Wissen, daß sie da waren, dürfen sie uns zu eigen machen, als ob sie wie eine Garantie des Menschseins wären. Aber wir dürfen auch dem Größten und Geliebtesten gegenüber das kritische Fragen nicht preisgeben.

4. *Vitale und soziologische Brüchigkeit: die »Ausnahme«:* Ungewöhnlich viele Philosophen sind vital oder soziologisch Gescheiterte.

Der erste Tatbestand: In den Problemata des Aristoteles findet sich eine Erörterung, die bis heute bedacht und mit reichem Erfahrungsmaterial erläutert wurde. Er fragt, weshalb alle in Philosophie, Politik, Dichtung und Künsten hervorragenden Männer Melancholiker gewesen zu sein scheinen. Als Beispiele nennt er Herakles, Bellerophon, Ajax, Empedokles, Lysander, Sokrates und Plato. Er unterscheidet die, die zu Raserei, Verzückung und zum Hören dämonischer Stimmen gelangen, wie Sibyllen und Bacchen, und die vernünftigen Melancholiker, die, weil dasselbe Unheil sich in ihnen in andere Richtung wendet, hervorragend in Bildung, Künsten und Politik werden. Die Frage nach dem Zusammenhang von Genie und Wahnsinn trifft nur auf das Äußerste der Tatsache, daß bedeutende Denker und Dichter so oft Kranke, Krüppel, Psychopathen waren. Es wäre wenig Geist in der Welt, wenn die Schöpfungen der Beschädigten und Verwundeten fehlten. Es ist ein erstaunlicher Anblick, was der Mensch vermag im Überwinden des Kranken und durch das Kranke selber.

Es gibt jedoch zwei Möglichkeiten der Stellung hierzu. Die einen sagen ja. Sie sprechen von dem délicieusement blessé, haben eine Neigung zum Kranken, wünschen es. So wenn Mystiker wie Suso um Krankheit beten. Aber wie man die Grenzsituationen nicht wollen kann, ohne damit an Redlichkeit der Existenz zu verlieren, so kann man die Krankheit nicht wollen. Man kann nur den Grundtatbestand in der Wirklichkeit persönlicher Größe in so manchen Fällen beobachten. Dann gilt das Gleichnis: Gesunde Muscheln liefern keine Perlen, nur verletzte vermögen diese Kostbarkeit hervorzubringen.

Die andern sagen nein. Sie wollen die Gesundheit und sehen in der Größe nichts als Gesundheit. Sie sehen noch im Kranken das Gesunde. Die Gesundheit wird der Krankheit Herr als einer Nichtigkeit. Plato stellt die unverwüstliche, allen überlegene Gesundheit des Sokrates dar. Die Idee des Philosophen ist die Gesundheit schlechthin, die große Gesundheit. Ihr entspringt der Geist in seiner Reinheit und Kraft aus dem Überfluß, nicht aus bloßer Überwindung. Dieses Philosophenideal lebt aus der Forderung der faktischen Gesundheit, und wer es erblickt, mit seinem eigenen Dasein ihm aber nicht entspricht, der möchte wenigstens aus seiner ihm noch gebliebenen Gesundheit leben, von der her die Krankheit in den Schatten tritt. Der wahre Geist wäre die Perle, die von gesunder Muschel hervorgebracht wird.

Schließlich läßt sich an diesen Tatbestand als an einen Sonderfall denken. Es könnte geistige Schöpfungen eigentümlichen Charakters geben, die uns ins Innerste treffen, ohne Führung für uns zu sein. Sie wären ohne Krankheit so gar nicht möglich gewesen (Kierkegaard, Nietzsche). Sie zeigen den Gesunden die Grenzen, an denen diese selbst nicht stehen. Sie werden zur Verführung, wenn sie als Weg und Wahrheit für andere genommen werden. –

Der zweite Tatbestand ist, daß Philosophen in ihrer soziologischen Situation Vereinsamte waren, zum Teil Parias, die durch ihre Herkunft ein Leben in der Ausgeschlossenheit führen mußten, Rebellen. Menschen, die zu nichts zu brauchen waren, haben philosophiert. Die meisten von ihnen bringen nichts Gültiges hervor, aber unter den Großen sind einige, die dieselben Züge tragen.

Daß Wahrheit im Normwidrigen, im Ruinösen, im Verbrechen liegen kann, zwar nicht geradezu, aber indirekt, – daß in dieser Gestalt sich zeigt, was sonst nie offenbar geworden wäre, – daß solche Wahrheit die Erfolgreichen und Glücklichen betroffen macht und sie erinnert, damit sie des eigenen Grundes und der eigenen Grenzen ansichtig werden, – das ist von Dichtern großartig zur Darstellung gebracht, so von Cervantes, von Dostojewski.

Beide Tatbestände – vitale Brüchigkeit und soziologische Normwidrigkeit – als Boden außerordentlicher Schöpfungen lassen eine Deutung zu. Ein Stehen außerhalb gibt im vernichtenden Leiden, das aber das Dasein noch nicht zerstört, die außerordentlichen Chancen: die Erfahrung der Grenzen, die dem Geborgenen unsichtbar bleiben, und damit das weiteste Bewußtsein von der Wirklichkeit des Daseins im Ganzen; – die Möglichkeit, den Menschen als Menschen, nackt ohne die Hüllen der einordnenden Gesellschaft, damit zugleich aber auch den Menschen als Menschen in seiner Würde zu erblicken; – im Fallen aller Schleier der gemeinsamen Lügen, der aus Interessengemeinschaft als unantastbar geltenden Konventionen zur größten Redlichkeit zu gelangen; – das scheinbar Unmögliche in seiner Wirklichkeit zu sehen und damit ein bis ins Grenzenlose, ins Absurde zu steigerndes »Trotzdem« zu wagen. Es sind Erfahrungen und Erkenntnismöglichkeiten von einem Ort her, der kein Ort mehr ist, sondern jeder Einordnung sich entzieht, weil sie ihm verwehrt ist.

In seinem Begriff der »Ausnahme« hat Kierkegaard den Tatbestand, alles Empirische durchdringend und überschreitend, philosophisch gedeutet. In diesem Versuch ist ein Unbegreifbares und doch Wirkliches im Nichtbegreifenkönnen getroffen worden. Die Ausnahme macht die Anderen aufmerksam, ist aber kein Vorbild. Sie ist in jedem Sinne unwiederholbar, aber von Bedeutung für alle. An ihr ist Orientierung möglich, nicht Erwerb einer Lehre. Sie zeigt, was ist, ohne einen Weg zu weisen. Sie will selbst nicht Ausnahme sein, sondern wählt sich im Müssen wider den eigenen Willen. Sie verliert nie das Bewußtsein der Schuld durch ihre Verletzung des Allgemeinen. Und sie weiß nie von sich selbst, ob sie »wahre Ausnahme« in diesem Sinne ist und sein soll, oder ob sie bloß krank oder ordnungswidrig oder schuldhaft in ihrer Absonderung ist.

Anders wie für die durchschnittliche Zufriedenheit oder für die wütende Anklage sehen die Menschen aus für den, der versucht, die Unlösbarkeit der Frage nach dem rechten Leben, die Unmöglichkeit der Vollendung des Menschseins auszusprechen durch Gestalten von Idioten, Verrückten, Krüppeln und Kranken, dieser körperlich greifbaren Gestalten der Ausnahme. Narr wird ein Träger von Wahrheit (Shakespeare). Zweideutig geschieht ein Lob der Torheit (Erasmus). Der »Idiot« kann der Liebende sein, damit der Reine und damit der Weise (Dostojewski).

Aber alle Gestalten der »Ausnahme« behalten das Zweideutige. Da sie nicht Wege zeigen, sondern nur aufmerksam machen, führen sie in die Irre, wenn man sie nachmacht. Schlechte Ausnahmen, das heißt die sich als solche wollen, fühlen sich durch den Sinn dieser Größe fälschlich bestätigt. Sie sehen nicht, was die großen Ausnahmen waren und wollten.

Da gültig und eindeutig nur das ergreift, was in der Möglichkeit wesensverwandt, also vom Charakter eines Allgemeinen ist, so haben die Ausnahmen etwas von Unbegreiflichkeit für andere und für sich selbst, wirken auf Unbetroffene in der Tat als das, was sie äußerlich sind, als abnorm, zufällig, als eine wunderliche Laune der Natur. So bleiben sie verborgen für die beschränkte Torheit.

Der Erfolg der Ausnahme aber in Zeiten der öffentlichen totalen Lüge vorläufig noch stehender Verhältnisse, mit der Verzweiflung, die rebelliert, weist auf eine eigentümliche Größe, die einen anderen Charakter hat als das Sichwiedererkennen in dem, was unserer Verwirklichung in einer Welt Sprache und Bild gibt.

Auch in Zeiten geordneter, vom Bewußtsein durchweg bejahter Zustände, in denen die sprengenden Kräfte verborgen oder in Schranken gehalten sind, bleiben jene Ausnahmen eine beunruhigende Frage. Darum gehört der Narr als Träger von Wahrheit zu allem freien, unbefangenen, weiten Denken. Denn hier bricht auf, was Fragen stellt, die unlösbar sind. Sie erzwingen die Bewegung, wenn wir uns ausruhen möchten im fälschlichen Wissen vom Ganzen, daß es in Ordnung sei.

Im Schema läßt sich die philosophische Situation etwa so vereinfachen: Es liegt in der Sache der Philosophen, von ihrer Bahn nach entgegengesetzten Seiten abfallen zu können. Diese Sache fordert einerseits in maßlosem Anspruch das Unmögliche und läßt in das Unendliche stürzen. Auf der anderen Seite befriedigt sie sich in den Grenzen der Endlichkeit, in dem Anspruch des Möglichen und der Verschleierung der Grenzen. Einer Philosophie des Ruins, die, weil sie alles will, die menschliche Wirklichkeit vernichtet, steht gegenüber eine Philosophie des Glücks, die in der Vollendung zu leben meint, bis ihre Täuschung durch Vernichtung von außen oder innen offenbar wird. Einer Philosophie der totalen Zerrissenheit steht gegenüber eine Philosophie der totalen Harmonie, einer Philosophie des Sprengens auf dem Weg in den Abgrund eine Philosophie der Durchschnittlichkeit des Daseins, einer Philosophie der Verzweiflung eine Philosophie der Zufriedenheit im Sosein des Gemeinen.

Aber dies Schema konstruiert keinen mittleren Weg. Es zeigt nur die Situation und zeigt die Notwendigkeit eines Weges. Es zeigt nicht den Weg selber.

5. *Widersprüchlichkeit:* Das Aufzeigen von Widersprüchen ist das kritische Verfahren an den begrifflichen Formulierungen der Philosophen. Der Widerspruch ist Kennzeichen der Unrichtigkeit. Er läßt keine Ruhe. Er muß aufgelöst werden. Aber es gibt keine Philosophie, in deren Gedankenfiguren nicht Widersprüche aufgezeigt wären. Der Gang der Philosophiegeschichte wird von Hegel und den Hegelianern so gesehen, daß jedes System in der Vergangenheit ungelöste Widersprüche aufwies, die das folgende auflöste, um jedoch selber in neue Widersprüche zu verfallen, bis im Hegelschen System alle Widersprüche aufgehoben sind dadurch, daß sie dialektisch in das eigene Denken aufgenommen werden.

Kein Leben, kein Existieren ist ohne innere Gegensätzlichkeiten, und, wenn gedacht, nicht ohne Widersprüche. Hegels Grundgedanke war, daß die Widersprüche zum Wesen des Denkens selbst gehören. Wahrheit wird erreicht, wo die Widersprüche bewußt ergriffen und zu einer dialektischen Synthese gebracht werden in dem Ganzen, aus dem sie entsprungen sind, und das durch sie nun zu voller Helligkeit kommt. Der Unterschied liegt dann zwischen den bewußtlosen, toten, Wahrheit aufhebenden Widersprüchen und den bewußten, lebendigen, in der Einheit ihres Gegensatzes Wahrheit treffenden Widersprüchen. Daher ist die Frage an Widersprüche, ob in ihnen das zum Ausdruck kommt, dem sie entsprechen und durch das sie zusammengehalten werden, oder ob sie wesenlos und für das Gesagte vernichtend sind, oder ob sie bewußt Antinomien aussprechen, die auf Grenzen der Denkbarkeit zeigen, unüberwindbar sich wiederherstellen.

Daß das Sein im ganzen und seine Erscheinung im Menschen in widerspruchsloser, eindeutiger Totalität in irgendeiner der historisch vorliegenden Philosophien erkannt sei, wird man nicht behaupten dürfen. Daß ein solches Unternehmen grundsätzlich unmöglich sei und stets scheitern müsse, ist zwingend aufzuzeigen.

Aus diesen Erinnerungen ergibt sich, daß die Vergegenwärtigung von Widersprüchen, denen auch die größten Philosophen verfallen zu sein scheinen, nicht immer einen Mangel beweist. Vielmehr ist bei der Beurteilung solcher Widersprüche unter folgenden Gesichtspunkten zu verfahren:

Erstens: Mit Nietzsches Wort ist es ein Maßstab der Größe, welchen Umfang von Widersprüchen einer in sich zusammenhält.

Zweitens: Im ursprünglich Großen ist noch verbunden, was in der Folge zu Gegensätzen auseinandertritt und dann rückblickend als widersprüchlich deutbar ist. Das wird zum Irrtum, wenn das Ganze dieses Ursprünglichen dadurch verloren geht, daß man die Vordergründigkeit des Auseinanderfallens in Gegensätze für das Wahre hält. So ist es geschehen bei Auffassungen von Sokrates, Plato, Kant und bei Jesus. Was sich in der Folge entfaltet, stellt vielmehr den Anspruch, im Sinne des Ursprünglichen wieder verbunden zu werden und damit deutlich zu machen, was damals als Impuls in die Welt trat; oder man findet im ursprünglich Gedachten Antinomien, die in der Tat Grenzen der Denkbarkeit sind, die in jenem Ursprung als solchem nicht geradezu ausgesprochen wurden.

Drittens: Widersprüche und Gegensätze sind nicht zu rechtfertigen als nur dadurch, daß hinter ihnen und durch sie ein Ganzes zur Geltung kommt, das als Gehalt durch sie zur Klarheit drängt.

Viertens: Jeder große Denker lebt in einem Zeitalter, dessen Selbstverständlichkeiten auch für ihn gelten. Wenn dieser geistige Raum Alternativen, die anderen Situationen und Zeiten angehören, nicht im Zentrum der Aufmerksamkeit hatte oder gar nicht bewußt machte, jedenfalls nur beiläufig bleiben ließ, so ist es unangemessen, bei einem großen Denker dieser Zeit solche ungeklärten Selbstverständlichkeiten und Befangenheiten wesentlich zu nehmen, es sei denn, daß sie für die Sache, die durch ihn wirksam wurde, verfälschend sich geltend machten.

Beispiele: Occam dachte gläubig im Raum der Autorität. Hebt man das hervor, was in seiner Zeit fast ausnahmslos galt (die Ausnahmen sind nicht durch erhaltene Bücher zu uns gedrungen), so läßt man die Wucht des von ihm gebrachten Neuen verkennen: die der Sache nach schlechthin rebellierenden Gedanken erkenntnistheoretischen und politischen Charakters.

Für Lionardo waren Kirche, christlicher Glaube, Autorität nicht Fragen, die ihn angingen. Das alles war ihm so gleichgültig, daß er nicht einmal dagegen kämpfte, sondern es in seinem geistigen Schaffen und Denken ignorierte. Er machte Riten und Gebräuche mit, wie Sitten des Verkehrs. Er nahm Gegenstände des Glaubens als Themen seiner Schöpfungen, ohne an den Glauben zu denken. Es hätte keinen Sinn, ihm Widersprüche aufzuweisen, die für ihn nicht da waren, und die für sein Werk und Denken ohne Auswirkung blieben. – Es wäre weiter leicht, ihm Widersprüche nachzuweisen zwischen seinen anscheinend klar ausgesprochenen modernen mechanistischen Grundsätzen und seiner Metaphysik der Lebenskräfte. Beide waren ihm nicht grundsätzlich, daher gelangten sie nicht zu ihren Konsequenzen. Denn sie waren vorweg schon eingeordnet in ein umfassendes Ganzes: Lionardo lebte in der Klarheit des Anschauens, des dem Auge sich Zeigenden und mit der Hand zu Machenden. In seinen Texten hat er daher nicht den Denkstil der klaren Ordnung und straffen Disziplin, wie er im 17. Jahrhundert wirklich wurde, wohl aber die herrliche, den Leser bezwingende Anschauung des Alls in der konkreten Besonderheit aller Erscheinungen.

Fünftens: Im Entwurf der Ideale vollzieht sich eine merkwürdige Polarität. Die einen denken das ihnen selbst Entgegengesetzte, das Begehrte, im eigenen Leben aber nicht einmal Versuchte; sie nehmen ihr totales Ungenügen wahr und erfahren die Befriedigung, das Wahre als ein Anderes zu erblicken (z. B. Schopenhauer). Die anderen entwerfen die Vollendung des Weges, auf dem sie selber tatsächlich zu gehen versuchen (z. B. Spinoza).

6. *Zusammenfassung:* Man könnte denken: Auch in den großen Philosophen müsse sich immer noch ein Moment der Unwahrheit, des Befremdenden zeigen; angesichts der Notwendigkeit, daß, was existentiell erfüllt ist, auch entschieden sein muß, bleibe in der geistigen Schöpfung als solcher etwas von der Unentschiedenheit zwischen Gut und Böse und damit ein Zauber luziferischen Geistes; angesichts der unentrinnbaren Unvollendung des Menschen erhebe sich das niemals aus einem Allgemeingültigen zu rechtfertigende Ausnahmesein; angesichts der bleibenden Widersprüchlichkeit mache die Sprache des Widerspruchs selbst den Anspruch auf Wahrheit.

Solche Sätze werden zum Irrtum, wenn wir meinen, mit ihnen einen endgültigen Maßstab zum Urteil von Menschen über Menschen in der Hand zu haben. Der Mensch kann mit seinem Denken nicht zur absoluten Instanz werden. Mit solchem Anspruch geraten wir vielmehr auf drei Wegen zu je entgegengesetzten Irrungen:

a) Das Erblicken der Möglichkeit des Luziferischen wird zum Moralismus. Die Abwehr des Glanzes des Bösen gerät in die Verkennung der Macht des Bösen. Die Beurteilung eines bösen Denkens, die immer nur den konkreten Vollzug im Besonderen treffen kann, steigert sich zum Urteil über das gesamte Wesen eines Menschen. Die bewegende Kraft des Bösen wird dem Blick entzogen, und der Sinn für den zwar gefährlichen und zweideutigen Gedanken der felix culpa verschwindet.

Dagegen tritt umgekehrt die Unwahrheit in der Verherrlichung des Luziferischen als des Schöpferischen, eigentlich Seienden, dem ich gehorsam folgen soll, die Lust am Schuldigwerden, der Übermut der Geistigkeit als solcher.

b) Die Ausnahme wird verworfen am Maßstab des Allgemeinen. Dann gilt das Ausnahmesein nur als Schuld, Krankheit, Ortlosigkeit, nicht als transzendent begründetes Geschick; es aufzuheben, ist die Forderung.

Dagegen tritt umgekehrt die Steigerung der Ausnahme zum höchsten Wert. Die Parteilichkeit für das Rebellentum, für das Negative, für das Zerreißende und Zerstörende rechtfertigt sich als Wahrheit an sich. Im Namen der Ausnahme wird gegen den verlogenen Durchschnitt des Daseins das Anarchische erfüllt mit rachsüchtigen und nihilistischen Antrieben.

Der Rebell bedient sich zur Vernichtung ständig der Argumentation mit abstrakten allgemeinen Normen, aber im unverläßlichen Wechsel bald dieser, bald jener. An ihnen wird alles, was wirklich ist, gemessen und hält nicht stand. Diese scheinbar vollkommene Aufrichtigkeit einer auswechselbaren Wahrheit überhaupt ist mit ihrem hassenden Blick wohl hellsichtig für Mängel im Besonderen, aber blind vor der Vernunft, vor dem Sinn der Ordnung, Bau, Einrichtung eines ständig unvollkommenen Daseins, vor der Substanz der Geschichtlichkeit.

c) Die Logik macht den Widerspruch zum absoluten Maßstab. Der Widerspruch bringt nicht nur die Unruhe fortschreitender Bewegung, sondern ist die Instanz, vor der zunichte wird, was seine Form angenommen hat. Es werden alle positiven Möglichkeiten im Widerspruch versäumt zugunsten einer Widerspruchslosigkeit, in der alles leer wird.

Umgekehrt tritt dagegen die Erkenntnis des notwendigen Widerspruchs, die Lust im Widersprechenden, die Zufriedenheit, im Widerspruch stehenzubleiben. –

Diese drei je in sich entgegengesetzten Irrungen sind nicht durch einen Standpunkt zu überwinden, auf dem ich Bescheid weiß, sondern nur durch den Weg, auf dem ich nicht stehenbleiben darf, vielmehr unerbittlich vorangehen muß. Wir stehen nicht im totalen Wissen, sondern in der Grundsituation unseres zeitlichen Wesens: Wenn wir das Befremdende, das uns noch in der Größe des Menschen begegnet, wiedererkennen als das, was dem Menschen als Menschen zukommt, so heißt das nicht: wir stellen Tatsachen fest, mit denen wir uns abzufinden haben. Denn diese Tatsachen haben nicht den Charakter fester Tatbestände. Sie sind nicht hinzunehmen, sondern sie sind, je deutlicher wir sie wahrnehmen, um so entschiedener der Stachel, der keine Ruhe läßt. Es gilt zu überwinden, ohne das Ziel als mögliche Realität schon zu erblicken. Sich das Befremdende und Fremde zu vergegenwärtigen bedeutet nicht, auf Grund des Nun-einmal-so-Seins der Dinge böse sein zu wollen, bedeutet nicht, Ausnahme sein zu wollen, bedeutet nicht, den Widerspruch zu wollen. Dieses Sehen heißt, in das Gesehene einzutreten, aber zum Kampf.

Das Studium der großen Philosophen bringt in die Wirklichkeit dieser Antinomien. Sie lehrt das Ringen des Menschen, lehrt das bisher im hellsten und tiefsten gelungene Denken kennen. Wir gelangen in die Teilnahme an der Wahrheit, die ihnen aufging, und in die geistigen Situationen an den Grenzen dieser Wahrheit.

Würden wir ihre Wahrheit in aussagbarer Form für absolut halten, so würden wir uns verlieren in der Hingabe an die Großen. Würden wir die Wahrnehmung der Grenzen und des Scheiterns steigern zur letzten Einsicht, so würden wir den Blick für das menschlich Mögliche, für die Größe selbst verlieren. In beiden Fällen versäumen wir den Aufschwung des eigenen Wesens.

Versuchen wir die großen Philosophen auf den drei Wegen im Umgang mit ihnen zu befragen, zu prüfen und zugleich den Sinn dieser Prüfung zu begrenzen, so ist folgende Haltung zu erreichen möglich: das Bewußtsein der Unvollendbarkeit der Auffassung angesichts jeder geschichtlich großen Erscheinung, – die Selbsterziehung zur Klarheit in der maximalen Enthüllung mit dem Wissen des Nichtenthüllenkönnens im ganzen, – die Steigerung der Vernunft zur Offenheit des Sehens für jede Grenze und für jeden möglichen Sinn im scheinbaren Unsinn, – das uneingeschränkte Fragen aus der Freiheit des eigenen Wollens, – die Verwirklichung der Voraussetzungen ungetäuschten Liebenkönnens.

Daraus erwachsen für die Auffassung der großen Philosophen diese Forderungen: realistisch die Tatsachen zu suchen und zu sehen, nichts als privat gelten zu lassen, alles wissen zu wollen, was wißbar ist, gar nichts zu sekretieren, Legenden und Mythen in ihrem Sinn zu durchschauen, sie als Ausdrucksmittel gelten zu lassen, aber nicht für Wiedergabe einer Realität zu halten, –

unseren Realismus aus existentiellem Interesse antreiben zu lassen, weder aus Haß noch aus Neugier, – Ehrfurcht vor der Größe und vor dem Menschen als Menschen nie zu verletzen, – überzeugt zu sein, daß jede Persönlichkeit der Subsumtion sich entzieht, die man ihr aus Kategorien eines Allgemeinen zumuten möchte, –

aufmerksam zu sein auf die Entscheidungen zwischen Wahr und Falsch, Gut und Böse, ohne ein Wissen darüber in bezug auf einzelne Menschen und Denker endgültig zu beanspruchen, – im Hinausstreben über alle doktrinalen Parteilichkeiten eine einzige große »Parteilichkeit« festzuhalten, die Parteilichkeit für Vernunft, Menschlichkeit, Wahrheit, Güte, mit dem Wissen um deren Unbestimmbarkeit im Sinne rationaler, alternativer Sätze, jedoch um die Endgültigkeit der Bedeutung dessen, was von daher entschieden wird, – diese Parteilichkeit nicht für Größe an sich, sondern auch gegen Größe, diese nicht verkennend, zu ergreifen, – diese Parteilichkeit bis in das Innere, wie seiner selbst und jedes Menschen, so auch der großen Philosophen zu treiben, –

zu wissen, daß kein Mensch vollendet ist, daß jede Wahrheit in der Verwirklichung ihre Grenzen hat, daß Menschenvergötterung den Blick für den Menschen und für die Wahrheit selber trübt, –

anzuerkennen die ungeheuren Abstände der Menschen und auch der großen Philosophen, Rangordnung zu spüren, ohne sie zu fixieren, – ständig sein Gewissen zu üben in der Empfindlichkeit für die Weisen des Ranges: in den Begabungen, in der Kraft, in der Kapazität, in der geistigen Genialität, in dem Ernst der Existenz, in der Weite der Vernunft, – Rangordnungen oder Bevorzugungen nur unter einem Gesichtspunkt zu vollziehen, nicht in einem totalen Wissen; denn die Unendlichkeit des einzelnen Menschen, die jedem Menschen gegenüber festzuhalten eine Forderung der Wahrhaftigkeit ist, gilt erst recht von den großen Philosophen.

Den Umgang mit den Großen vollzieht jeder Einzelne. Ihm dafür Winke zu geben, Wege zu zeigen, Denkfiguren, Bilder und Charaktere zu entwerfen, ist Sache der historischen Darstellung.

VIII. DIE AUFGABEN DER DARSTELLUNG

1. Das Ziel der Darstellung

Die Einzigkeit der Großen: Wenn die großen Philosophen zum Thema werden, sollte mit jedem das Ereignis seiner Einmaligkeit, die Stimmung seines je einzigen Denkens fühlbar werden. Maßgebend ist nicht mehr der historische Ort, nicht die sachlich loslösbare allgemeine Leistung, auch nicht die Gruppe, in die er durch den Vergleich mit anderen gebracht ist. Die Aufgabe ist vielmehr, die großen Philosophen als das Übergeschichtliche, uns stets Gegenwärtige zu sehen und sie durch die Sachlichkeiten und die Gestalt ihres Typus hindurch aus ihrer Tiefe zu hören. Der Ursprung ihrer Denkungsart und ihres Tuns ist ebensosehr die Mitte wie das Umgreifende. Dort treffen wir auf das, was seiner Natur nach uns alle verbindet, wenn es aus dem Grunde spricht, der geschichtlich je einzig erscheint.

Wir möchten wohl das Umgreifende, das der Mensch ist, vor der Trennung in Persönlichkeit und Werk, von Subjekt und Objekt in dem Quell erblicken, in den großen Gestalten als das Eine, das durch Spaltung in jene Gegensätze uns kund wird. Aber hier stoßen wir auf das nicht eigentlich zu Erblickende. Es ist die Macht dieses persönlich Umgreifenden; es ist die Macht des typisch Zusammengehörenden, das zu Gruppierungen der großen Philosophen Anlaß gibt; es ist in der Vielfachheit der Mächte, die miteinander im Kampf durch alle Geschichte der Philosophie liegen, sich oft nicht zu verstehen scheinen, sich mit Leidenschaft abstoßen, und doch noch in diesem Kampf eine Weise der Zusammengehörigkeit dadurch bezeugen, daß sie einander angehen.

Die Einheit der Philosophie: Meine Darstellung möchte abwehren die Auffassung der Philosophie als einer zufälligen Mannigfaltigkeit ohne Wahrheit, als eines Spiels mehr oder weniger gelungener Gebilde. Philosophische Schriften sind nicht wesentlich Dichtungen oder Kunstwerke, deren Schöpfer im Laufe seines Lebens eine ganze Reihe hervorbringt. Sie wollen Wahrheit im Denken, das durch eine Einheit geführt ist.

Diese Einheit, die bei großen Philosophen, während wir uns ihrer vergewissern, doch keiner unterscheidenden Bestimmung zugänglich ist, drängt uns von Philosoph zu Philosoph, und dann zu der Frage, ob sie alle in einer einzigen Einheit, in der Mitte der Wirklichkeit und

Wahrheit sich treffen. Solche Frage findet keine Antwort. Aber in ihr liegt die Zugkraft zu diesem Einen hin.

Kritik als Aneignung: Darstellend nehmen wir die Haltung des Zuschauers an. Diese ist Schein. Nur zusehend sieht man nichts. Die Darstellung wird um so tiefer dringen, je mehr der Darstellende beteiligt war. Was sich ergibt, ist keine allgemeingültige Objektivität für den bloßen Verstand, sondern bleibt selbst ein Tun im Ringen um Wahrheit.

Dies geschieht zunächst durch ein Messen des Denkens eines Philosophen an sich selbst, dann durch Aufweis seiner Ausweglosigkeiten. Es ist kein polemischer Kampf mit dem Ziel der Vernichtung, sondern ein kritischer Kampf in Kommunikation mit dem Ziel, etwas von dem Einen zu spüren, das alle verbinden könnte. Darum haben wir keinen absoluten kritischen Maßstab von außen, nicht eine überlegene Position, von der her wir es überall besser wüßten. Wohl aber sehen wir Bezüge und Gegensätze, Grenzen und Scheitern. Indem dies gezeigt wird, wächst die Verbindung dessen, was in Formeln nicht auszusprechen ist.

Das historische Wissen ist zu erfüllen nur durch Aneignung in eigener Existenz. Was war, soll so dargestellt werden, daß es den Leser zu solcher möglichen Aneignung bringt. Ich möchte zwar ständig historisches Wissen vermitteln (und mich an die Regeln historischer Erkenntnis halten), aber so, daß dieses Wissen uns angeht.

Dieses Buch möchte das Glück fördern, das in der Anschauung großer Menschen und im Mitdenken ihrer Gedanken liegt. Aber das allein wäre nicht genug. Bliebe man dabei, so versäumte man: die zunächst noch nicht gedanklich klare, sondern erst im Fortgang der philosophischen Studien klar werdende Auseinandersetzung mit den Mächten, die durch die Großen auf uns einsprechen, – das im Vergegenwärtigen sich vollziehende Aneignen und Verwerfen, – das Zusichselbstkommen in der Wesensauseinandersetzung mit den Gestalten. Diese erfolgt nicht durch Entscheidung über Sätze und Denkfiguren, sondern durch die in ihnen hell werdende Lebenspraxis.

2. *Verstehen und Interpretation*

Die Deutung der Philosophen ist nicht nach einer angebbaren Methode zu machen. Sie geschieht, wenn sie gelingt, gegenüber jedem Philosophen auf andere Weise. Zwar muß sie sich allgemeiner Kategorien bedienen und die überall gleichen Methoden der Forschung verwenden. Aber mit ihnen umkreist die Deutung, was in dieses Allgemeine selber niemals eingeht. Es sind glückliche Treffer, wenn durch Wahl und Kombination der Tatsachen und Gedanken etwas von dem je einzigen Philosophen durch die Darstellung in Erscheinung tritt.

Für jeden der großen Philosophen findet man in der Literatur umfangreiche monographische Darstellungen. Für unsere Vergegenwärtigung ist die Aufgabe, die Konzentration zu finden, die wenigstens den Ansatz ermöglicht zu einer Teilnahme an seinem Denken. Die Gesichtspunkte, unter denen man sich um das Ziel bemühen kann, sind folgende:

Erstens: Eine Darstellung muß sich der »Abbildungen« der Denkgebilde bedienen, wie eine Kunstgeschichte der Reproduktionen. Während aber der Kunsthistoriker sich auf Photographien stützt, muß der Philosophiehistoriker sich seine Abbildungen durch konstruierendes Referat schaffen. Der Unterschied zwischen Philosophiehistoriker und Kunsthistoriker ist, daß jener Philosoph sein muß, dieser nicht Künstler zu sein braucht. Die Philosophiegeschichte selber ist ein Moment der Philosophie, die Kunstgeschichte kein Moment der Kunst, außer in der Weise, wie Künstler sie aneignen. Je näher der Philosophiehistoriker der Sache ist, um so entschiedener ist er selber Philosoph.

Daher ist das Referat keineswegs eine rein technisch zu erfüllende Aufgabe. Das historisch Produktive der Wiedergabe liegt zwischen der Unendlichkeit ursprünglichen Dabeiseins und den Ordnungen rationaler Schematisierung. Die Aufgabe ist: die großen philosophischen Anschauungen selbst zu zeigen, so einfach, so eindrücklich wie möglich, unter Bewahrung ihres Gehalts, mit der Lebendigkeit der in ihnen gelegenen Impulse. Solche Vereinfachung der Reproduktion für die Anschauung setzt voraus nicht nur die Forschungen, die in der Kürze nicht gezeigt werden können, sondern vor allem jenes Dabeigewesensein im Studium, das sich nicht geradezu mitteilen kann. Es sollen Verdichtungen sein, durch die in die Tiefe gewiesen wird. Die Schematiken begrifflicher Übersichten sind nur ein unentbehrliches Mittel für die Klarheit der gedanklichen Gerüste.

Zweitens: Ich habe im Dienste der Aufgabe geschrieben, die Philosophie grundsätzlich allen zugänglich zu machen. Der Leser findet, wie ich hoffe, die tiefsten Gedanken der Philosophie nicht übergangen. Aber ich habe versucht, so einfach wie möglich ihren Sinn fühlbar zu machen. Mit Bewußtsein habe ich darauf hingearbeitet, daß das Buch ohne Voraussetzungen einer vorher zu lernenden Fachphilosophie verständlich sei. Da sich jedoch nicht alles auf einmal sagen läßt, muß an mancher Stelle noch unerhellt bleiben, was im Zusammenhang des Ganzen, vielleicht von der Darstellung eines anderen Philosophen her, deutlich wird. Diese Bezüge ständig auszusprechen, würde umständlich und ermüdend wirken. Daher ist es besser, jeweils bei der dargestellten Sache zu bleiben, nach Möglichkeit diese selbst beim Leser zum Vollzug zu bringen. Ich bemühe mich, einen Gedanken entweder so deutlich und anschaulich vorzutragen, daß der Leser ihn wirklich kennenlernt, oder ich ziehe es vor, auf seine Mitteilung zu verzichten.

Eine Ausführlichkeit der Darstellung von Gedanken ist notwendig, soweit nur durch sie im Leser ein wirkliches Dabeisein erreicht werden kann. Ein bloßer Bericht in definitorischer Einfachheit vermag das nicht. Je mehr das leichter Zugängliche, die Anschaulichkeit und Vordergründigkeit des zu berichtenden Denkens transparent wird, desto entschiedener wird der Leser in jene Tiefe dringen, die ohne jene Vordergründigkeiten unzugänglich blieben. – Die Ausführlichkeit wird zum Fehler, wo sie über dies Ziel hinausgeht, in unergiebige, statt vertiefende Wiederholung gerät.

Doch muß bei der vereinfachenden Darstellung, um das Wesentliche zugänglich zu machen, auf manche Feinheit verzichtet werden. Jede gründliche Zuwendung erörtert die Originaltexte in vielfachen besonderen Interpretationen.

Wenn der Leser die schwierigsten Seiten zunächst übergeht, wird er durch den Sinn des Übrigen nur stärker zu ihnen zurückgeführt werden. Und am Ende wird er zu den Texten der großen Philosophen selber greifen, die dann, wie ich hoffe, durch meine Hinweise für einen modernen Menschen unmittelbarer, in ihren gegenwärtig uns angehenden Fragen und Antworten leichter verständlich werden.

Drittens: Ein wesentliches Mittel, die Gedanken unentstellt zu vergegenwärtigen, sind Zitate. Der Philosoph soll selbst zu Wort kommen. Die Methode des Zitierens aber bedarf der Besonnenheit und Übung. Es ist leicht, eine endlose Fülle herrlicher Sätze zu sammeln. Man gerät bald in eine Anthologie. Am Ende wäre das Originalwerk selbst abzudrucken. Oder man nimmt zufällig und willkürlich ein paar schöne Brocken heraus. Das rechte Zitieren dagegen soll die (aus der Unzahl der möglichen) ausgewählten Sätze in einem vom Darsteller gezeichneten Zusammenhang so an ihre Stelle setzen, daß ihr Gehalt

Osterhasi, Nicolausi, Leibesorgen
eine Mausi
Braten tun sie's Dir geschwind

leuchtkräftig wird. Sie müssen als einzelne Zitate kurz bleiben, so zahlreich sie auch vorkommen. Sie sollen Höhepunkte des Gedankens betonen oder Belegstellen für unerwartete Gedanken sein. Der Gefahr des Häufens von Zitaten begegnet das Kriterium: sie sind nur dann recht, wenn sie völlig aufgenommen sind in den Zusammenhang der reproduzierenden Darstellung. Sie dürfen nichts beiläufig hinzubringen, nichts Ablenkendes, müssen vielmehr beschnitten sein auf ihren Sinn an dieser Stelle.

Viertens: Wir sind bei historischer Darstellung gebunden an das von den Philosophen Gemeinte. Das Gemeinte bringen wir aber nur zur Darstellung, indem wir auf es reflektieren. Daher gehen wir mit der Darstellung anscheinend über das Dargestellte hinaus, indem wir darüber sprechen, zum Bewußtsein bringen, was der Philosoph denkend getan hat, ohne es selbst ausdrücklich gesagt zu haben. Dazu kommt: Die Sache selbst hat ein eigenes Leben, das ständig über die Grenzen des vom Philosophen geradezu Gesagten hinausdringt.

Aber wir müssen, wenn wir historisch wahr bleiben wollen, den vom Autor gemeinten Sinn, den er ausspricht und der durch andere Stellen und durch die Gesamtheit seines Werkes für unser Verstehen zu erweisen ist, unterscheiden von unserer Deutung.

Das Ziel ist: durch unsere Deutung nicht anläßlich eines philosophischen Textes etwas ganz Anderes zu denken, sondern durch das deutende Darüber-Sprechen um so klarer an die Fragen und Antworten in ihrer ursprünglichen Gestalt zu kommen, an die Denkvollzüge, für die ich bereit bin, und die ich, von dort erweckt, selbst zu vollziehen vermag.

Fünftens: Eine Darstellung muß konstruieren. Wenn diese Konstruktion referierend eine Lehre herausholt, so genügt es nicht, diese als eine bestehende Objektivität kennenzulernen. Durch die Lehre hindurch soll ich klarer dorthin gelangen, wo ich mit dem Philosophen das von ihm Gedachte berühre und dadurch in meinem eigenen Wesen wachse, nicht nur mein Wissen vermehre.

Wenn die Konstruktion durch Besinnung auf das, was der Philosoph getan hat, entsteht, so bringt diese der Absicht nach in einem idealtypischen Zusammenhang vereinfacht und rein vor Augen, was das Wesen dieses Philosophen ausmacht. Jedoch sind in bezug auf denselben Denker solche Konstruktionen auf mehrfache Weise möglich. Sie sollen sich ergänzen, aber insgesamt unter einer übergreifenden Idee stehen, die sich nicht noch einmal in idealtypischer Begrenzung mitteilen läßt, sondern Aufgabe bleibt. Die Grenze des je Einen, um das alle Reproduktion des Werkes der Großen kreist, ist unerreichbar für das Wissen.

Sechstens: Um einen Philosophen wirklich kennenzulernen, muß ich selber seine Schriften lesen. Die bloße Lektüre einer Darstellung wird gerade dann auch unbefriedigt lassen, wenn es gelingt, den Leser betroffen zu machen. Nur an den Quellen ist der ganze Ernst spürbar. Durch eine darstellende Übersicht sind nur Hinweise möglich, die den Leser veranlassen können, nach seiner Wahl selber einzudringen.

Immer bleibt der Abstand zwischen historischem Wissen und der Kunde der Sache selbst. Die Vereinfachung in sekundären Bildern und Denkfiguren kann wohl in große Nähe zur Sache selbst gelangen. Aber ganz gelingen kann es nie.

Eine philosophische Darstellung der Philosophen setzt sich ein höheres Ziel als das einer bloßen Orientierung. Sie soll, wenn sie das Studium der Quellen nicht ersetzen kann, doch bei ihrem Studium förderlich sein. Was der philosophische Philosophiehistoriker mit Mitteln der Forschung darstellend tut, ist selber Philosophie.

Angesichts der Großartigkeit und Unendlichkeit der Philosophengestalten mutet uns unser Unternehmen so schwach und unzulänglich an, daß man verzagen möchte. Aber die Freude der Lehrtätigkeit bestätigte durch Jahre den Sinn des Versuchens.

3. Ordnung der Darstellung

Wir folgen in der Darstellung der Reihe der Gruppen, die oben entwickelt wurden. Wenn aber die Gruppe, zu der ein Philosoph gestellt wurde, ein Licht auf ihn wirft, ist er doch nicht durch sie bestimmt. Er ist mehr als der Charakter seiner Gruppe. Der einzelne Philosoph spricht für sich selbst. Nicht allein durch nennbare Sachen, sondern je als dieser ist er da. Denn groß ist, was sich selbst trägt. Wir haben mit dem Vorurteil gebrochen, daß die Philosophen, in einer Reihe auf gleicher Ebene stehend, am Fortschritt einer Erkenntnis arbeiten, zu der jeder, auf den Ergebnissen der Vorgänger fußend, seinen Beitrag leiste; – daß sie die Namen seien, an die die jeweils bestimmten Leistungen in dieser Entwicklung gebunden seien, wie in den besonderen Wissenschaften an die Reihe der Physiker, Chemiker, Zoologen, Ärzte. Wir haben dagegen in der Gesellschaft der Philosophen jeden in seiner Einmaligkeit zu sehen und alle, in ihrer wundersamen Verschiedenheit, bezogen auf etwas, das nicht das Ergebnis am Ende, sondern als stetige Gegenwart des Ganzen da ist. Obgleich jeder Philosoph eine ihm angemessene Ordnung der Darstellung verlangt, habe ich in großen Zügen ein Schema befolgt.

Der verläßliche Boden sind die Werke der Philosophen. In ihnen allein sehen wir sie deutlich und wesentlich. Die Persönlichkeit ist im Werk, wenn das Werk Größe hat. Bei deren Darstellung folge ich keinem für alle anwendbaren Schema. Häufig trenne ich von der gedanklichen Reproduktion, die selber schon kritisch wählt und konstruiert, die ausdrückliche Charakteristik und Kritik.

Dieser Substanz und Hauptmasse der Darstellung gehen vorher einige Bemerkungen zur Biographie und Umwelt. Wo Dokumente und Berichte vorhanden sind, suchen wir die persönliche Realität. Was an Tatsachen des Lebens bekannt ist, wird am Leitfaden der Chronologie als eine Folge von Erfahrungen des Philosophen, an Entscheidungen und Handlungen zur Anschauung gebracht. Wir haben darin das philosophisch Relevante zu erspüren.

Nun aber gibt es eine breite, empirisch zuverlässige, realistische Kenntnis der biographischen Tatsachen erst von den Philosophen der letzten Jahrhunderte. Im Vergleich dazu ist alle Kunde von den Früheren dürftig, auch von Cicero und Augustin, von denen wir doch ungewöhnlich anschauliche Vorstellungen aus ihrer eigenen Hinterlassenschaft, ihren Briefen, Selbstberichten, Streitschriften gewinnen. Meist haben wir nur die philosophischen Werke und einen Reflex in der Mitwelt und Nachwelt, nicht das reiche Material der Realität. Bei einer Reihe großer Gestalten ist die Überlieferung sogar von der Art, daß man wunderlicherweise ihre Existenz leugnen oder unser völliges Nichtwissen behaupten konnte (so bei Sokrates, Buddha, Konfuzius, Jesus).

Die Vergegenwärtigung der geistigen und realen Welt, in der die Großen lebten, der Überlieferungen und sittlich-politischen Zustände, in denen sie aufwuchsen und an denen sie teilnahmen, müssen gekannt sein, nicht um sie darin aufgehen zu lassen, sondern um sie darüber hinaus in ihrer übergeschichtlichen Wirklichkeit zu sehen.

Das Werk des Großen ist aus der Fülle von ihm aufgenommener Überlieferung die Kristallisation einer neuen Gedankenwelt. Sie ist darzustellen ohne Sorge, daß dem Denker dabei zugeschrieben wird, was andere gedacht haben und was Allgemeinbesitz war. Einzelne formulierbare Grundgedanken, die völlig neu sind, sind auch bei den

Großen gar nicht einfach festzustellen. Denn historische Kenntnis fördert schon vorher dagewesene Sätze in erstaunlichem Umfang zutage. Man kann so zu der Frage kommen: Was ist denn überhaupt original? Bei den Großen gewiß auch Grundgedanken, entscheidend aber das Ganze in seinen Impulsen, seinen gedanklichen Visionen und seiner lebenwährenden Ausarbeitung. Darin wird alles Alte neu durch die Art der Aneignung, durch die Denkungsweise im ganzen, durch den Zusammenhang und die Betonung. Die loslösbaren Inhalte als formulierbare Lehrstücke sind noch nicht die vollzogenen Gedanken. In einem philosophischen Werk von Rang kommen die großen ewigen Gegenstände der Philosophie vor, aber geformt durch das Wesen dieses Einen.

Der Hauptdarstellung lassen wir eine kurze Wirkungsgeschichte folgen. Mit dem Großen setzt etwas Neues ein, unableitbar aus Vorhergehendem, und damit beginnt eine Wirkungsgeschichte, die ein Spiegel ihres Wesens ist, im Verstandenwerden und im Mißverstandenwerden, in der Weise, wie sie zum Bilde, Vorbilde, Maßstab sich gestalten. Das Sehen der Wirkungsgeschichte gehört zur Auffassung der Größe.

Der Gang der Philosophiegeschichte ist weitgehend bestimmt durch fiktive Bilder, die von den Großen sich formierten, von der landläufigen Übersetzung der philosophischen Gedanken in Lehrstücke, die den großen Namen zugeschrieben werden. Alle Beschäftigung mit der Philosophie, die das Ursprüngliche treffen möchte, will diese Überlagerungen durchbrechen. Um sie zu durchbrechen, muß man sie kennen.

Das Wesen eines Philosophen zeigt sich in der Weise seiner Wirkung vieldeutig. Da die Wirkung des Großen auch im Mißverstandenwerden stark ist, muß man in ihm selber das suchen, was so mißverstanden werden kann. Will man ihn haftbar machen für das Unheil oder den Unfug, der durch ihn möglich wurde, so läßt sich antworten, daß ihm nicht zukomme, was mißdeutet wurde. Aber damit wird man sich nicht zufrieden geben. Art der Wirkung und des Ruhms entscheiden zwar nicht über das Wesen des großen Denkers, aber machen aufmerksam. Der Mißverstand wirft ein Licht zurück auf den, der so mißverstanden werden kann.

4. Über die Literatur

Was uns die Gräzisten und Latinisten, Alttestamentler und Neutestamentler, Sinologen und Indologen gebracht haben, ist überwältigend. Sie haben Voraussetzungen des Verstehens herbeigeschafft und selber verstanden. Sie haben durch Übersetzungen ermöglicht, daß ein Einzelner, der vom Interesse an der Philosophie geleitet ist, bei fast allen Philosophien Asiens und des Abendlandes einkehren und hier und da zu Hause sein kann. Die Philologen bringen uns auf den Boden der historischen Realität und sind ein Korrektiv gegen grundlose Phantasien.

In diesem Buch trete ich nirgends in Wetteifer mit den Philologen, suche aber die durch sie geschaffenen Möglichkeiten zu nutzen. Ich lege nicht Untersuchungen in ihrem Sinne vor, sondern philosophiere mit den Philosophen (in der Absicht, nach Kräften nichts historisch Falsches vorzubringen). Ich versuche, die Gehalte und Wirklichkeiten den Leser philosophisch ansprechen und ihn erfahren zu lassen, was zu seinen Lebensnotwendigkeiten als denen eines vernünftigen Wesens gehört. Das ist etwas anderes, als was Philologie gibt. Wohl manchmal darf ohne Unbescheidenheit der Abstand gespürt werden, den Plotin kannte: »Ein Philologe zwar ist Longinos, aber ein Philosoph nimmermehr.«

Immer wieder habe ich große Dankbarkeit empfunden für die opfervolle Arbeit der Philologen, deren Ergebnisse zu nutzen und deren Verfahren zu prüfen auch der sich berechtigt weiß, der auf jedem ihrer Gebiete ein Laie ist. Nur unzureichend ist mein Dank durch Literatur-Angaben bezeugt.

In der Bibliographie am Schluß des Bandes findet der Leser unter der ersten Abteilung »Quellen« die zitierten Philosophen. Dort sind die Ausgaben und Übersetzungen angeführt, die ich benutzt habe. Unter der zweiten Abteilung »Literatur« findet er Schriften über die Philosophen. Über die sämtlichen Ausgaben und die unermeßliche Literatur informieren die Handbücher und Enzyklopädien.

In meinem Text gebe ich nur die Namen an, deren Schriften in der Bibliographie schnell zu finden sind. Unter der Literatur sind mehrere Schriften desselben Autors mit Ziffern versehen.

Mein Verfahren des Zitierens ist durchaus unphilologisch. Nur auf folgendes mache ich aufmerksam:

Meine in Anführungsstriche gesetzten Zitate sind nicht philologisch exakt. Auslassungen sind durchweg nicht durch Punkte angedeutet. Umstellungen von Worten sind erfolgt, wenn der Zusammenhang meiner Darstellung dies bequem erscheinen ließ. Natürlich ist niemals der Sinn auch nur in einer Nuance verändert.

Die Transskriptionen sind in der sinologischen Literatur sehr verschieden und auch in der indologischen nicht ganz einheitlich. Für den, der wie ich diese Sprachen nicht kennt, sind die Zeichen und Akzente nichtssagend. Ich habe daher die einfachsten Schreibweisen gewählt.

Bei meinen Zitaten aus den Philosophen habe ich die Ortsangaben weggelassen. Ein äußerer Grund war, daß ich bei meinen Exzerpten, die aus Jahrzehnten stammen, nicht jedesmal die Stelle nach Ausgabe und Seite notiert hatte. Bei den meisten habe ich in meinem Manuskript die Stellen am Rande verzeichnet, aber für den Druck ebenfalls weggelassen. Ich wünsche die Hingabe des Lesers an das Vorgetragene, nicht die Forscherneugierde, die einer Stelle nachgehen möchte. Das Prüfen meiner Darstellung erfordert mehr als das Nachsehen von ein paar Stellen, es erfordert die selbständige Beschäftigung mit dem ganzen Werk eines Philosophen.

Die Übersetzungen sind im Quellen-Verzeichnis angegeben. Auch hier habe ich beim einzelnen Zitat die jeweils benutzte Übersetzung nicht genannt. Manchmal habe ich mehrere Übersetzungen kombiniert.

Für den Text habe ich Groß- und Kleindruck gewählt. Diese Unterscheidung erleichtert die Übersicht und bringt den Vorteil der Raumersparnis.

Die vier maßgebenden Menschen haben eine geschichtliche Wirkung von unvergleichlichem Umfang und Tiefengang gehabt. Andere Menschen hohen Ranges mögen für kleinere Kreise von gleich starker Bedeutung gewesen sein. Aber der Abstand an nachhaltiger und umfassender Wirkung in Jahrtausenden ist so gewaltig, daß das Herausheben jener vier zur Klarheit welthistorischen Bewußtseins gehört.

Sokrates

Quellen: Plato (vor allem: Apologie, Kriton, Phaidon, – Symposion, Phaidros, Theätet, – und die Frühdialoge). Xenophon (Memorabilien, Gastmahl, Apologie). Aristophanes (Wolken). Aristoteles (Metaphysik).
Literatur: Ivo Bruns. – Ed. Meyer (IV, 427 ff., 435 ff). – Heinrich Maier. – Stenzel. – Werner Jaeger. – Gigon.

1. *Lebensdaten* (469–399): Sokrates' Vater war Steinmetz, seine Mutter Hebamme. Er war also keineswegs vornehmer Herkunft, aber Bürger Athens. Bei bescheidener Lebensführung war er materiell unabhängig durch ein kleines Erbe und durch die allen Athenern zufließenden staatlichen Beihilfen (Theatergelder und dergleichen). In Erfüllung seiner soldatischen Pflichten kämpfte er als Hoplit im Peloponnesischen Kriege bei Delion und Amphipolis. In Erfüllung der unumgänglichen politischen Pflichten hatte er 406 den Vorsitz im Rat und nahm Partei für das Recht gegen die wütende Masse, die die Hinrichtung der Feldherren der Arginusenschlacht forderte und durchsetzte. Niemals aber suchte er eine bedeutende Position im Staat oder im Heer. Seine Frau Xantippe spielte keine Rolle in diesem Leben.

Merkwürdig ist, daß wir das Aussehen des Sokrates kennen. Er ist der erste Philosoph, der körperlich leibhaftig vor uns steht. Er war häßlich, die Augen quollen vor. Stülpnase, dicke Lippen, dicker Bauch, gedrungener Körperbau ließen ihn den Silenen und Satyrn ähnlich scheinen. Leicht ertrug er mit unerschütterlicher Gesundheit Strapazen und Kälte.

Unser Bild des Sokrates ist das des älteren Mannes. Über seine Jugend fehlt jede Kunde. Er wuchs auf in dem nach den Perserkriegen mächtigen, reichen, blühenden Athen. Fast vierzig Jahre war er alt, als das Verhängnis des Peloponnesischen Krieges begann (431). Erst seit dieser Zeit wurde er eine öffentlich bekannte Figur. Das früheste Dokument der Überlieferung sind die ihn verspottenden »Wolken« des Aristophanes (423). Er erlebte den Niedergang und die Katastrophe Athens (405). Mit siebzig Jahren wurde ihm von der Demokratie der Prozeß wegen Gottlosigkeit gemacht. Er starb 399 durch den Schierlingsbecher.

2. Seine *geistige Entwicklung* läßt sich nur erschließen. Sokrates hat die Naturphilosophie des Anaxagoras und Archelaos gekannt. Er hat den Einbruch der Sophistik erlebt und deren Können sich zu eigen gemacht. Beides hat ihn nicht befriedigt. Die Naturphilosophie half nicht der Seele des Menschen. Die Sophistik vermochte zwar infragestellend Großes zu leisten. Aber so, wie sie es tat, irrte sie in einem neuen vermeintlichen Wissen oder in einem Verneinen aller Gültigkeiten der Überlieferung. In diesem Strudel des Denkens hatte Sokrates keine neue Lehre, auch nicht die Lehre eines Verfahrens, das für sich schon genug wäre.

Es muß in Sokrates eines Tages eine Umwendung sich vollzogen haben. Als er die Naturphilosophie in ihrer Belanglosigkeit für die ernsten Fragen erkannte, als er in der Sophistik die Zersetzung begriff, da wußte er das Wahre nicht als ein bestimmtes Anderes. Aber er wurde ergriffen von dem Bewußtsein seines Berufes, eines göttlichen Auftrags. Dieses Berufes gewiß, wie die Propheten, hatte er doch nichts zu verkünden wie sie. Kein Gott hat ihn beauftragt, den Menschen zu sagen, was er ihm befahl. Er hatte nichts als den Auftrag, zu suchen mit den Menschen, selber ein Mensch. Er soll unerbittlich fragen, aus jedem Versteck aufscheuchen. Er soll keinen Glauben verlangen an irgend etwas oder an ihn selbst, aber er soll Denken verlangen, Fragen und Prüfen, er soll den Menschen damit auf sich selbst stellen. Da aber dieses Selbst nur im Erkennen des Wahren und Guten liegt, ist erst der er selbst, dem solches Denken ernst ist, der von der Wahrheit sich bestimmen lassen will.

3. *Das Gespräch:* Das Sokratische Gespräch war die Grundwirklichkeit dieses Lebens: Er diskutierte mit Handwerkern, Staatsmännern, Künstlern, Sophisten, Hetären. Sein Leben verbrachte er wie viele Athener auf der Straße, auf dem Markt, in den Gymnasien, mit der Teilnahme an Gastmahlen. Es war ein Leben des Gesprächs mit jedermann. Aber dieses Gespräch wurde ein neues, den Athenern ganz ungewohntes: ein die Seele im Innersten erregendes, beunruhigendes, bezwingendes Gespräch. War die Wirklichkeit des Gesprächs die Lebensform des freien Atheners, so wurde es jetzt als das Mittel des Sokratischen Philosophierens etwas anderes. Es ist aus der Natur der Sache notwendig für die Wahrheit selbst, die nur dem Einzelnen mit dem Einzelnen aufgeht. Um klar zu werden, brauchte er die Menschen, und er war überzeugt, daß sie ihn brauchten. Vor allem aber die Jünglinge. Sokrates wollte erziehen.

Was ihm Erziehung heißt, ist nicht ein beiläufiges Geschehen, das der Wissende am Unwissenden bewirkt, sondern das Element, in dem Menschen miteinander zu sich selbst kommen, indem ihnen das Wahre aufgeht. Die Jünglinge halfen ihm, wenn er ihnen helfen wollte. So geschah dieses: die Schwierigkeiten im scheinbar Selbstverständlichen entdecken, in Verwirrung bringen, zum Denken zwingen, das Suchen lehren, immer wieder fragen und der Antwort nicht ausweichen, getragen von dem Grundwissen, daß Wahrheit das ist, was Menschen verbindet. Aus dieser Grundwirklichkeit erwuchs nach Sokrates' Tod die Prosadichtung der Dialoge, deren Meister Plato wurde.

Sokrates wendet sich nicht gegen eine Gesamtbewegung der Sophistik, wie später Plato. Er gründet keine Partei, treibt keine Propaganda und keine Rechtfertigung, er gründet keine Schule als Institution. Er bringt kein Programm zur Staatsreform, kein System des Wissens. Er wendet sich nicht an ein Publikum, nicht an die Volksversammlung. Er sagt in der Apologie: »Ich wende mich immer nur an den Einzelnen« und begründet es an jener Stelle ironisch: niemand sei seines Lebens sicher, der einer Volksmenge offen und ehrlich begegne; daher müsse, wer ein Kämpfer für das Rechte sein und auch nur kurze Zeit am Leben bleiben wolle, sich auf den Verkehr mit Einzelnen beschränken. Wir dürfen es umfassender verstehen. Die Unwahrheit des gegenwärtigen Zustandes, gleichgültig, ob die Verfassung demokratisch oder aristokratisch oder tyrannisch ist, ist nicht durch große politische Aktionen zu beseitigen. Voraussetzung jeder Besserung ist, daß der Einzelne erzogen wird, indem er sich erzieht, daß die noch verborgene Substanz des Menschen zur Wirklichkeit erweckt wird, und zwar auf dem Wege des Erkennens, das zugleich inneres Handeln ist, des Wissens, das zugleich Tugend ist. Wer ein rechter Mensch wird, wird zugleich ein rechter Staatsbürger.

Dann aber kommt es auf den Einzelnen als Einzelnen an, unabhängig vom Erfolg und von seiner Wirkung im Staat. Die Unabhängigkeit dessen, der sich selbst beherrscht (Eukrateia), die eigentliche Freiheit, die mit der Einsicht erwächst, ist ein letzter Boden, auf dem der Mensch vor der Gottheit steht.

4. *Die Substanz Sokratischen Lebens:* Wenn Philosophie »Lehre« ist, ist Sokrates kein Philosoph. Im Zusammenhang der griechischen Philosophiegeschichte als einer Geschichte theoretischer Positionen hat er keinen Platz. Sokrates ist das Auf-dem-Wege-Sein im Denken mit dem Wissen des Nichtwissens. Sokrates weiß die Grenzen, an denen der Be-

weis aufhört, aber an denen für alles Befragen die Substanz, aus der er lebt, nur in hellerem Leuchten standhält.

Diese Substanz ist Sokrates' Frömmigkeit, und zwar erstens im Vertrauen, daß dem unbeirrten Infragestellen das Wahre sich zeigen werde; daß im redlichen Bewußtsein des Nichtwissens nicht das Nichts, sondern das lebensentscheidende Wissen kund wird. Sie erscheint zweitens in dem Glauben an die Götter und die Göttlichkeit der Polis. Sie spricht drittens im Daimonion.

Erstens: Als (im Platonischen Dialog) Menon mit Sokrates über die Tugend (arete) spricht, und durch die Fragen des Sokrates ins Ausweglose geraten ist, sagt er: »Ich hörte schon, daß dein ganzes Tun darauf hinausläuft, selbst wie in der Irre zu gehen und die anderen an sich irre zu machen ... Jetzt hast du mich behext und bezaubert und völlig in deine Gewalt gebracht, so daß ich nicht mehr aus und ein weiß ... als wärest du zum Verwechseln ähnlich dem Zitterrochen. Denn auch dieser macht jeden, der ihm nahekommt und berührt, erstarren ... Wenn du als Fremder in einer anderen Stadt dir dergleichen erlaubtest, so würdest du wohl als ein Zauberer verhaftet werden.« Sokrates meint darauf: »Es trifft der Vergleich von mir mit dem Zitterrochen allerdings dann zu, wenn dieser Fisch bei einer starrmachenden Wirkung auf die anderen auch selbst starr wird; wo nicht, dann nicht. Denn wenn ich die anderen ratlos mache, so bin ich selbst dabei schlechterdings ratlos.« In demselben Zustand sagt Theätet: es schwindelt mir, und Sokrates antwortet, dies sei der Anfang der Philosophie.

Aus der Ratlosigkeit erwächst Einsicht. Das wird im Menon beispielsweise gezeigt: Ein Sklave, der auf eine mathematische Frage zunächst zuversichtlich behauptet, gerät in Verlegenheit, erkennt sein Nichtwissen, kommt dann aber durch weitere Fragen zur rechten Lösung. Nach diesem Muster geschieht das Aufleuchten der Wahrheit im Gespräch. Die Partner kennen sie beide noch nicht. Aber sie ist da, beide kreisen um sie und werden von ihr geführt.

Die Arbeit des Suchens, aber mit dem Vertrauen des Findens, will Sokrates in Gang bringen. Er vergleicht (Theätet) dies Tun mit der Hebammenkunst. Theätet weiß keine Antwort, hält sich nicht für befähigt, sie zu finden, hat sie auch von anderen nicht erfahren, »und doch kann ich von dem Verlangen danach nicht loskommen«. »Du hast eben Wehen«, sagt Sokrates, »weil du nicht leer, sondern schwanger bist.« Und nun schildert Sokrates die Weise seines Gesprächs mit den Jünglingen. Wie eine Hebamme unterscheidet er, ob Schwangerschaft vorliegt oder nicht, vermag er durch seine Mittel Schmerzen zu erregen und zu lindern, die echte Geburt von der Geburt eines Windeis zu unterscheiden. So prüft er, ob der Geist des Jünglings eine Schein- oder Lügengeburt zutage bringt. Er selber sei unfruchtbar an Weisheit, darum sei der Vorwurf richtig, daß er nur frage. Denn »zu entbinden zwingt mich der Gott, selbst zu gebären hat er mir versagt.« Daher werden, die mit ihm verkehren, zwar anfangs scheinbar nur unwissender, aber nur weil sie vom Scheinwissen befreit werden. Dann machen »alle, denen Gott es vergönnt, im Verlauf unseres Verkehrs wunderbare Fortschritte, offenbar ohne von mir etwas gelernt zu haben. Die Entbindung aber ist des Gottes und mein Werk.«

Sokrates gibt nicht, sondern läßt den Andern hervorbringen. Wenn er dem scheinbar Wissenden sein Nichtwissen zum Bewußtsein bringt und dadurch das echte Wissen ihn selber finden läßt, so gewinnt der Mensch aus einer wundersamen Tiefe, was er eigentlich schon wußte, aber ohne es schon wissend zu wissen. Damit wird gesagt: Erkenntnis muß jeder aus sich selbst finden, sie ist nicht wie eine Ware zu übertragen, sondern nur zu erwecken. Tritt sie auf, so ist es ein Wiedererinnern des gleichsam vorzeitlich schon Gewußten. Dies macht begreiflich, daß ich philosophierend suchen kann, ohne zu wissen. Ein sophistischer Gedanke war: ich kann nur suchen, was ich weiß; weiß ich es, so brauche ich es nicht zu suchen; weiß ich es nicht, so kann ich es nicht suchen. Philosophierend dagegen suche ich, was ich schon weiß. Aber ich weiß es nur im Unbewußtsein gleichsam vorzeitlicher Erinnerung und möchte es nun wissen in der Helligkeit des gegenwärtigen Bewußtseins.

Daher ist Sokrates' Fragen, Zersetzen, Prüfen getragen von dem Vertrauen, daß im Denken, das redlich bleibt, mit Gottes Hilfe das Wahre durch eigene Einsicht zur Gegenwart gelangt. Nicht das nichtige Denken mit Worten führt dahin, wohl aber das gehaltvolle Denken aus dem Grunde. Daher das Vertrauen.

Zweitens: Sokrates glaubte an die Götter der Überlieferung, opferte, folgte der Autorität Delphis, nahm teil an den Festen. Das nicht zu Machende, nicht zu Wollende, woraus alles Wollen und Denken seinen Gehalt hat, dies kann verschüttet oder umgangen werden, wie viele Sophisten es taten. Oder es ist möglich, in ihm zu atmen, ihm in Ehrfurcht zu folgen, dort den Grund zu spüren, ohne den alles bodenlos wird. So tat es Sokrates. Daher die große, herrliche, ihrer selbst bewußte »Naivität« des Sokrates im Herkommen aus einer geschichtlich gegründeten, aus der Tiefe des Seins unbegriffen entspringenden Selbstverständlichkeit. Wo die eigene Einsicht keine Entscheidung bringt, da gehört es sich, zu folgen dem Gottesglauben der Väter, den Gesetzen des Staates.

Sokrates bleibt untrennbar verbunden mit dem Staat seiner Herkunft, dem Staate Solons, der Perserkriege, des Perikles, dem Staate unvordenklich gegründeter und immer wieder befestigter Gesetzlichkeit, durch die allein sein Leben möglich ist. Daher die Gesetzestreue des Sokrates. Er verweigerte im Arginusenprozeß, die Abstimmung vornehmen zu lassen, da diese unter den gegebenen Bedingungen ungesetzlich war. Er verweigerte es, durch Flucht aus dem Gefängnis sich den Gesetzen zu entziehen, die als solche bestanden, auch wenn innerhalb ihrer das Unrecht geschah. Nichts konnte ihn irremachen. Die Tyrannis der Dreißig verbot ihm die Lehrtätigkeit, die Demokratie tötete ihn. Er gehörte keiner Partei. Aber unbeirrbar hielt er am Gesetzesgedanken in der geschichtlichen Gestalt der athenischen Polis. Sokrates, der sich an den Einzelnen wandte, die persönliche Verantwortung zur unbedingten machte, alles der kritischen Prüfung unterwarf unter dem Richterstuhl der dem Einzelnen in redlichem Denken sich zeigenden Wahrheit, wollte weder wie Alkibiades den Staat zum Werkzeug persönlichen Machtwillens machen, bereit, auch gegen den Staat zu handeln, in dem er geboren wurde, noch bodenloser Weltbürger werden. Er hätte nie daran gedacht, wie Äschylos im Alter nach Sizilien, wie Euripides nach Makedonien zu gehen, erbittert gegen den heimatlichen Staat. Er wußte sich im Dasein fraglos identisch mit Athen. In der Apologie läßt Plato ihn, vor die Wahl gestellt: Auswanderung oder Tod, den Tod wählen: »Ein schönes Leben wäre mir das, in solchem Alter auszuwandern und immer umhergetrieben eine Stadt mit der anderen zu vertauschen.« Im Kriton läßt er Sokrates die Gesetze beschwören. Nur durch sie besteht der Staat, durch sie ist Sokrates geboren aus gültiger Ehe zum athenischen Bürger, durch sie vermochte der Vater ihn zu unterrichten. Er hat, indem er nicht auswanderte und noch in der Gerichtsverhandlung den Tod der Landesverweisung vorzog, sich zu den Gesetzen bekannt. Darum beansprucht er nicht gleiches Recht gegen sie, sondern weiß sich verpflichtet, ihnen zu gehorchen. Wie dem Befehl, in den Krieg zu ziehen und sein Leben einzusetzen, so hat er sich dem richterlichen Urteil zu unterwerfen. Wie gegen Vater und Mutter darf er gegen das Vaterland nicht Gewalt brauchen, auch wenn er meint, daß es nicht Recht sei, was ihm geschehe.

Das unterscheidet Sokrates von den Sophisten. Während er einer der ihren scheinen kann durch die Rücksichtslosigkeit kritischer Infragestellung, so verläßt er selbst doch nie den geschichtlichen Boden, in frommer Anerkennung der Gesetze der Polis, deren Sinn er denkend sich deutlich macht. Zuerst soll der Grund bejaht werden, auf dem ich stehe, aus dem ich komme, der jederzeit gegenwärtig bleibt, ohne den ich ins Nichts gleite.

Das ist das Denkwürdige und Eigentümliche des Sokrates: er treibt die Kritik ins Äußerste und lebt doch ständig unter einer absoluten Instanz, die heißen kann das Wahre, das Gute, die Vernunft. Sie bedeutet eine unbedingte Verantwortung des Denkenden; er weiß nicht wovor und spricht von Göttern. Was auch in der Realität erfolgen mag, hier bleibt ihm der feste Punkt. Er zerrinnt nicht im endlosen Anderswerden der Dinge.

Kommt aber dann das Unheil, überfällt ihn, was nicht Recht ist, vernichtet ihn die eigne Polis, so lebt er nach dem Satze: Unrecht leiden ist besser als Unrecht tun. Sokrates kennt kein Sichaufbäumen gegen seinen Staat, gegen Welt und Gott. Das Unheil wird ihm kein Gegenstand der Frage in dem Sinn, daß Gott einer Rechtfertigung bedürfe. Er geht in den Tod ohne Empörung und ohne Trotz. Weder die Verzweiflung der Theodizeefrage, noch ihre tröstende Lösung gibt es bei ihm. Vielmehr lebt er in der Gelassenheit aus der unabhängigen Selbstgewißheit des Rechtes. Gleichgültig ist es, wie die Glücksgüter in der Welt verteilt sind, das allein Wesentliche ist das Leben nach der Norm des Wahren, die im Denken sich erhellt. Will der Mensch eine Garantie, ein Wissen, eine Glaubenserkenntnis von Gott, von der Unsterblichkeit, von dem Ende aller Dinge, so verwehrt sie Sokrates. Des Menschen Sinn ist es, es darauf hin zu wagen, daß das Gute sei. Das positive Nichtwissen weist immer wieder an den Punkt, wo ich ich selbst bin, weil ich das Gute als das Wahre erkenne, und wo es an mir liegt, daß ich es tue.

Drittens: Was in der konkreten einmaligen Situation getan werden solle, das läßt sich für Sokrates nicht in jedem Falle durch das rechte Denken begründen. Die Götter kommen zu Hilfe. Diese Hilfe ist die Grenze, an der es Gehorsam ohne Einsicht gibt. Sokrates berichtet von dem Daimonion, das in entscheidenden Augenblicken seit der Kindheit zu ihm gesprochen hat: »Es ist eine Stimme, die sich immer nur in abmahnendem Sinne vernehmen läßt, um mich von einem Vorhaben abzubringen, niemals aber in zuredendem Sinne.« Diese Stimme verwehrte es ihm z. B. jedesmal, wenn er in die politische Öffentlichkeit gehen wollte. Angesichts von Schülern, die ihn verlassen hatten und dann wieder Verbindung mit ihm suchten, verbot dies Daimonion bei einigen den weiteren Umgang, bei andern ließ es ihn zu. Merkwürdig und ermutigend war für ihn das Schweigen der Stimme während seines Prozesses: »Die gewohnte Stimme, die dämonische, war in der ganzen letzten Zeit immer sehr rege und warnte mich auch bei ganz geringen Anlässen, wo ich etwa im Begriffe war, das Rechte zu verfehlen. Eben jetzt aber ist mir doch etwas widerfahren, was man wohl für der Übel größtes halten dürfte (das Todesurteil). Gleichwohl trat das göttliche Zeichen mir weder heute früh beim Verlassen meiner Wohnung warnend entgegen, noch bei meinem Gang hierher auf das Gericht, noch an irgendeiner Stelle meiner Rede, wenn mir etwas auf der Zunge lag; ... unmöglich konnte mir das gewohnte Warnungszeichen ausbleiben, wenn mein Vorhaben nicht ein glückliches gewesen wäre« (Apologie). »Vor mir hat es schwerlich« – meint Sokrates – »irgendeinen gegeben, dem eine solche Warnerstimme zuteil geworden wäre« (Staat).

Die Stimme bringt keine Erkenntnis. Sie treibt zu keiner bestimmten Handlung an. Sie sagt nur Nein. Und sie spricht kein allgemeines Nein, sondern für diese Situation. Sie verwehrt ein Sprechen, ein Tun, das zum Unheil ist. Und Sokrates folgt dieser verbietenden Stimme ohne Einsicht. Sie ist keine objektive Instanz, sondern inkommunikabel. Sie ist nur für das Tun des Sokrates selbst, nicht für andere. Auf sie kann er sich nicht berufen zur Rechtfertigung, sondern nur von ihr berichten als Hinweis.

5. *Der gerichtliche Prozeß:* Sokrates' Leben ist kein dramatisches Leben mit einziger Ausnahme des Endes. Sein Prozeß wegen Gotteslästerung führte zum Todesurteil. Dieser Ausgang war kein Zufall, er hatte eine lange Vorgeschichte. Aristophanes' »Wolken« (423) zeigen einen Sokrates, der Naturphilosophie treibt, sich mit den himmlischen Erscheinungen und den Dingen unter der Erde befaßt, die überlieferten Götter leugnet, an ihre Stelle die Luft und die Wolken setzt, die Kunst lehrt, eine Sache, auch wenn sie ungerecht ist, durchzusetzen, und der für seinen Unterricht Geld nimmt. Von allem hat der uns bekannte Sokrates das Gegenteil getan. In der Folge mehrten sich die Vorwürfe: Sokrates verführe zum Nichtstun, benutze die Interpretation von Dichtern, um verbrecherische Lehren darauf zu gründen, er habe zu Schülern so volksfeindliche Menschen wie Alkibiades und Kritias gehabt. Das so erstaunlich unwahre Bild kann seinen Grund

darin haben, daß der jüngere Sokrates tatsächlich in Naturphilosophie und Sophistik zu Hause war, vor allem aber darin, daß er als Repräsentant der neuen philosophischen Bewegung überhaupt galt, gegen die die Volksstimmung sich wehrte. Das Volk verwechselte den Überwinder der Sophistik mit dieser selber. Denn die Weise dieser Überwindung durch das neue Ethos des Denkens war unerträglich. Sokrates fragte unablässig, er zwang hin zu den Grundfragen des Menschen, ohne sie zu lösen. Die Verwirrung, ein Bewußtsein von Unterlegenheit, und der Anspruch, der von ihm ausging, erzeugten Ärger und Haß. Eine der Reaktionen ist die des Hippias: »Du möchtest immer nur andere ausfragen und in die Enge treiben und selbst niemand Rede stehen und über nichts deine Meinung preisgeben. Ich habe keine Lust, mich zum besten haben zu lassen ...« (Xenophon). So wurde Sokrates 399 vor Gericht gestellt mit der Anklage: Sokrates frevelt gegen die Gesetze, denn er glaubt nicht an die vaterländischen Götter, huldigt einem Glauben an eine neue Art von Dämonischem, verführt die Jugend.

Offenbar hat Sokrates die Anschuldigungen durch Jahrzehnte ignoriert. So lange er lebte, gab es keine Literatur, die seine Philosophie verteidigte. Er selbst schrieb kein Wort. Er hatte sich nicht vornehm zurückgezogen, nicht in geschlossenen Kreisen eine Schule gepflegt, sondern sich ständig der breiten Öffentlichkeit auf der Straße ausgesetzt. Wenn auch immer nur im Gespräch mit Einzelnen, er ließ den Athenern keine Ruhe.

Die Verteidigung des Sokrates gipfelt in dem Satz, Gott habe ihm den Auftrag gegeben, sein Leben der eigenen Prüfung und der der anderen zu widmen. »Mir ist diese Aufgabe von der Gottheit zugewiesen durch Orakel, durch Träume und durch alle möglichen Zeichen, durch welche überhaupt der göttliche Wille dem Menschen kundgegeben wird.« Diesen Auftrag habe er angenommen. Daher habe er auf diesem Posten auszuharren, habe weder der Gefahr noch des Todes zu achten. »Ich werde mehr dem Gotte gehorchen als euch, und solange ich noch Atem und Kraft habe, werde ich nicht aufhören, der Wahrheit nachzuforschen und euch zu mahnen und aufzuklären und jedem von euch, mit dem mich der Zufall zusammenführt, in meiner gewohnten Weise ins Gewissen zu reden: Wie, mein Bruder, um Einsicht, Wahrheit und möglichste Besserung deiner Seele kümmerst du dich nicht und machst dir darüber keine Sorge?«

Seine Verteidigung schreitet zum Angriff gegen die Richter: »Wenn ihr mich hinrichtet, werdet ihr euch selbst größeren Schaden zufügen als mir.« Ihn können sie zwar ums Leben bringen, in die Verbannung treiben, der Bürgerrechte berauben. Manche mögen das für ein großes Unglück halten. »Ich dagegen halte nicht dies für ein Übel, sondern die Handlungsweise, ungerechterweise einen Menschen ums Leben zu bringen.« Die Athener würden sich versündigen an dem von Gott mit der Sendung des Sokrates ihnen gewährten Geschenk: »Denn nehmt ihr mir das Leben, so werdet ihr nicht leicht einen anderen dieser Art finden, der, mag es euch lächerlich klingen, der Stadt geradezu als Zuchtmittel von der Gottheit beigegeben ist ..., der nicht müde wird, euch zu wecken, zu mahnen, zu schelten ... Doch vielleicht werdet ihr, ähnlich einem durch eine Bremse aus dem Schlummer Geweckten, in euerem Ärger auf mich losschlagen, ... um dann euer weiteres Leben zu verschlafen.« Nun aber gar, wie es üblich sei, die Richter unter Tränen anzuflehen, das sei nicht anständig, nicht recht, nicht fromm. »Denn der Richter ist nicht dazu gesetzt, das Recht zu verschenken, sondern zu beurteilen, nicht sich gefällig zu erweisen, sondern Recht zu sprechen nach den Gesetzen.«

Der Tod des Sokrates hat sein Bild und seine Wirkung bestimmt. Er ist der Märtyrer der Philosophie. Aber das Urteil vom Justizmord der athenischen Demokratie an ihrem größten Bürger ist auch in Frage gestellt worden: Sokrates habe sich durch eine gehörige Verteidigung ohne Schwierigkeit retten können. Sokrates habe überheblich, in seinem Trotz auf Menschenkraft, die Richter verhöhnt. Er habe keine der Brücken beschritten, die man ihm baute. Er habe sich der Hinrichtung nicht durch die leicht mögliche Flucht entzogen. Er habe keinerlei Bereitschaft gezeigt, sich den ungeschriebenen Konventionen der Gemeinschaft zu fügen. Sokrates habe seinen Tod selber bewirkt, er habe ihn gewollt; es sei kein Justizmord, sondern ein Justizselbstmord. Solche Auffassung, die statt des Mörders den Ermordeten für schuldig erklärt, verkennt, daß Sokrates die göttliche Berufung zum Wirken für die Wahrhaftigkeit nicht in einer gehörigen Anpassung an die durchschnittliche Unwahrhaftigkeit verloren gehen ließ. Er war ein echter Märtyrer, das heißt Zeuge.

Aber jene Argumente gegen die These vom Justizmord sind doch beachtenswert nicht zur Beurteilung des Sokrates, sondern des Lesers der Texte über ihn. Wie alles Sokratische ist auch seine Verteidigung für das Verstehen durch uns Spätere nicht ohne Gefahr. Jene Verteidigung ist nur gültig mit dem Philosophieren des Sokrates. Abstrakt ver-

genau! Das ist das wahre Leben, die Bestimmung der Frau!

standen führt sie den Leser in eine falsche innere Verfassung, bringt ihn zu Empörung, Trotz, falscher Erbaulichkeit. Der Leser selber wird, statt in die Sokratische Grundhaltung einzutreten, vielmehr stolz, er selber wird überheblich, indem er den Sokrates unwillkürlich als überheblich versteht. Er freut sich an der Beleidigung des Volkes und der Richter. Er irrt sich, indem er allgemeine Regeln aus Sokrates' Apologie ableitet, sie zum abstrakten Vorbild macht. Nur wer sokratisch denkt, könnte wie Sokrates ohne Falschheit handeln und sterben. Schon Plato würde es nicht wie Sokrates getan haben.

Eine andere Auffassung ist die zuerst von Hegel begründete: Athen hatte Recht, denn es behauptete seine Substanz; Sokrates hatte Recht, denn er führte ein neues Zeitalter herauf, das die Zerstörung jener Substanz voraussetzte. Solche Verabsolutierung von Geschichte und solche ästhetische Objektivierung im tragischen Konflikt scheint dem Ereignis des Sokrates durchaus unangemessen. Die gewaltige Verwandlung des Geistes der Zeitalter bedeutet nicht das absolute Recht jedes Zeitalters und damit mehrerer Rechte. Durch alle Zeitalter geht das für Menschen Gültige, wenn Menschen als Menschen in Erscheinung treten. Was getan wird, steht vor einem höheren Gericht als dem einer geschichtlichen Auffassung. Was wahr und gut ist und was falsch und niederträchtig ist, darf nicht in tragischer Sicht verschleiert werden.

Eine Versöhnung mit der Hinrichtung des Sokrates ist nicht möglich außer durch ihn selbst. Er starb ohne Trotz und ohne Anklage: »Ich hege keinen besonderen Groll gegen meine Verurteiler und gegen meine Ankläger« – das war sein letztes Wort. Er ist überzeugt: für einen rechtschaffenen Mann gibt es kein Übel, und seine Sache wird von den Göttern nicht im Stich gelassen.

Sein vorletztes Wort aber war: »Ich verkünde euch Männern, die ihr mich hingerichtet habt: es wird alsbald nach meinem Tode eine Strafe über euch kommen. Die Zahl derer, die von euch Rechenschaft fordern, wird größer werden, bisher habe ich sie zurückgehalten. Sie werden euch um so gefährlicher werden, je jünger sie sind. Wenn ihr nämlich glaubt, durch Hinrichtung von Menschen den Schmähungen gegen euren unlauteren Lebenswandel Einhalt zu tun, so seid ihr im Irrtum.«

6. *Die Platonische Verklärung des Sokrates:* Das Bild des Sokrates in Platos Dialogen ist kein Bericht im Sinne historischer Realität der Szenen, Gesprächsführungen, Sätze. Wenn aber kein Bericht, ist es doch nicht nur Dichtung. Was Plato erfand, war im Sinne dieser Wirklich-

Das ist auch meine Frage !,

keit erfunden, der Wirklichkeit dieser geheimnisvollen Denkerpersönlichkeit, für die es keine Parallele gibt. Dieses Bild wird uns durch die Gesamtheit der Dialoge, die einander ergänzen, gegenwärtig. Wenn man besondere Gestalten in der zeitlichen Folge der Dialoge, wie später in den Plastiken unterscheiden möchte, so sind diese doch als Modifikationen einer Einheit zusammengehalten. Dieses Ganze, vielseitig sich Entfaltende ist die verklärte Realität selber. Hier wird es sinnwidrig, nach Realität als historisch-philologisch zu eruierender Tatsächlichkeit, die unter dem Maßstab der Photo- und Phonographierbarkeit steht, zu fragen. Wer die historische Realität leugnet, ist durch Beweise nicht zu überzeugen. Es mußte Plato dasein, um die Wirklichkeit des Sokrates zu sehen und mittelbar zu machen. Was Plato gesehen hat, dürfen wir durch ihn mit ihm sehen: Sokrates vor dem Sterben (Apologie, Kriton, Phaidon) – und im Leben (Symposion, Phaidros).

Das *Sterben des Sokrates* gibt das Bild der heiteren Gelassenheit im Nichtwissen, erfüllt von einer unaussprechlichen Gewißheit.

Nichtwissen ist Grund und Ende alles Sprechens vom Tode. Sokrates bedenkt: Die den Tod fürchten, bilden sich ein zu wissen, was man nicht weiß. Vielleicht ist er das größte Glück, und sie fürchten ihn, als ob sie wüßten, daß er das größte Übel sei. Möglichkeiten lassen sich durchdenken: Entweder ist der Tod soviel als nichts, ohne Empfindung von irgend etwas, wie ein Schlaf ohne Traum; die ganze Zeit scheint dann nicht länger als eine Nacht des schönsten Schlafes. Oder aber der Tod ist die Auswanderung der Seele an einen anderen Ort, dorthin, wo alle Verstorbenen sind, wo gerechte Richter die Wahrheit sprechen, wo die ungerecht Gerichteten und zu Tode Gebrachten angetroffen werden, wo ein Weiterleben ist im Gespräch, um immer noch zu erforschen, wer weise ist, und wo die unbeschreibliche Glückseligkeit erfüllt wird, mit den besten Menschen zu sprechen. Wie es auch sei mit dem Tode, für den guten Menschen gibt es kein Übel, weder im Leben noch im Tode.

Sokrates, der gleich den Schierlingsbecher trinken soll, möchte seine Freunde überzeugen, daß er seine gegenwärtige Lage nicht für ein Unglück halte. An die Sage von den Schwänen erinnernd, die singend sterben, sagt er den Klagenden: es ist, »als hieltet ihr von meiner Wahrsagekunst weniger als von der der Schwäne, die, wenn sie das Nahen des Todes spüren, am meisten und kräftigsten singen aus Freude darüber, daß sie nun im Begriffe sind, zu dem Gott zu gelangen, dessen

Keinen blöden Kommentar!
Du hast es ja gut gemacht, da kann man
nix sagen.

Diener sie sind« ... »Ich aber glaube, selbst auch ein Dienstgenosse der Schwäne und demselben Gott geweiht zu sein und ebenso starke Seherkraft von meinem Herrn empfangen zu haben und ebenso wohlgemut wie sie aus dem Leben zu scheiden.«

Wenn Sokrates die Unsterblichkeitsbeweise entwickelt, so scheint die Gewißheit der Unsterblichkeit der Seele, »die über allen Zweifel erhaben ist«, der Grund der Ruhe zu sein. Aber dieses Unbedingte der Unsterblichkeit ist von der Art, daß die Zweifelsfreiheit im Rechttun liegt und im denkenden Suchen der Wahrheit. Die »Beweise« sind nachträgliche Vergewisserungen. Als rational bewiesen ist die Gewißheit kein Besitz. Vielmehr spricht Sokrates ausdrücklich von dem »Wagnis«, auf die Unsterblichkeit hin zu leben. Denn die Unsterblichkeitsvorstellungen sind »ein vollberechtigter Glaube, wert, daß man es wagt, sich ihm hinzugeben. Denn das Wagnis ist schön, und der Geist verlangt zur Beruhigung dergleichen Vorstellungen, die wie Zaubersprüche wirken.« Um aber jede Gewißheit als Besitz des Wissens zu verwehren, bringt Sokrates alles wieder in die Schwebe einer heiteren Grundstimmung: »Wenn, was ich sage, wahr ist, so ist es gut, davon überzeugt zu sein; hat aber der Gestorbene nichts mehr zu erwarten, so falle ich doch wenigstens diese letzten Stunden vor dem Tode den Anwesenden nicht durch Klagen zur Last. Diese meine Unwissenheit wird aber nicht lange andauern.«

Kriton fragte Sokrates, wie er bestattet sein wolle. Seine Antwort: »Ganz wie es euch beliebt. Nur müßt ihr meiner noch habhaft sein und mich nicht entweichen lassen.« Dabei lächelte er ruhig und sagte: »Kriton will es mir nicht glauben, daß dieser Sokrates hier, der jetzt mit euch spricht, mein wahres Ich ist. Er glaubt vielmehr, ich sei jener, den er in kurzem als Leichnam sehen wird ... Also sage, daß es mein Leib ist, den du bestattest, wie es dir lieb ist und am meisten dem Brauche zu entsprechen scheint.«

Die Stimmung der Freunde um Sokrates in diesen Stunden vor seinem Tode ist wundersam gemischt aus Verzweiflung und Beschwingtheit. Sie sind durch Tränen und unbegreifliches Glück in eine unfaßliche Wirklichkeit gehoben. Sie wissen sich nicht klar zu werden in der Seligkeit des Glaubens mit Sokrates und in dem unendlichen Schmerz, den einzigen Mann zu verlieren.

Für Sokrates hat der Tod nichts Tragisches. »Ihr nun, Simmias und Kebes und ihr anderen, werdet späterhin, jeder in seiner Zeit, dahin aufbrechen; mich aber ruft, würde ein tragischer Dichter sagen, schon jetzt das Schicksal.« Das heißt: der Termin des Todes ist gleichgültig geworden. Sokrates ist der Zeit überlegen.

Daß die Freunde klagen, verwehrt er. »Man muß in andächtigem Schweigen von hinnen gehen. Also schweiget und haltet an euch.« Denn Gemeinschaft sucht Sokrates im ruhigen Wahren; Klagen aber verbindet nicht. Xantippe wird freundlich verabschiedet, das Jammern ist ihm fremd geworden. Der Aufschwung der Seele gelingt im Denken, solange es zu vollziehen vergönnt ist, nicht in der gedankenlosen Hingabe an den Schmerz. Wohl werden wir Menschen im Dasein von solchem Schmerz überwältigt und klagen. Aber es muß aufhören im Vorletzten; im Letzten muß es abfallen zur Ruhe des Hinnehmens, des Einverständnisses mit dem Schicksal. Sokrates ist dies große Beispiel: wo der vernichtende Schmerz gehörig erscheint, erwächst die große, liebende, die Seele öffnende Ruhe. Der Tod ist nicht mehr wichtig. Er wird nicht verschleiert, aber das eigentliche Leben ist nicht Leben zum Tode, sondern Leben zum Guten.

Während Sokrates angesichts des Todes dem Leben schon ganz fern scheint, bleibt er doch liebend zugewandt jeder kleinen menschlichen Wirklichkeit, so der Güte und Sorgfalt des Gefangenenwärters. Er denkt an die Gehörigkeiten: »Es dürfte ratsam sein, vor dem Trinken des Giftbechers ein Bad zu nehmen und den Weibern die Mühe zu ersparen, meinen Leichnam zu reinigen.«

Pathetik zergeht in der Sachlichkeit und im Scherz. Beide sind die Ausstrahlung der Ruhe. Die Seelenruhe Demokrits liegt auf der harmloseren Ebene eines selbstgewissen, tüchtigen, sich bescheidenden Menschseins. Sie hat nicht die Erschütterungen erfahren, in deren Durchstrahlung erst jene andere, tiefere, wissendere Ruhe des Sokrates erwachsen ist. Sokrates ist frei durch die Gewißheit im Nichtwissen dessen, woraufhin dieses ganze Leben und am Ende der Tod gewagt wurde.

Der Phaidon, mit der Apologie und dem Kriton, gehört zu den wenigen unersetzlichen Dokumenten der Menschheit. Die Menschen des Altertums, welche philosophierten, lasen ihn bis in späte Jahrhunderte und lernten an ihm, zu sterben in der Ruhe der Einmütigkeit mit dem eigenen, wenn auch noch so unheilvollen Schicksal.

Wir dürfen uns nicht täuschen über die kühle Atmosphäre dieser Haltung. Aber man kann diese Schriften nicht lesen, ohne ergriffen zu werden im Denken selber. Hier ist Anspruch ohne Fanatismus, höchste Möglichkeit ohne Verfestigung in Moral, Sichoffenhalten für den einzigen Punkt des Unbedingten. Bevor er diesen erreicht, soll der Mensch sich nicht preisgeben, in ihm aber vermag er ruhig zu leben und zu sterben. –

Sokrates im Leben ist bei Plato, trotz der Klarheit seiner Erscheinung, eine bis ins Leibliche geheimnisvolle Gestalt. Seine unverwüstliche Gesundheit ermöglicht ihm seine Bedürfnislosigkeit und seine Trinkfestigkeit. Nach durchzechter Nacht führt er ein tiefes philosophisches Gespräch mit Aristophanes und Agathon. Als auch diese beiden eingeschlafen sind, steht er auf und geht. »Er ging ins Lykeion, badete und brachte den ganzen Tag zu, wie er es sonst tat, und als er so getan, begab er sich abends nach Haus zur Ruhe.« – Aber sehr ungewöhnlich kann er sich benehmen. Auf dem Wege bleibt er zurück, nachsinnend, vor sich hinstarrend. Eine ganze Nacht kann er so dastehen. Als das Morgenrot kam, »betete er zur Sonne und ging fort«. – Er ist häßlich wie ein Silen und zugleich von einer bezaubernden Anziehungskraft. – Er ist unter keine Norm zu bringen, wunderlich (atopos), unfaßlich; was er ist und sagt und tut, scheint immer auch etwas anderes bedeuten zu können.

Was denn Sokrates sei, das läßt Plato im Gastmahl durch Alkibiades schildern, der im Rausch ungehemmt als ein adliger Jüngling, der im Leben dem Sokrates untreu geworden ist, hingerissen in ihm unbegreiflicher Liebe, von ihm zu ihm redet:

Ich behaupte, am ähnlichsten sei er jenen sitzenden Silenen, welche die Bildhauer darstellen, und wenn man sie öffnet, so zeigt sich, daß sie im Innern Götterbilder enthalten.

Wenn einer dich hört, so sind wir erschüttert und überwältigt. Ich wenigstens würde beschwören, was ich selbst von seinen Reden erlitt und auch jetzt noch erleide. Denn wenn ich sie höre, klopft mir das Herz viel stärker als den korybantischen Tänzern, und Tränen werden mir von seinen Reden entpreßt. Wenn ich hingegen Perikles und andere tüchtige Redner hörte, so fand ich, daß sie gut reden; solches aber erlitt ich nie, daß ich glaubte, ich könne nicht leben, da ich so bin, wie ich bin. Er zwingt mich einzugestehen, daß mir noch vieles fehlt, und ich doch mich selbst vernachlässige, aber Athens Geschäfte betreibe. Also gewaltsam wie vor den Sirenen die Ohren zuhaltend strebe ich zu entkommen. Denn er ist der einzige Mensch, von dem ich erfuhr, daß ich mich vor jemandem schäme. Und oftmals würde ich gern sehen, er weile nicht mehr unter den Menschen; wenn das aber geschähe, weiß ich wohl, würde ich noch viel betrübter sein.

Keiner von euch kennt ihn. Aber ich will ihn enthüllen. Ihr seht ja, daß Sokrates in die Schönen verliebt ist und immer um sie herum ist und durch sie ergriffen wird. Das ist nur seine äußere Umhüllung, wie beim ausgehöhlten Silen. Aber innen, wenn man ihn öffnet, was glaubt ihr, wie er strotzt von

Vernunft. Wisset, daß es ihn gar nicht kümmert, ob einer schön ist, noch ob einer reich, noch ob er einen anderen der von der Menge verhimmelten Vorzüge hat. Er erachtet nämlich alle diese Güter für nichts, sagt es aber nicht, sondern treibt seine Ironie und sein Spiel das ganze Leben hindurch mit den Menschen. Ob aber jemand die Götterbilder seines Innern gesehen hat, wenn er ernst und aufgeschlossen war, weiß ich nicht. Ich aber habe sie einmal gesehen, und mir schienen sie so göttlich und golden zu sein und vollendet schön und wunderbar.

Vom verklärten Bild, das Plato gibt, ist das nüchterne Bild, das Xenophon darstellt, sehr verschieden, aber nicht im Wesentlichen widersprechend. Xenophon sieht Erscheinungen der Vordergründe, Plato die Tiefe. Xenophon zeigt einen moralischen Menschen, der aus der Liberalität des Menschenkenners des Rigorismus entbehrt. Plato sieht das Menschliche einer unerschöpflichen Natur und darin mehr als Natur. Xenophon sieht lauter Einzelheiten und einzelne Gedanken, sieht Tüchtigkeit und Gesundheit und Verständigkeit, ist bereit, das Fehlerhafte in Sokrates mit gleicher Verständigkeit zu beurteilen, findet aber nichts. Plato dringt in die Mitte des Sokratischen Wesens, das im Gleichnis fühlbar zu machen ist, in seinen Erscheinungen nur symbolisch faßbar wird, und er steht vor den Grenzen, wo das Urteil aufhört in der Anschauung des Außerordentlichen. Xenophon weiß Bescheid, er hat den Sokrates, indem er alles von ihm sammelt und berichtet. Plato ist ergriffen und gerät durch Sokrates in eine Bewegung, die erst durch das ganze Platonische Leben zutage bringt, was alles in der Wirklichkeit und Wahrheit des Sokrates lag. Xenophon schildert einen etwas pedantischen Rationalisten, der an das Nützliche denkt, Plato den im Denken vom Eros Gelenkten, der das Licht des schlechthin Guten denkend berührt. Beide bleiben beim Menschen, beide vergöttern nicht; aber der Mensch selbst und seine mögliche Wahrheit ist bei Xenophon ein durchsichtiges, erschöpfbares rational-moralisches Wesen, bei Plato ein aus unerschöpfbarer Tiefe sprechendes, im Aufschwung aus der Unergründlichkeit ins Unergründliche hin lebendes Wesen.

7. *Wirkungsgeschichte:* Der Tod des Sokrates ließ seine philosophische Wirkung explosiv zutage treten. Der Kreis der Freunde des Sokrates war, angesichts des ungeheuren Ereignisses, nun ergriffen von der Aufgabe, über Sokrates Kunde zu geben, für Sokrates zu zeugen, im sokratischen Geist zu philosophieren. Jetzt entstand die sokratische Literatur, deren größte Erscheinung Plato ist. Die Voraussage des Sokrates behielt recht: seine Freunde würden keine Ruhe lassen. Obgleich kein Werk des Sokrates vorlag, keine Lehre, noch weniger ein

System, begann die stärkste Bewegung der griechischen Philosophie. Sie dauert bis heute.

Aber nun ist das Merkwürdige: Sokrates spiegelt sich in seinen Schülern gar nicht eindeutig. Es entsteht keine Schule, sondern eine Mehrheit von Schulen. Alle beziehen sich auf Sokrates als den Ursprung. Es verwirklicht sich eine Welt gedanklich sich widersprechender Möglichkeiten. Die Gestalt des Sokrates selber wird mannigfaltig. Gemeinsam ist nur: sie alle haben in der Berührung mit Sokrates erfahren, daß sie anders wurden. Was mit Sokrates' Tod sogleich begann und nie aufhörte und eine Einmütigkeit über seine Wirklichkeit bis heute unmöglich macht, das ist diese unaufhebbare Vielfachheit seiner Wirkung.

Der eine Punkt, der aus sich die Vielfachheit gebiert, ist das Denken. Durch Denken wurden die von Sokrates Getroffenen zu anderen Menschen. Dieses Denken verleiht die Unabhängigkeit im Einswerden mit dem, worauf alles ankommt. Im Denken ergreifen wir Menschen unsere höchste Möglichkeit, durch Denken geraten wir aber auch ins Nichts. Denken ist Wahrheit nur, wenn es in sich birgt, was durch es gegenwärtig wird, aber mehr ist als das Denken. Plato nennt es das Gute, die Ewigkeit des Seins; aber das ist eine wundervolle Platonische Deutung des Sokrates. Durch Sokrates ist das Denken zutage getreten mit höchstem Anspruch und höchster Gefahr. Mit ihm in Berührung zu kommen, hat jene Beflügelung zur Folge, die alle Sokratiker erfahren haben. In der Denkungsart fand sogleich nach Sokrates die Zersplitterung statt. Glaubten alle, das Sokratische Denken zu haben, und hatte es niemand? Liegt hier die unaufhörliche Bewegungskraft, die bis heute nicht ans Ziel gelangt, aber ins Unabsehbare zu steigern vermag?

Man zählt die sokratischen Schulen auf: Während Xenophon nur berichtet, sind sie durch die Verwirklichung bestimmter Denkungsweisen charakterisiert: Die Megariker (Eukleides) entwickelten die Logik und Eristik, erfanden die bedeutungsvollen Fangschlüsse (Lügner), unter ihnen Diodoros Kronos die Wunderlichkeiten des Möglichkeitsgedankens. – Die elische Schule (Phaidon) machte dialektische Untersuchungen. – Die kynische Schule (Antisthenes) ging den Weg der Bedürfnislosigkeit und inneren Unabhängigkeit, der Verneinung von Bildung und Kultur. Ihr entstammte Diogenes von Sinope. – Die kyrenaische Schule entwickelte die Ethik aus der Natur und den Bedingungen der Lust, den »Hedonismus«. – Plato, der allen Einseitigkeiten gegenüber durch Umfang und Tiefe und Entwicklungsfähigkeit den großen Strom sokratischen Philosophierens in die Zukunft leitete, gerät nicht in eine jener Sackgassen. – Keine dieser Philosophien ist die des Sokrates. Alle müssen als eine Möglichkeit in seinem Denken angelegt sein, das sich im Widerschein dieser vielen Bilder spiegelt.

Anders in der Folgezeit. Die Bilder des Sokrates haben sich vor seine Wirklichkeit gelegt, die nur durch sie hindurch schimmert. Darum konnten viele, fast alle Philosophen der Antike, trotz ihrer Feindschaft untereinander, in Sokrates die Inkarnation des Ideals des Philosophen sehen. So stand er einzig da durch die Jahrhunderte.

Den Kirchenvätern galt Sokrates als hoher Name. Sie sahen in ihm den Vorläufer der christlichen Märtyrer, er starb wie diese für seine Überzeugung, wurde wie sie des Verrats des überlieferten Götterglaubens bezichtigt. Mehr noch: Sokrates wird neben Christus genannt. Sokrates und Christus stehen zusammen gegen die griechische Religion (Justin). »Es gibt nur einen Sokrates« (Tatian). Origenes sieht Gemeinsamkeiten zwischen Sokrates und Jesus. Sokrates' Einsicht in das Nichtwissen bereitet zum Glauben vor (Theodoret). Die Selbsterkenntnis des Sokrates ist der Weg zur Gotteserkenntnis. Sokrates sah, daß nur mit reinem Geiste, unbefleckt von irdischen Leidenschaften, der Mensch an das Göttliche sich heranwagen könne. Er gestand seine eigene Unwissenheit. Weil aber keine Klarheit über das höchste Gut aus seinen Unterredungen zu gewinnen war, weil er überall nur anregt, verficht und wieder umstößt, entnehme daraus jeder, was ihm zusagt (Augustin).

Soweit die ersten christlichen Jahrhunderte im Schatten der Antike standen, galt auch Sokrates. Im Mittelalter erlosch der Glanz seines Namens. Gelegentlich kam er noch vor: Jehuda Halevi sah Sokrates als Vertreter der vollkommensten menschlichen Weisheit, der aber das Göttliche verschlossen ist. Seit der Renaissance tauchte Sokrates wieder auf. Mit dem unabhängigen Philosophieren wurde auch er wieder lebendig. Erasmus konnte schreiben: Sancte Socrates, ora pro nobis. Montaigne sah das Sokratische Denken als Skepsis und Natürlichkeit, darin vor allem die Gelassenheit des Sterbenkönnens. In der Zeit der Aufklärung stand Sokrates da als der Denker der Unabhängigkeit und der sittlichen Freiheit. Für Mendelssohn war er der Mann der moralischen Vortrefflichkeit und der Beweise für Gott und die Unsterblichkeit (Phaidon). Doch das alles war nur Anfang. Erst Kierkegaard fand einen ursprünglichen Zugang zu Sokrates und in der modernen Welt die bisher tiefste Deutung des Sokrates, seiner Ironie und Mäeutik, seines Wirkens als Anlaß, das Wahre zu finden, nicht als Vermittler der Wahrheit. Nietzsche sah in Sokrates den großen Gegenspieler gegen den tragischen Gehalt des Griechentums, den Intellektualisten und Begründer der Wissenschaft, das Verhängnis des Griechentums. Er rang mit Sokrates sein Leben lang, ihm nah und für sein Bewußtsein sein radikalster Gegner. »Sokrates steht mir so nah, daß ich fast immer einen Kampf mit ihm kämpfe.« Was aus der Philosophie in Zukunft wird, muß sich auch in der Weise zeigen, wie Sokrates wirkt.

Man darf im Rückblick fast sagen, daß Sokrates, in seiner Realität bekannt und gar nicht bekannt, gleichsam der Ort wurde, in den Zeiten und Menschen hineinbildeten, was ihr eigenes Anliegen war: den gottesfürchtigen demütigen Christen, – den selbstgewissen Mann der Ver-

Ich bin gespannt, was Du mir zu sagen hast, was ich nicht

nunft, die Genialität der dämonischen Persönlichkeit, – den Verkünder der Humanität, – sogar gelegentlich den politischen Menschen, der unter der Maske des Philosophen seine Pläne zur Machtergreifung verbirgt. Er war dies alles nicht.

Etwas Neues brachte die moderne philologische Forschung. Sie arbeitet seit Schleiermacher am Bilde des Sokrates mit der Frage: Was ist auf Grund der Quellen von der historischen Realität des Sokrates zu erkennen? Sie entwickelt die Methoden der historischen Kritik und versucht, ihr Ergebnis in einem von Dichtung und Legende gereinigten Sokratesbild vor Augen zu stellen.

Das Ergebnis ist aber erstaunlicherweise keineswegs ein einmütig anerkanntes wissenschaftliches Sokratesbild. Vielmehr ist das Ergebnis die Klärung der Frage nach der Möglichkeit des historischen Bildes überhaupt und eine Vielheit sich bekämpfender Bilder. Vergeblich sucht man die kritischen Rekonstruktionen des Sokrates miteinander zu vereinigen. Der Quellenwert des Plato, Xenophon, Aristophanes, Aristoteles wird jeweils herausgehoben oder abgelehnt. Die radikalste Konsequenz hat Gigon gezogen: Da es keinen historischen Bericht über Sokrates gibt, sondern nur Dichtung, da keine schriftliche Aufzeichnung von Sokrates selbst je da war, ist es unmöglich, eine Philosophie des Sokrates zu konstruieren. Er erklärt es für unfruchtbar, sich durch das Rätsel des Sokrates faszinieren zu lassen. Zwar wird von ihm anerkannt, daß es nicht ganz Zufall gewesen sein kann, daß gerade Sokrates von Aristophanes zum Repräsentanten einer heillosen, aus Naturerkennen, Aufklärung und Sophistik gemischten Philosophie gewählt wurde, daß gerade Sokrates und nicht ein anderer Sophist 399 hingerichtet wurde, daß gerade er in einer an Rang und Umfang gleich bedeutenden Literatur zum Bilde des wahren Philosophen wurde. Aber warum, sagt Gigon, das wissen wir nicht. Wir müssen auf einen geschichtlichen Sokrates verzichten.

Dagegen stehen die Versuche, kritisch zu kombinieren, etwa nach der Formel Schleiermachers: »Was kann Sokrates noch gewesen sein neben dem, was Xenophon von ihm meldet, ohne jedoch den Charakterzügen und Lebensmaximen zu widersprechen, welche Xenophon bestimmt als sokratisch aufstellt? Und was muß er gewesen sein, um dem Plato Veranlassung und Recht gegeben zu haben, ihn so, wie er es tut, in seinen Gesprächen aufzuführen?« Die Gelehrten, die nicht verzichten wollen, sind auf den »historischen Takt« angewiesen, durch Vergleich und Kombination einen historischen Sokrates zu entwerfen.

Wenn Wissenschaft das Merkmal des Zwingenden hat, so hat hier die Wissenschaft entweder als Ergebnis ein Nichts, dessen Platz eine Ansammlung von Topoi und Anekdoten einnimmt, die auch sonst vorkamen und auf Sokrates übertragen sind, oder sie verleugnet sich, indem sie mehr herauszuholen behauptet, als die kritischen Methoden hergeben, und dann ist das Ergebnis die Vielheit unvereinbarer, aber als kritisch behaupteter Bilder, also keine wissenschaftliche Erkenntnis.

Sokrates ist dann z. B. Vorstufe zu Platos Philosophie, der Entdecker des Weges zum Begriff (Zeller nach Aristoteles); oder: er ist kein Philosoph, sondern sittlicher Revolutionär, Prophet, Schöpfer eines Ethos der Selbstbeherrschung und Selbstgenügsamkeit, der Selbstbefreiung des Menschen (Heinrich Maier); oder: er ist der Sokrates aller Dialoge Platos, der Schöpfer der Ideenlehre, der Unsterblichkeitslehre, des Idealstaats; alles, was Plato berichtet, ist historische Wahrheit (Burnet, Taylor). Diesen Positionen gegenüber gibt Werner Jaeger das vernünftige methodische Verfahren an: Sokrates hat von allem diesem etwas, aber unter Einschränkungen (insbesondere sind die philosophischen Lehren der späteren Platonischen Dialoge, angefangen mit der Ideenlehre, nicht dem Sokrates zuzusprechen;) von allem, was über Sokrates gedichtet und gedacht wurde, muß die Möglichkeit in Sokrates gegeben sein. Auszugehen ist von der außerordentlichen, unmittelbar bezeugten Wirkung des Sokrates. Damit weist Jaeger ebenso entschieden auf das Tatsächliche, wie er mit Recht über die Philologie, sofern sie Wissenschaft ist und zwingend beweist, hinausgeht.

8. *Die bleibende Bedeutung des Sokrates:* Jeder bewahrt nach dem Studium der Überlieferung ein Bild des Sokrates. In allem Schwebenden der Möglichkeiten, trotz Wissens der Ungewißheit setzt sich ein Bild des Sokrates fest, das wir für wirklich halten und nicht für fingierende Dichtung. Wenn Sokrates am Maßstab eindeutiger realer Anschaulichkeit verborgen scheint, so steht doch seine menschliche Gewalt, sein hinreißendes Wesen unumgehbar vor Augen. Es ist gar nicht möglich, sich kein Bild vom historischen Sokrates zu machen. Mehr als das: Sokrates vor Augen zu haben, ist eine der unerläßlichen Voraussetzungen unseres Philosophierens. Vielleicht darf man sagen: Kein Philosophieren heute ohne Sokrates, und sei er nur als ein blasser Schimmer aus ferner Vergangenheit fühlbar! Wie einer Sokrates erfährt, bewirkt einen Grundzug seines Denkens.

Ein unphilosophisches Verständnis des Sokrates ist schon unmittelbar nach seinem Tode aufgetreten und aus pseudoplatonischen Dialogen zu entnehmen:

Kleitophon macht Sokrates den Vorwurf: Du regst an, aber du zeigst nicht, was man tun soll. Die Gerechtigkeit und die Einmütigkeit unter Freunden zu loben, sei wohl schön. Und wahr sei es, zu sagen, es sei lächerlich, um alles andere Sorge zu tragen und seine Seele zu vernachlässigen. Aber nun wolle Kleitophon wissen, was das Werk der Gerechtigkeit sei, und höre nur: das Zuträgliche, das Pflichtgemäße, das Nützliche, das Vorteilhafte. Nie höre er den bestimmten Zweck. Daher fragt Kleitophon: Soll denn Anregung alles sein? Soll unser ganzes Leben hindurch unsere Aufgabe bleiben, die noch nicht Angeregten anzuregen und die dieser wiederum, bei anderen ein Gleiches zu tun? Kleitophon sagt daher zu Sokrates: Eine Anregung zum Streben nach der Tugend zu geben, darin tut es dir kein Mensch gleich. Für einen noch nicht zur Tugend Angeregten bist du alles wert. Aber für einen, der diese

Anregung schon empfangen, könntest du beinahe sogar zum Hindernis werden, zum höchsten Ziele der Tugend zu gelangen. Daher solle Sokrates ihm gegenüber von den bloß anregenden und vorbereitenden Auseinandersetzungen nunmehr ablassen und ihm das, was sich der Vorbereitung anschließen muß, mitteilen. Kleitophon will Anweisungen. – Hier zeigt sich in gutwilliger Form, was bis heute immer wiederkehrt. Man will von der Philosophie etwas, das sie nicht leisten kann, und spricht seine Enttäuschung aus. Man verlangt die Wahrheit geliefert zu bekommen, die nur im eigenen inneren Handeln des Denkens ursprünglich ergriffen werden kann.

Solcher Enttäuschung liegt eine andere Reaktion nahe. Man erzwingt das Begehrte, umkleidet Sokrates mit einer magischen Aura, läßt ihn zum Heiland oder zum Zauberer werden. Das ist im *Theages* geschehen. Hier heißt es: Im Umgang mit Sokrates machten Viele erstaunliche Fortschritte, wenn sie auch nur in demselben Hause mit ihm sich befanden, größere bei Anwesenheit im selben Zimmer, und mehr, wenn einer Sokrates anblickte, und am stärksten, wenn er unmittelbar neben ihm saß und ihn berührte. – Die Gewalt der erweckenden Gesprächsführung wird also verkehrt in die Magie einer erotisch gefärbten Gegenwart. Dem entspricht die Objektivierung des Sokratischen Daimonions zu einem Orakel. Es ist nicht mehr die immer nur verneinende Stimme allein für Sokrates, sondern ein ihm gegebenes Organ, das Sokrates zu Nutzen anderer verwenden soll. Einer kam zu Tode, weil er bei einem Vorhaben nicht der Stimme des Daimonions gehorchte, die Sokrates ihm mitgeteilt hatte.

Es scheint zunächst ein fast unscheinbarer Übergang in der Auffassung des Sokrates und damit der Philosophie. In der Tat aber ist ein Abgrund zwischen dem lebendigen Dasein der Vernunft in der Wirklichkeit des Sokrates und der von Legenden umrankten, im Besitz magischer Kräfte gebundenen Gestalt. Es ist das Große in der Wirkung des Sokrates, daß entsprechend seinem Wesen diese Ansätze zur Mythisierung stecken geblieben sind. Sie waren möglich, haben sich aber in der von Sokrates ausgehenden Nüchternheit der liebenden Vernunft nicht durchsetzen können.

Von Sokrates her wirkt die vollkommene Befreiung und zugleich das Geheimnis des Denkens. Seitdem ist die Naivität des Wissens nicht mehr möglich für den, der in dieses Denken eingeweiht ist. Dies befreite Denken ist sich nun selber zur großen Frage geworden. Der Anspruch, das Leben in dem zu gründen, was im Denken und nur im Denken aufgeht, den Vernunftglauben zum Ursprung und Maßstab werden zu lassen, ist nicht durch einen Besitz des Denkens als einer überblickten und verfügbaren Technik zu erfüllen. In der Folge hat zwar die Selbsterhellung des Denkens die Methoden des Erkennens und die logischen Operationen unterschieden und geklärt und gleichsam verfügbar gemacht und hat damit eine gewaltige Steigerung des Denkens ermöglicht. Aber immer bleibt der umfassende Grund des Denkens, ohne den das bloß logisch Begriffene zur Technik und in der Vielfachheit führungslosen Könnens sinnlos wird. Das Denken ist nicht abschließbar in einem vollendeten Denken des Denkens.

Dieses Sokratische Denken ist daher nicht die Begründung der »Wissenschaften«, die im ionischen Forschen längst tatsächlich gelungen war. Aber von diesem neuen Denken her bekamen die Wissenschaften einen bis dahin unbekannten Impuls.

Dieses Denken ist auch nicht die Begründung des philosophischen Lesens der Chiffernschrift des Seins, die von der vorsokratischen Philosophie in großem Stil vollzogen war. Aber im Sokratischen Denken fand dieses metaphysische Denken zugleich Umschmelzung und Rechtfertigung.

Naiv war das Denken der Vorsokratiker, reflektiert das Denken des Denkens seitens der Sophisten. Sokrates durchdrang beide in einer Helle, die wiederum die großartige neue Naivität war, aus der seit ihm dem Menschen, der sich in seinem Sich-bereit-Machen geschenkt wird, zu leben möglich ist. Sokrates hat mit der grenzenlosen Reflexion der Sophisten, die er sich zu eigen machte, nicht die Auflösung der menschlichen Substanz, sondern das Substantielle des Denkens selbst im inneren Handeln zu verwirklichen und zu erwecken gesucht.

Was Denken sei, das ist von jedem nachfolgenden Sokratiker ergriffen. Aber die Frage ist bis heute offen noch für die Praxis des wirklichen Denkens. Und niemand hat in theoretischem Bemühen angemessen zu sagen vermocht, was dieses Denken eigentlich sei.

Aber es ist immer Denken. Aristoteles hat mit der Kennzeichnung des Sokrates als des Erfinders des Begriffs (nämlich der aus dem Einzelnen hinführenden Rede und der Bestimmung des Allgemeinen) etwas festgehalten (mit Ausdrücken seines eigenen Denkens), was er selbst, nachdem Plato ihm die herrlichste Entfaltung verschafft hatte, vielleicht nicht mehr verstand.

Das Sokratische Denken ist übergreifend, ist gezogen von der Wahrheit, die nur in Formen wissenden Nichtwissens berührt wird, getragen von dem Vertrauen, daß sich dem redlichen Denken Wahrheit und Wirklichkeit zeigen. Daher vollzieht dieses Denken sich in einem Raum, der mehr als Denken bedeutet. Das Denken ist verantwortlich dafür, in sich selbst dieses Andere zu hören, und schuldig, wenn es abgleitet in bloße Gedanklichkeit von Begriffen und deren bodenloses Spiel.

Dieses Denken sieht sich vor zwei Irrwegen, die es zu meiden vermag. Es kann einerseits abgleiten in einen Moralismus als abstrakte Rechtfertigung des Richtigen. Es kann andrerseits seine Rechtfertigung aus dem Irrationalen suchen. Beides vermeidend bleibt es gerichtet auf die Denkbarkeit dessen, was als Gewißheit und Unantastbarkeit in jedem echten Denkakt gegenwärtig wird.

Es ist ein Denken, das dem Menschen nicht gestattet, sich zu verschließen. Es duldet nicht das Ausweichen dessen, der sich nicht zu nahe treten lassen will, macht unruhig den blinden Glückswillen, die Zufriedenheit im Triebhaften und die Enge in den Daseinsinteressen. Dieses Denken schließt auf und fordert die Gefahr in der Offenheit.

Im Wirkungskreis des Sokrates gibt es freie Selbstüberzeugung, nicht Bekenntnis. Hier ist Freundschaft in der Bewegung des Wahren, nicht Sektenbildung im Glauben möglich. In der Helligkeit des menschlich Möglichen begegnet Sokrates dem Anderen auf gleichem Niveau. Er will nicht das Jüngersein. Darum sucht er auch noch die Übermacht seines Wesens durch Selbstironie zu neutralisieren.

Buddha

Die Frage hatte ich befürchtet! Ich hatte mich von nun ab zu schweigen! außerdem, wozu braucht da Frau Intelligenz?

Quellen: Buddhistischer Kanon.
Literatur: Oldenberg. Beckh. Pischel.

Es gibt keinen Text, der mit Sicherheit Worte Buddhas wiedergibt. Das Dokument, in dem die ältesten erreichbaren Überlieferungen zu finden sind, ist der umfangreiche Pali-Kanon, darin vor allem das Dighanikaya (Franke). Die Forscher lehren uns den Bestand an Texten, die verschiedenen Ströme der Überlieferung im Norden und Süden, dann die erste historisch unmittelbar faßliche Realität: Asoka und seine buddhistische Wirksamkeit zweihundert Jahre nach Buddhas Tod. Die Forscher lehren uns weiter die großen Wandlungen des Buddhismus. Die Realität Buddhas soll kritisch gewonnen werden durch Abzug des offenbar Legendären und des erweisbar Späteren. Wie weit aber der Abzug gehen muß, das setzt keine zwingende Erkenntnis fest. Wer nur das zwingend Gewisse will, kommt mit seinen Abzügen bis dahin, wo nichts mehr übrigbleibt.

Voraussetzung für ein begründetes Bild von Buddha ist die Ergriffenheit von der fühlbaren Mitte alles dessen, was in den Texten, zwar nirgends sicher, aber im Wesentlichen überzeugend, auf Buddha zurückgeführt werden kann. Diese Ergriffenheit allein macht sehfähig. Daß hier der Widerschein einer persönlichen, einmaligen Wirklichkeit zu uns spricht, daß, wo der Widerschein ist, die Ausstrahlung wirklich gewesen sein muß, das ist dem einen ebenso evident, wie sie dem anderen, der sie leugnet, nicht zu beweisen ist. Noch in dem wunderbaren legendarischen Bild des in das kosmische Geschehen verwobenen übersinnlichen Buddha mag etwas von Entfaltungen und Symbolisierungen ursprünglich menschlicher Wirklichkeit liegen.

1. *Erzählung des Lebens:* Buddha (ca. 560–480) stammt aus dem Adelsgeschlecht der Sakya. Sie regierten mit anderen Geschlechtern einen kleinen Staat in Kapilavastu, nahe dem mächtigen Kosalareich. Die Landschaft liegt unter den Schneebergen des Himalaya, die dort das ganze Jahr von ferne leuchten. Der Knabe und Jüngling Gautama lebte das Glück des reichen irdischen Daseins dieser adligen Welt. Der frühen Ehe entsproß sein Sohn Rahula.

Dies Glück wurde erschüttert, als Gautama sich des Grundtatbestandes des Daseins bewußt wurde. Er sieht das Alter, die Krankheit, den Tod. Abscheu und Ekel gegen das häßliche Unheil des Leibes, sagt er sich, kommt mir nicht zu, denn auch ich werde altern, werde krank werden, werde sterben. »Indem ich also bei mir dachte, ging mir aller

muß ja gut sein!

Lebensmut unter.« Folge war sein Entschluß (der in Indien überlieferte Formen vorfand), Haus, Heimat, Familie und Glück zu verlassen, um durch Askese das Heil zu finden. Er war neunundzwanzig Jahre alt. Ein Bericht lautet: »Der Asket Gautama ist in jungen Jahren in blühender Jugendkraft, in der ersten Frische des Lebens von der Heimat in die Heimatlosigkeit gegangen. Der Asket Gautama hat, ob seine Eltern es gleich nicht wollten, ob sie gleich Tränen vergossen und weinten, sich Haare und Bart scheren lassen, gelbe Gewänder angetan.«

Durch Lehrer in den asketischen Übungen, dem Yoga, unterrichtet, übte er viele Jahre die Kasteiung in den Wäldern. »Wenn ich einen Rinderhirten sah oder einen, der Holz holte, dann stürzte ich von Wald zu Wald, von Tal zu Tal, von Höhe zu Höhe. Und warum? Damit sie mich nicht sähen und damit ich sie nicht sähe.« In der Einsamkeit wird die Meditation vollzogen: »Wahrlich, dies ist ein lieblicher Fleck Erde, ein schöner Wald; klar fließt der Fluß, mit schönen Badeplätzen; ringsum liegen Dörfer. Hier ist gut sein für einen Edlen, der nach dem Heile strebt.« An solchen Plätzen sitzt Gautama, auf den Augenblick der Erkenntnis wartend, »die Zunge gegen den Gaumen gedrückt«, mit Gewalt die Gedanken »festhaltend, festpressend, festquälend«.

Aber vergeblich. Die Kasteiungen führten nicht zur Erleuchtung. Gautama durchschaute vielmehr, daß das Wahre im Asketischen, das nur asketisch ist, verschleiert bleibe, der leere Zwang wirkungslos sei. Da tat er das für diesen indischen Glauben Ungeheuerliche: er nahm reichlich Nahrung zu sich, um seine Kraft wiederzugewinnen. Die befreundeten Asketen verließen den Abtrünnigen. Er war allein. Die Meditation übte er ohne Askese in ihrer Reinheit.

Eines Nachts unter einem Feigenbaum kam ihm in der Meditation die Erleuchtung. Dieser Durchbruch ließ, mit einem Male und ganz, im geistigen Schauen den Weltzusammenhang ihm klar vor Augen treten: was ist, warum es ist, wie die Wesen verschlungen sind in den blinden Lebensdurst auf den Irrwegen der Seele in immer neuen Wiedergeburten der endlosen Seelenwanderung, – was das Leiden ist, woher es kommt, wie es aufgehoben werden kann.

Diese Erkenntnis wird als Lehre ausgesprochen: Weder das Leben in Lust und Genuß der Welt, noch das Leben in der selbstquälerischen Askese ist das rechte. Jenes ist unedel, dieses leidensreich, beide führen nicht zum Ziele. Der von Buddha entdeckte Weg liegt in der Mitte. Er ist der Heilspfad. Dieser geht aus von dem sich selbst noch nicht durchsichtigen Glauben, daß alles Dasein Leiden sei, und daß es auf die Befreiung vom Leiden ankomme. Er führt über den Entschluß eines in Wort und Tat rechten Lebens zur Versenkung in den Stufen der Meditation und auf Grund dieser zur Erkenntnis dessen, was im Glauben des Anfangs schon bewegte: der Wahrheit vom Leiden. Der beschrittene Weg wird selber also erst am Ende durch die Erkenntnis hell erfaßt. Der Kreis schließt sich, die Vollendung ist erreicht. Diese Erkenntnis ist der Schritt aus dem endlosen Werden und Vergehen hinüber in das Ewige, aus dem Weltdasein in das Nirvana.

Am Fuß des Feigenbaums sitzt Gautama, nun Buddha (der Erleuchtete) geworden, sieben Tage lang mit untergeschlagenen Beinen, die Freude der Erlösung genießend. Und dann? Durch die Erleuchtung zur Gewißheit seiner Befreiung gekommen, will er schweigen. Was er erkennt, das ist der Welt fremd. Wie sollte sie ihn verstehen? Er will »vergebliche Mühe meiden«. Die Welt nimmt ihren Gang. In ihrem ungeheuren notwendigen Wandel durch die Weltalter periodischer Zerstörung und Wiederentstehung sind die blind Getriebenen, Wissenslosen durch das Rad der Wiedergeburten unaufhaltsam mitgerissen im Auf und Ab ihrer Daseinsformen. Was in dem je gegenwärtigen Dasein getan wird, das bestimmt als Karma die Gestalt der folgenden Wiedergeburt, wie dieses Dasein schon selber durch frühere Existenz bestimmt war. Die Welt wird nicht anders, aber in ihr ist das Heil möglich für den Wissenden. Er geht, befreit von weiteren Wiedergeburten, ein in das Nirvana. Einsam hat Buddha dieses Wissen gewonnen. »Ich halt mit keinem Menschen Freundschaft.« Er weiß seine Befreiung, »genug, ich künd es anderen nicht, die in Liebe, in Haß leben, ihnen verbirgt die Lehre sich«.

Aber in dieser Selbstgenügsamkeit für ihn gewonnener Erlösung kann Buddha nicht verharren. Erbarmen ergreift ihn mit allem Lebendigen. Widerstrebend zwar, entschließt er sich, seine Lehre zu verkündigen. Er erwartet nicht viel, und später, als seine Predigt so gewaltigen Erfolg hat, sagt er voraus, daß die echte Lehre nicht lange bestehen werde. Aber er geht den Weg der helfenden Verkündigung: »In der dunkel gewordenen Welt will ich die todlose Trommel rühren.«

In Benares beginnt seine Predigt. Die ersten Jünger schließen sich ihm an. Noch mehr als vier Jahrzehnte lebt Buddha, wandernd, lehrend in den weiten Ländern des östlichen Nordindiens. Geistig geschieht von jetzt ab in ihm nichts Neues. Der Inhalt ist die Verkündigung der fertigen Lehre, ihre Abwandlung im Gleichbleibenden. Daher ist über diese Zeit nur im ganzen zu berichten. Buddha wirkt durch Lehrvorträge, Erzählungen, Gleichnisse, Sprüche; wir hören von Dialogen, von vielen Szenen und Situationen, von Bekehrungen. Er bedient sich der Volkssprache, nicht des Sanskrit. Seine Denkweise ist bildhaft, aber gebraucht die in der indischen Philosophie erworbene Begrifflichkeit.

Entscheidend aber für die große historische Wirkung war die Begründung der Mönchsgemeinschaften in festen Formen. Die glaubenden Jünger verließen Heimat und Beruf und Familie. In Armut und Keuschheit wanderten sie, bekleidet mit dem gelben Mönchsgewand, gekennzeichnet durch die Tonsur, in die Weite. Sie hatten die erlösende Erkenntnis erreicht, wollten und wünschten nichts mehr in dieser Welt. Sie lebten vom Bettel, die Schale in der Hand, in die von der Bevölkerung Nahrungsmittel gelegt wurden, wenn sie durch die Dörfer kamen. Diese Gemeinschaften hatten von vornherein ihre Regeln und Ordnungen, ihre Führung und Kontrolle. Laiengenossen schlossen sich an, ohne Mönche zu werden. Unter ihnen waren Könige, reiche Kaufleute, Aristokraten, berühmte Hetären. Sie alle schenkten in großem Stil. Die Mönchsgemeinschaften kamen in den Besitz von Parks und Häusern, zum Aufenthalt in der Regenzeit und zum Treffen großer Massen, die die Lehre empfangen wollten.

Die Ausbreitung dieses Mönchswesens stieß auf Widerstand. »Das Volk wurde unwillig: Der Asket Gautama ist gekommen, Kinderlosigkeit zu bringen, Witwentum zu bringen, Untergang der Geschlechter zu bringen. Diese vielen edlen Jünglinge wenden sich dem Asketen Gautama zu, in Heiligkeit zu leben.« Wenn die Massen der Mönche auftraten, höhnte das Volk: »Da sind sie ja, diese Kahlköpfe! Da sind die süßlichen Kopfhänger mit ihrer Beschaulichkeit, beschaulich wie die Katze, die der Maus auflauert.« Buddha aber stellt den Grundsatz auf, nicht zu kämpfen: »Ich streite nicht mit der Welt, ihr Mönche. Sondern die Welt streitet mit mir. Wer die Wahrheit verkündet, ihr Mönche, streitet mit niemandem in der Welt.« Mit geistigen Waffen wurde in Diskussionen gerungen. Als Buddha auftrat, stand ihm keine geschlossene, geistige Macht gegenüber. Es gab in der vedischen Religion viele Richtungen, es gab schon asketische Gemeinschaften, es gab die zahlreichen Philosophien, es gab die sophistische Technik, durch Fragen zu verwirren, auf die jede der möglichen Antworten in Widersprüche führte. Da Buddha aber das Opferwesen der vedischen Religion und die Autorität der Veden selber verwarf, war von ihm in der Tat eine radikale Trennung von der überlieferten Religion vollzogen.

Wie das Leben und Treiben der Mönche und Buddhas in der Wirklichkeit aussah, davon geben die Texte ein anschauliches Bild. Die dreimonatige Regenzeit zwang zum Aufenthalt im Schutz von Haus und Park. Dort gab es Hallen, Vorratsräume, Lotosteiche. Die übrigen Monate wurden im Wandern verbracht. Man war zu Gast bei Gläubigen oder schlief im Freien. Es gab, wo Massen der Mönche sich trafen, ungeheuren Lärm. Immer wieder wird zur Ruhe gemahnt, wenn Buddha erscheint, der die Stille liebt. Zu Wagen und auf Elefanten kamen Könige und Kaufleute und Adlige, sich mit den Mönchen und mit Buddha zu treffen. Buddha selber machte täglich seinen Bettelgang, »die Schale in der Hand, Haus für Haus, ohne eine Bitte auszusprechen, mit niedergeschlagenem Blick, stehend und schweigend wartend, ob ihm ein Bissen Speise in seine Schale getan wurde« (Oldenberg). Beim Wandern fanden sich Massen seiner Jünger um ihn zusammen. Laienanhänger begleiteten den Zug mit Wagen und Lebensmitteln.

Buddhas Sterben und die letzte ihm vorhergehende Zeit sind in der Erinnerung geblieben. Das Jahr seines Todes, um 480 v. Chr., gilt als ein sicheres Datum. Seine letzte Wanderung wird genau beschrieben. Seine schwere Krankheit, mit heftigen Schmerzen, will er zunächst noch bezwingen und das Leben festhalten. Dann aber entläßt er diesen Willen. »Von jetzt in drei Monaten wird der Vollendete in das Nirvana eingehen.« Zum letztenmal wirft er beim Weiterwandern einen Blick auf die geliebte Stadt Vesali zurück. In einem Gehölz gibt er die Anweisung: »Bereite mir ein Lager zwischen zwei Zwillingsbäumen, das Haupt nach Norden. Ich bin müde, Ananda.« Und er legt sich hin, wie ein Löwe sich lagert. Buddha spricht seine letzten Worte.

Blüten fallen auf ihn herab, und himmlische Weisen sind aus der Luft zu hören. Aber ihm gebühren andere Ehren: »Welche Jünger die Lehre erfüllen, die bringen dem Vollendeten die höchste Ehre.«

Als ein Jünger weint: »Nicht also, Ananda, klage nicht, jammere nicht. Habe ich es dir nicht zuvor gesagt, Ananda? Von allem, was man lieb hat, von dem muß man scheiden. Wie wäre es möglich, was geboren, geworden, gestaltet, der Vergänglichkeit untertan ist, daß das nicht verginge?«

Die Jünger denken, mit Buddhas Tod habe das Wort seinen Meister verloren. »So müßt ihr nicht meinen. Die Lehre und die Ordnung, die ich euch gelehrt habe, die ist euer Meister, wenn ich hingegangen bin.«

»Der Vollendete meint nicht: ich will über die Gemeinde herrschen. Ich bin jetzt hinfällig; achtzig Jahre bin ich alt. Seid ihr, Ananda, eure eigene Leuchte, eure eigene Zuflucht. Laßt die Wahrheit eure Leuchte und eure Zuflucht sein.«

Seine letzten Worte waren: »Vergänglich ist jede Gestaltung; strebet ohne Unterlaß.« Dann ging, von einer Stufe der Kontemplation zur anderen aufsteigend, Buddha ein in das Nirvana.

2. *Lehre und Meditation:* Buddhas Lehre meint Befreiung durch Einsicht. Das rechte Wissen ist als solches schon Erlösung. Aber die Herkunft und die Methode dieses erlösenden Wissens entspricht gar nicht dem uns gewohnten Begriff vom Wissen. Es wird nicht durch logische Gedankengänge und Sinnenanschauung bewiesen, sondern steht in bezug auf die Erfahrung in den Bewußtseinsverwandlungen und Meditationsstufen. Diese Meditation brachte Buddha die Erleuchtung unter dem Feigenbaum. Nur auf Grund der meditativen Versenkung konnte er seine Lehre finden, die er dann mitteilte. Buddha, wie alle indischen Yogi, wußte sich in den Meditationszuständen mit Wesen und Welten transzendenter Herkunft in Verbindung. In diesen Zuständen sah er »mit dem göttlichen, hellsichtigen, übersinnlichen Auge«.

Wissenschaft und philosophische Spekulation bleiben innerhalb der uns gegebenen Bewußtseinsform. Diese indische Philosophie aber nimmt gleichsam dieses Bewußtsein selbst in die Hand, überschreitet es durch Meditationsübungen in höhere Formen. Das Bewußtsein wird eine veränderliche Größe in der Bearbeitung durch die Versenkungsoperationen. Mit ihnen soll auch das rationale Denken nebst der Bindung an Raum und Zeit – eine bloße Bewußtseinsstufe – überschritten werden durch die transzendierende Bewußtseinserfahrung einer aufsteigenden Reihe des Überbewußtseins.

Die Antwort auf die Grundfragen des Daseins ist zu finden aus jenen tieferen Quellen, die den verstandesmäßigen Aussagen erst Sinn und Recht geben. Daher ist, was Buddha offenbaren will, verloren in den schnell sagbaren und in der Abstraktheit schnell denkbaren Sätzen der Lehre. »Tief ist diese Lehre, schwer zu schauen, schwer zu verstehen, friedvoll, herrlich, bloßem Nachdenken unfaßbar, fein, nur dem Weisen erlernbar.«

Für diese Einsicht ist nun aber weiter die Wahrheit sowohl des philosophischen Denkens im normalen Bewußtsein wie der Erfahrung in der Meditation gebunden an eine Reinigung des ganzen Lebens im sittlichen Tun. Die Falschheit wird nicht überwunden allein durch Denkakte und nicht durch Technik der Bewußtseinsverwandlung, sondern beide gelingen nur auf dem Boden einer geläuterten Seele.

Diese Verschlungenheit der Lehre in das Umgreifende, das nicht selbst der Inhalt eines aussagbaren Wissens ist, kommt zum Ausdruck in dem Satz: Buddha lehrt nicht ein Erkenntnissystem, sondern einen Heilspfad. Durch diesen Pfad, innerhalb dessen das Erkennen und mehrere Weisen des Erkennens ihren Platz haben, kommt der Glaubende zum Ziel nicht primär durch logische Operationen, die vielmehr nur auf diesem Wege an ihrem Ort einen Sinn haben.

Dieser Heilspfad heißt der edle, achtgliedrige Pfad: rechtes Glauben, rechtes Entschließen, rechtes Wort, rechte Tat, rechtes Leben, rechtes Streben, rechtes Gedenken, rechtes Sichversenken. In anderem Zusammenhang wird dieser Pfad in folgende klarere und zugleich erweiterte Gestalt gebracht: Vorstufe und Voraussetzung ist die rechte Glaubensansicht, das noch dunkle Wissen um das Leiden und die Aufhebung des Leidens. Dieser Glaube wird erst am Ende des Pfades zur Erkenntnis, als helle Einsicht in die Entstehung und Aufhebung des Leidens im Zusammenhang allen Seins. Auf dem Boden dieses Glaubens hat der Pfad vier Glieder: das rechte Verhalten in Gedanken, Worten und Werken (das Ethos, sita), – die rechte Versenkung durch das Erklimmen der Meditationsstufen (samadhi), – die Erkenntnis (panna), – die Befreiung (wimutti). Die Befreiung wird durch Erkenntnis erreicht, die Erkenntnis durch Meditation, die Meditation wird durch das rechte Leben ermöglicht.

Dieses einheitliche Bild des Heilspfades ist nun aber selber eine Form der lehrmäßigen Fixierung. Die Wahrheit Buddhas beruht nicht allein auf dem Gehalt der Meditation unter Vernachlässigung des Denkens im normalen Bewußtseinszustand. Der Verstand wird nicht verworfen, wenn er überwunden wird. Er wird sogleich wieder gebraucht, wenn das in der Überwindung Erfahrene mitgeteilt werden soll. Es wäre auch nicht richtig, die Wahrheit Buddhas allein auf das spekulative Denken zu gründen, obgleich sie sich in dessen Formen ausspricht. Auch ist sie nicht beschlossen im Ethos des mönchischen Lebens. Meditation, Verstand, philosophische Spekulation, mönchisches Ethos, alle diese Momente haben einen eigenen Charakter, sind nicht eindeutig aufeinander gegründet, sondern wirken auch nebeneinander, wie die verschiedenen Yogaformen in allem indischen Denken (die Zucht der Körperkräfte, der Weg sittlicher Werke, der Aufschwung der Erkenntnis, die Vertiefung in der Liebe [bakti], der Weg der Versenkung in den Bewußtseinsverwandlungen der Meditation).

Das Verhältnis der Gehalte der Meditationsstufen zu den im normalen Bewußtsein verständlichen Gedanken, oder das Verhältnis der Erfahrungen mit Operationen am Bewußtseinszustand zu den Erfahrungen mit Operationen am Gedachten ist nicht eindeutig. Aber man sieht, wie die Lehren etwa von Stufen der Welt ihre Parallele haben in Erfahrungen der Stufen der Meditation, in denen je eine neue übersinnliche Welt auftritt. Der Gedankengang des Absehens von einer Realität, um sie zu überschreiten, ist als solcher formal auch ohne jene Erfahrungen zu vollziehen. Die logischen Gedanken schaffen den Raum, indem sie befreien von den Fesselungen an das Endliche. Die Einprägung, Befestigung, völlige Gewißheit der Wahrheitsgehalte aber wird erst durch die Meditation erworben. Man wird nicht behaupten dürfen, das eine sei das Primäre, das andere nur Folge. Eines bestätigt und bewährt das andere. Beide leisten auf ihre Weise Einübungen.

Das Entscheidende ist, daß bei der Spekulation und der Meditation und dem Ethos jedesmal der Wille des Menschen es ist, der das Ziel setzt und erreicht. Der Mensch hat die eigene Kraft zum Handeln und Sichverhalten, zur Meditation und zum Denken. Er arbeitet, er ringt, er ist wie ein Bergsteiger. Daher Buddhas ständige Aufforderung zur Anspannung. Alle Kräfte müssen eingesetzt werden. Nicht alle, die es versuchen, erreichen das Ziel. Seltene Ausnahmefälle allerdings gibt es von ursprünglicher Erleuchtung ohne Willensanstrengung, zumal unter dem Eindruck des lehrenden Buddha selber. Das Ziel wird dann plötzlich erreicht, um in diesem Leben sich nur noch im Wiederholen weiter zu erhellen. –

Die Meditation Buddhas und des Buddhismus (Heiler, Beckh) ist hier nur kurz zu charakterisieren. Die Verfahrensweise und die Erfahrungen auf den Stufen, deren Zahl in den verschiedenen Gliederungen schwankt, sind im Buddhismus wie im indischen Yoga im großen und ganzen übereinstimmend beschrieben worden.

Die Meditation ist keine Technik, die als solche gelingt. Es ist gefährlich, über seinen Bewußtseinszustand methodisch zu verfügen, den einen hervorzurufen, den anderen zum Vergehen zu bringen. Das ruiniert den Menschen, der es ohne die rechte Voraussetzung versucht. Diese Voraussetzung ist die gesamte Lebensführung, ihre Reinheit. In dieser Lebensführung ist ein Hauptmoment die *»wachsame Besonnenheit«*. Sie setzt sich in der Meditation fort und gewinnt durch sie den weitesten Umfang. Die *Bewußtheit* durchdringt die Körperlichkeit, hellt das Unbewußte bis in die letzten Schlupfwinkel auf. Es ist in jedem Falle das Prinzip sowohl des Ethos, wie der Meditation, wie der Spekulation: die Helligkeit bis in den Grund zu treiben. Die Meditationsstufen sollen nicht Rausch, Ekstase, Genuß sonderbarer Zustände sein, wie durch Haschisch und Opium, sondern hellste, alles normale Bewußtsein an Helligkeit übertreffende Erkenntnis durch Gegenwärtigkeit, nicht durch bloßes Meinen von Etwas. Die allumgreifende Forderung ist: nichts im Unbewußten schlummern und sein verhängnisvolles Spiel treiben zu lassen; alles, was wir tun und erfahren, mit dem wachsten Bewußtsein zu begleiten.

Wahrhaftigkeit im Denken der tiefsten Dinge wie in allen Handlungen und Worten des Alltags war daher eine Grundforderung an die buddhistischen Mönche. Deren Gebote forderten weiter Keuschheit, Meidung berauschender Getränke, nicht stehlen, kein Lebewesen verletzen (Ahimsa) – dann aber vier Weisen innerer Haltung: Liebe (Freundlichkeit), Mitleid, Mitfreude, Gleichmut gegenüber dem Unreinen und Bösen. Diese vier »Unermeßlichen« breiten sich durch die Meditation ins Unendliche aus. Sie sind die Atmosphäre dieses Daseins: die grenzenlose Milde, die Gewaltlosigkeit, der Zauber, der die Tiere anzieht und ihre Wildheit besänftigt, das Mitleid, die freundlich allem Lebendigen, den Menschen wie den Tieren und wie den Göttern zugewandte Stimmung.

Die Texte sind voll von Wunder- und Zaubergeschichten, die hier wie überall mit dieser Form der Mystik verbunden sind. Buddha aber sagt: Das wahre Wunder tut, wer andere zu rechtem Glauben und innerer Läuterung führt, wer für sich selbst Versenkung, Erkenntnis, Befreiung erwirkt. Dagegen sind Vervielfältigungen der eigenen Person, durch die Luft fliegen und auf dem Wasser wandeln, das Lesen der Gedanken anderer und dergleichen den Frommen und den Gauklern gemeinsam.

3. *Die ausgesagte Lehre:* In den Texten gibt sich Buddhas Lehre auch als eine Erkenntnis, die für das normale Bewußtsein verständlich ausgesprochen ist in Sätzen und in rationalen Gedankenfolgen. Das Merkwürdige dieser Erkenntnis bleibt zwar, daß sie sich auf ihren Ursprung in der Versenkung eines gesteigerten Bewußtseinszustandes bezieht. Wenn aber dort, in der außerweltlichen Schau völligen Selbsterlöschens, die Gewißheit des Durchschauens entsprungen ist, so scheint der Inhalt dieser Gewißheit doch dem Denken im normalen Bewußtseinszustand zugänglich zu sein. Statt übersinnlicher Erfahrung entfaltet sich eine Begrifflichkeit in Lehrreden. In ihnen ist eine Lust an Begriffen, an Abstraktionen, an Aufzählungen, an Kombinationen spürbar, die durchaus der philosophischen indischen Überlieferung angehört und von ihr zehrt. Wenn aber diese Lehre Buddhas ohne Übersinnlichkeit

faßlich ist, so ist sie doch so nicht wirksam. Das Denken als rationales Denken unseres endlichen Bewußtseins ist nicht das Gefäß, das diesen Gehalt zureichend auffangen könnte. Was der Inhalt ist, das ist erst in jenem Denken der sich versenkenden Meditation gegenwärtig, von dem die rationale Fassung nur ein Abglanz und auf das sie ein Hinweis sein kann. Daher darf der Ursprung und Zusammenhang dieser Erkenntnis nicht vergessen werden, wenn wir sie nun in ihrer rationalen Einfachheit nachdenkend aufnehmen.

a) Die *Daseinssicht* Buddhas wird in der *Wahrheit vom Leiden* ausgesprochen:

»Dies ist die Wahrheit vom *Leiden:* Geburt ist Leiden, Alter ist Leiden, Krankheit ist Leiden, mit Unlieben vereint sein ist Leiden, von Leben getrennt sein ist Leiden, nicht erlangen, was man begehrt, ist Leiden.

Dies ist die Wahrheit von der *Entstehung des Leidens:* es ist der Durst, der zur Wiedergeburt führt, samt Freude und Begier, der Lüstedurst, der Werdedurst, der Vergänglichkeitsdurst.

Dies ist die Wahrheit von der *Aufhebung des Leidens:* die Aufhebung dieses Durstes durch restlose Vernichtung des Begehrens, ihn fahren lassen, sich seiner entäußern, sich von ihm lösen, ihm keine Stätte gewähren.

Dies ist die Wahrheit vom *Wege zur Aufhebung des Leidens:* es ist dieser edle achtteilige Pfad, der da heißt: rechtes Glauben, rechtes Entschließen, rechtes Wort, rechte Tat, rechtes Leben, rechtes Streben, rechtes Gedenken, rechtes Sichversenken.«

Diese Einsicht entspringt nicht der Beobachtung einzelner Daseinswirklichkeiten, sondern dem Schauen im ganzen. Sie ist nicht pessimistische Stimmung, sondern der erkennende Blick in das allumgreifende Leiden. Dieser Blick selber vollzieht sich in heiterer Verfassung, denn im Wissen geschieht die Befreiung. Er vermag in Ruhe den Zustand des Daseins in immer anderen Abwandlungen auszusprechen:

»Alles steht in Flammen. Das Auge steht in Flammen, die sichtbaren Dinge ... Wodurch ist es entflammt? Durch der Begierde Feuer, durch des Hasses Feuer, durch Geburt, Alter, Tod, Schmerz, Klagen, Leid, Kümmernis und Verzweiflung ist es entflammt.«

Der letzte Grund aber ist: Die Menschen, wie alles Lebendige, stehen in der Blindheit, im Nichtwissen, betrogen von dem, woran sie haften, von dem, das nie ist, sondern immer im Kommen und Gehen absolut vergänglich, in unaufhörlichem Werden ist.

Daher gibt es nur eine einzige Befreiung: die Aufhebung des Nichtwissens im Wissen. Nicht im Einzelnen, nicht hier und da ist durch Erkenntnis etwas zu ändern. Nur die Grundverfassung des Sehens selbst kann, indem sie das Ganze sieht, mit ihrer Verwandlung das Heil herbeiführen. Dies Heil liegt in der Befreiung vom Haften an den Dingen, in der Loslösung von allem vergeblich Begehrten, zur Einsicht in den Zustand, die Herkunft und die Aufhebung dieses ganzen Daseins. Das Nichtwissen selber, die Blindheit, die Befangenheit im Endlichen, das Haften ist der Ursprung, das vollendete Wissen die Aufhebung dieses Daseins.

b) Dieser Zusammenhang, *die Entstehung des leidvollen Daseins* durch Nichtwissen und seine Wiederaufhebung durch Wissen, ist nun in einer vielgliedrigen Reihe durchdacht als ein ursächlicher Zusammenhang, der in der sogenannten *»Kausalformel«* ausgesprochen wird:

»Aus dem Nichtwissen entstehen die Gestaltungen; aus den Gestaltungen entsteht Bewußtsein; aus dem Bewußtsein entsteht Name und Körperlichkeit; aus Namen und Körperlichkeit entstehen die sechs Sinnesgebiete; aus den sechs Sinnesgebieten entsteht Berührung; aus Berührung entsteht Empfindung; aus Empfindung entsteht Durst; aus Durst entsteht Ergreifen; aus Ergreifen entsteht Werden; aus Werden entsteht Geburt; aus Geburt entstehen Alter und Tod, Schmerz und Klagen, Leid, Kümmernis und Verzweiflung.«

Dieser Kausalnexus von.zwölf Gliedern mutet uns sehr fremd an. Man interpretiert: Es handelt sich nicht etwa um den kosmischen Prozeß des Weltwerdens überhaupt, sondern nur um den leidvollen Kreislauf der Wiedergeburten (des samsara). Heillos ist Krankheit, Alter und Sterben. Was muß dasein, damit dies möglich ist? die Geburt. Woher die Geburt? durch das Werden, ... und so fort bis zur ersten Ursache, dem Nichtwissen. Gehen wir umgekehrt die Reihe von diesem Ursprung her durch, so folgen aus dem Nichtwissen die Gestaltungen (sanskara), d. h. die bewußtlosen Bildekräfte, die das Haus des Lebens bauen. Diese kommen aus dem vorhergehenden Leben und bewirken im gegenwärtigen zunächst Bewußtsein; dieses erblickt alles in Name und Gestalt des Körperlichen, vermöge der fünf Sinnesgebiete, in die es sich teilt. Es folgt Berührung, daraus Empfindung, daraus Begehren und Ergreifen. Dies ist wiederum in die Zukunft hin Grund des Werdens (als karma), das zu neuer Geburt, zu Alter und Tod führt. Dies ist die Lehre, von der es heißt: »Die Wahrheiten, die aus einer Ursache fließen, deren Ursache lehrt der Vollendete, und welches Ende sie nehmen.« Alles, was ist, ist ein bedingtes Entstehen.

Das Erkennen der Ursachenreihe und der letzten Ursache vermag diesen ganzen furchtbaren Spuk aufzuheben. Wird das Nichtwissen aufgehoben, so folgt die Aufhebung der aus dem Nichtwissen entstandenen Kausalreihe, in der Reihenfolge der Glieder.

In dieser Lehre wird die alles Heil begründende Bedeutung des erleuchteten Erkennens objektiviert. Dieses Erkennen selbst ist nicht bloß ein Wissen von Etwas, sondern ein Wirken, und zwar ein totales Wirken. Es ist identisch mit dem Rückgängigmachen des heillosen Daseins. Nicht durch Selbstmord wird es rückgängig, es würde sich nur fortsetzen in neuen Wiedergeburten zu neuem Leid und Sterben. Es hört auf nur in und mit dem Wissen.

Die Frage: Woher kommt das erste Nichtwissen, aus dem alle die folgenden Glieder des Unheils folgen? wird nicht gestellt. Es wird nicht erörtert, was wie ein Analogon des Sündenfalls aussehen könnte, der vorzeitliche Fall aus einer ewigen Vollendung hinab in das Nichtwissen. Dieses scheint aber für das vorstellende, in den Reihen weiterfragende Denken als ein Ereignis gedacht werden zu müssen, mit dem die Heillosigkeit in Gang gesetzt wird. Jedoch hört hier in der Tat das buddhistische Fragen auf. Daß dieser Erkenntnis die Gewißheit der Befreiung aufgegangen ist, das ist ihr genug. Jenes Ereignis, wodurch es auch sei, wird jedenfalls nicht als Schuld aufgefaßt; wer sollte auch schuld sein?

c) Das ist die weitere Frage: Was ist dieses Wer? Was ist das Selbst? Wer bin ich? Ist überhaupt ein Ich? Die Antworten Buddhas sind erstaunlich. *Er leugnet das Selbst.*

Die Lehre ist so formuliert: Es gibt kein Selbst. Das Dasein ist zusammengesetzt aus Faktoren, die in den Gliedern der Kausalreihe vorkommen, nämlich aus den fünf Sinnen und ihren Objekten (der Körperlichkeit, der Empfindung, der Wahrnehmung), dann weiter aus den unbewußten Bildekräften (sanskara), die wirksam sind in den Anlagen, Trieben, Instinkten, den bauenden Mächten der Vitalität, schließlich aus dem Bewußtsein. Diese Faktoren lösen sich im Tode auf. Sie haben als Einheit und Mitte kein Selbst, sondern das Karma, das in der Wiedergeburt eine neue vorübergehende Vereinigung schafft.

Aber diese Formulierung verdeckt den Sinn, der mit derselben Begrifflichkeit in anderen Zusammenhängen entschieden ausgesprochen wird. Buddha leugnet dann nicht das Ich, aber er zeigt, wie alles Denken nicht vordringt bis zum eigentlichen Ich. »Die Körperlichkeit ist nicht das Selbst ... die Empfindungen sind nicht das Selbst ... die Vorstellungen ... die Gestaltungen – die unbewußten Bildekräfte – sind nicht das Selbst ... das Erkennen – das reine geistige Bewußtsein ist nicht das Selbst... (es ist keine unveränderliche Ich-Einheit). Was der Veränderung unterworfen ist, das ist nicht mein, das bin nicht ich, das ist nicht mein Selbst.« Hier wird doch, was nicht das Selbst ist, gedacht an dem Maßstab eines eigentlichen Selbst. Die Frage nach diesem bleibt offen, aber die Richtung wird gewiesen dorthin, wo das eigentliche Selbst ist. Es wird nicht als solches geradezu gedacht, es muß zusammenfallen mit dem Nirvana.

In Mitteilungen aus den Meditationsstufen wurden drei Stufen des Selbst gelehrt: erstens das Selbst als dieser Leib; – zweitens das Selbst als ein geistiger Leib, der in der Meditation aus dem physischen Leib herausgezogen wird »wie der Halm aus dem Schaft«, er gehört dem Reiche übersinnlicher Formen an; – drittens »das ungestaltete, aus Bewußtsein bestehende« Selbst, das der Unendlichkeit des Raumäthers angehört. Hier wird deutlich, daß jedes Selbst einer Meditationsstufe zugehört. Für dieses hat es eine Geltung, aber ist nicht an sich. Kein Selbst als das eigentliche kommt vor. Im sinnlichen Dasein ist der Leib das Ich. In der ersten Meditationsstufe wird das geistige, leiblose, ätherisch leibhafte Ich wirklich, das frühere verschwindet in der Wesenlosigkeit. Dieses Geistige wird selber wiederum nichtig in den höheren Sphären. Auch in der Meditation scheint das Ich nicht geleugnet, vielmehr in seiner Relativität und damit in unterschiedenen Stufen deutlich. Das eigentliche Ich wird nicht erreicht, außer in der höchsten Stufe, die zusammenfällt mit dem Nirvana.

Wenn so die Lehre nicht zu sagen vermag, oder nicht sagt, was das Ich selbst sei, so ist die Frage: wem wird das Heil der Befreiung zuteil? wer wird gerettet? kein Ich, kein Selbst, kein einzelner Mensch?

Es bleibt in den Texten diese Spannung, die in der Objektivierung des Gedachten zwischen den Sätzen liegt: Es gibt kein Ich, – und: In den früheren Existenzen war ich dieser und jener. Die Verbindung zwischen den wiedergeborenen Existenzen ist dann einmal ein unpersönliches Karma, das jeweils als ein Eines das Dasein von Lebewesen neu entstehen läßt, und ist dann wieder die Erinnerung, durch die die gegenwärtige Existenz ihre frühere als mit sich identisch erblickt.

d) *Was ist denn überhaupt?* Der Strom des Werdens, der nie Sein ist. Der Schein des Ich, das in Wahrheit kein Selbst ist. Was ist, das ist ineins Täuschung und Nichtwissen und Heillosigkeit. Das Werden ist die Kette der Momentanexistenzen, wie sie der spätere Buddhismus durchdenkt, ist als die bloße Momentanheit des Nichtseins alles dessen, was zu sein scheint. Es gibt kein Bestehendes, kein identisch Bleibendes. Nirgends ist ein fester Punkt. Das Ich oder Selbst ist die Täuschung eines vergänglichen und ständig sich wandelnden Etwas, das sich für ein Ich hält.

Dem Strom des Werdens und dem Schein der Ichheit liegt nichts anderes zugrunde. Aber beide sind aufzuheben in ein ganz Anderes, von dem alle Denkformen, die innerhalb dieses täuschenden Werdens und Ichseins liegen, nicht mehr gelten. Dort gilt nicht Sein und nicht Nichtsein. Dies zeigt sich dem erleuchteten Erkennen und wird erreicht im Nirvana.

e) *Erkenntnis* ist das hellsichtige Schauen auf der höchsten Meditationsstufe. Erkenntnis ist aber auch im normalen Bewußtseinszustand die Erleuchtung des das ganze Seinsbewußtsein und Selbstbewußtsein verwandelnden Denkens.

Diesem Erkennen liegt vor Augen die Welt des samsara, alle Sphären der Welt und die Wege der Wiedergeburten von den Elementen bis zu den Göttersphären und den Höllenreichen. Es erblickt Ursache und Gang des Leidens, all das, was in der Lehre nur unangemessen in Sätzen mitgeteilt wird.

Wie dies Erkennen sei, wird im Gleichnis gezeigt: »Es ist wie mit einem Gebirgssee mit reinem, klarem, ganz ungetrübtem Wasser. Jemand, der an seinem Ufer steht und nicht blind ist, erkennt in ihm Perlmuscheln und andere Muscheln, Geröll und den Schwarm der Fische.« Wie jemand diesen See sieht, so der Erkennende die Welt bis in ihre letzten Gründe und bis in ihre einzelnsten besonderen Erscheinungen. So »wendet der Mönch, dessen Geist hell, vom Dunstkreis des Individuellen frei, empfänglich, unerschütterlich geworden ist, seinen Blick dorthin«. Er durchdringt die endlich gebundene Daseinssicht zur höheren Daseinssicht, durch die ihm das Leiden, die Herkunft und die Aufhebung des Leidens klar vor Augen stehen. Damit erreicht er »die irdische Frucht des geistigen Lebens«.

f) *Nirvana:* Dieser Erkenntnis ist das Nirvana offen, die endgültige Befreiung und das, wohin befreit wird. Wie kann Buddha vom Nirvana sprechen?

Wenn er spricht, muß er doch im Raum des täuschenden Bewußtseins sprechen. Wenn er vom Nirvana spricht, wird es zu einem Sein oder Nichts.

Sein Sprechen muß einen eigentümlichen Charakter annehmen: zu sagen, was für unser auf Gegenstände gerichtetes Meinen nichts ist, und damit doch alles zu sagen, worauf es eigentlich ankommt. Was ist dies?

Dem Schein des Werdens und des Selbst, so hörten wir, liegt nichts zugrunde. Es gibt kein Entweichen in diesen Grund oder in ein Jenseits. Aber das Werden und das Selbst können doch im Ganzen aufgehoben werden zu dem hin, wo mit dem Schein auch das Denken aufhört, das wir in unserem Dasein vollziehen.

Man muß diese für das logische Denken undenkbaren Paradoxien gegenwärtig haben, wenn man den Sinn der Reden vom Nirvana spüren will. Einige Beispiele:

»Es gibt eine Stätte, wo nicht Erde noch Wasser ist, nicht Licht noch Luft, nicht Raumunendlichkeit noch Vernunftunendlichkeit, noch Irgendetwasheit, noch die Aufhebung zugleich vom Vorstellen und Nichtvorstellen ... Ohne Grundlage, ohne Fortgang, ohne Halt ist es: das ist des Leidens Ende.«

»Es gibt eine Stätte ... Das nenne ich nicht Kommen, noch Gehen, noch Stehen, noch Streben, noch Geburt. Ohne Grundlage, ohne Halt ist es. Das ist des Leidens Ende ... Für nicht Haftendes gibt es kein Wanken. Wo kein Wanken ist, ist Ruhe. Wo Ruhe ist, ist keine Lust. Wo keine Lust ist, ist kein Kommen und Gehen ... da ist kein Sterben und keine Geburt ... ist kein Hienieden, kein Drüben, kein Dazwischen. Das ist des Leidens Ende.«

Es ist unumgänglich, daß hier die Denkformen auftreten, die der Seinsspekulation überhaupt eigen sind. Vom Nirvana heißt es, daß es Zweiheitlosigkeit sei, weder Sein noch Nichtsein (wie in den Upanishaden), in der Welt mit den Mitteln der Welt unerkennbar, daher nicht Gegenstand der Forschung, wohl aber der letzten, innigsten Gewißheit. »Es gibt ein Ungeborenes, Ungewordenes, nicht Gemachtes, nicht Gestaltetes. Gäbe es nicht dies, würde kein Ausweg zu erfinden sein« (wie bei Parmenides). Aber von dieser Ewigkeit zu sprechen, das muß durch das Sprechen selber verfehlen, was getroffen werden sollte.

Hier hört das Fragen auf. Wer weiter fragt, hört: »Du hast nicht die Grenzen des Fragens innezuhalten gewußt. Denn im Nirvana findet der heilige Wandel festen Grund; das Nirvana ist sein Endziel, das Nirvana sein Abschluß.« Darum bleibt Schweigen und Sichbescheiden für den, der das Nirvana nicht erreicht hat: »Den, der zur Ruhe ging, kein Maß ermißt ihn. Von ihm zu sprechen, gibt es keine Worte. Zunichte ward, was das Denken könnt' erfassen: So ward zunicht auch jeder Pfad der Rede.«

g) *Nicht Metaphysik, sondern Heilsweg:* Jeder der berichteten Gedanken ist bezogen auf die Befreiung. Noch einmal: Buddha tritt nicht als Lehrer eines Wissens, sondern als der Künder des Heilspfades auf.

Die Terminologie des Heilspfades ist der indischen Medizin entnommen: Feststellung des Leidens, Anzeichen und Ursachen, Frage ob das Leiden heilbar, Angabe des Wegs zur Heilung. Der Vergleich ist in der Philosophie oft da (bei Plato, der Stoa, bei Spinoza).

Ein Wissen, das zum Heile nicht notwendig ist, verwirft Buddha. Sätze, über die er keine Erklärung gegeben hat, damit die Fragen, die er abgewiesen hat, sind z. B. folgende: »Die Welt ist ewig« und »Die Welt ist nicht ewig«, oder »Die Welt ist endlich«, »Die Welt ist nicht endlich«, oder »Der Vollendete ist nach dem Tode«, »Der Vollendete ist nicht nach dem Tode.«

Die theoretische Behandlung metaphysischer Fragen hält Buddha sogar für verderblich. Sie wird zu einer neuen Fessel, weil das metaphysische Denken gerade an den Denkformen festhält, aus denen sich zu befreien den Weg zum Heile bedeutet.

Das zeigt sich im Zank und Streit. Die Meinungsverschiedenheiten verführen, die eigene Position für die allein wahre zu halten. Man erklärt sich gegenseitig für töricht, disputiert, begierig nach Beifall, geht erhobenen Hauptes einher, wenn man gesiegt hat. Bei solchen Meinungen faßt man das Eine, und, es fallen lassend, dann das Andere, der Laune folgend, gefangen, jetzt hier sich haltend, jetzt dorthin greifend, dem Affen gleich, der von Ast zu Ast schlüpft. Des Streitens ist kein Ende.

Entscheidend aber für die Ablehnung der Antworten auf metaphysisch-theoretische Fragen ist: Sie sind nicht zweckdienlich für den Weg zum Nirvana. Sie halten auf dem Wege auf, sie lassen das Heil versäumen.

»Es ist, wie wenn ein Mann von einem Pfeil getroffen wäre, einem vergifteten, und seine Freunde einen Arzt riefen. Wenn jener nun sagte: ›Ich werde mir den Pfeil solange nicht herausziehen lassen, als ich den Mann nicht kenne, der mich geschossen hat, als ich den Bogen nicht kenne, mit dem ich geschossen bin‹, ehe der Mann das in Erfahrung gebracht hätte, würde er sterben. So steht es auch mit dem, der spräche: ›So lange will ich nicht als des Erhabenen Jünger den Wandel der Heiligkeit führen, als der Erhabene mir nicht erklären wird ›Die Welt ist ewig‹ ...‹ Ehe der Vollendete darüber eine Erklärung gegeben hätte, würde der Mensch sterben. Mag die Ansicht bestehen ›Die Welt ist ewig‹ oder mag die Ansicht bestehen ›Die Welt ist nicht ewig‹: in jedem Fall gibt es Geburt, gibt es Alter, gibt es Tod, gibt es Leid und Klagen, Schmerz, Kümmernis und Verzweiflung, deren Überwindung schon auf dieser Erde ich verkünde. Darum, was von mir nicht erklärt ist, das laßt unerklärt bleiben.«

Daß er diese Dinge nicht mitteile, das bedeute nicht, sagt Buddha, daß er sie nicht wisse. Was im Leben Buddhas eine so große Rolle spielte, die Macht des Schweigens, das ist von wundersamer Wirkung hier in der Mitteilung seines Denkens. Das Unberührtbleiben alles Letzten läßt dies Letzte offen. Das Nichtsagen läßt es nicht verschwinden, vielmehr als ungeheuren Hintergrund fühlbar bleiben. In der Welt den Weg zu finden, auf dem die Welt verschwindet, das gilt als möglich. Das Wissen, das mit dem Gange dieses Weges verbunden ist, wird ausgesprochen. Das Wissen vom Sein im Ganzen wird in Bescheidung verwehrt.

4. *Die Frage nach dem Neuen in Buddha:* In Buddhas Lehren, seiner Terminologie, seinen Denkformen, seinen Vorstellungen, seinem Tun war im besonderen nichts neu. Es gab Asketen und Asketengemeinschaften und die Technik des Ordenslebens. Die Waldeinsiedler durften aus allen Kasten kommen und wurden unangesehen ihrer Herkunft als Heilige anerkannt. Es gab die Erlösung durch Erkenntnis. Es gab den Yoga (den Weg der Meditationsstufen). Es gab die Vorstellungen vom Kosmos, den Weltaltern, der Götterwelt, die Buddha fraglos übernahm. Das Ganze kann wirken als eine Vollendung indischer transzendent gegründeter Lebensform, wie ein Abschluß der indischen Philosophie.

Die Kategorie des »Neuen« als Maßstab von Wert ist uns modernen Abendländern eigen. Mag aber auch der Nachweis des Nichtneuen für alle Einzelheiten der großen Erscheinung Buddhas gelten, selbst dann ist mit der Kategorie des Neuen noch immer das zu bezeichnen, was die gewaltige Wirkung gehabt hat.

a) Am Anfang steht *die machtvolle Persönlichkeit Buddhas.* Durch die Legenden hindurch ist zu spüren die unerhörte Wirkung dieses wirklichen Menschen. Er zeigt, was zu tun ist. Aber er läßt für das Wissen offen, was im Ganzen des Seins und Nichtwissens eigentlich ist. Gerade dadurch scheint der Sakyamuni (der Schweiger aus dem Sakyageschlecht) zu bezwingen.

Eine gewaltige Willensanspannung formt sein Leben. Der weise Asita sagt in der Legende von dem Neugeborenen voraus, er werde entweder ein Weltherrscher oder ein Buddha werden. Aber für Buddha galt, daß der Wille, die Welt zu erobern, die Welt zu gestalten, keineswegs der ganze und souveräne Wille des Menschen sei. Dieser ist nur dort, wo der Mensch sich selbst überwindet, sich nicht gefangen gibt weder an sich selbst noch an Weltaufgaben. »Der trotzigen Ichheit Stolz zwingen, wahrlich ist höchste Seligkeit.«

Die vollendete Selbstüberwindung läßt von der Anspannung nichts mehr merken. Buddhas Leben des Geistes, frei von Bindungen an Sinnlichkeit, an Daseinsinteressen, an sich selbst und seinen Stolz, erscheint in der Vornehmheit, Kühle und unendlichen Milde seines Wesens. Er hat die Distanz zu sich selbst in allen seinen überwundenen Wirklichkeiten und die Distanz zu den Menschen, deren persönliches Leben und individuelle Verborgenheiten er gar nicht berührt. Wie Buddha in seiner Reife geworden ist, kennt er nun kein Suchen mehr. Er ist von unbeirrbarer Ruhe, sieht in der alldurchhellenden Klarheit, was ist und was notwendig geschieht, sieht es ohne Drängen und ohne Gewalt seinerseits. Er selber ist unpersönlich geworden, zahllose Buddhas haben in früheren Weltaltern getan und werden in kommenden tun, was er jetzt tut. Er verschwindet gleichsam als Individuum unter den unzähligen Mengen gleicher. Er ist dieser Einzige, aber er ist es als bloße Wiederholung. »Ohne Haus und Heimstatt, weltentnommenen Geistes, schreit ich, den Menschenkindern unberührbar.« Er ist unerkennbar: »Buddha, ihn, der Unendlichkeit Durchschreiter, den Spurlosen, wie mögt ihr ihn erspüren.«

Zu diesem Bilde der Persönlichkeit Buddhas gehört der Mangel aller charakteristischen Züge. Das Eigene, Unverwechselbare und das Eigenwillige fehlen. Es gibt keine grundsätzlichen Unterschiede zwischen Buddha und seinen frommen Jüngern und zwischen diesen untereinander. Es sind alle kleine Buddhas. Buddha erscheint als Typus, nicht als Persönlichkeit. Andere Typen, die Bösen, die Ungläubigen, die Sophisten stehen ihm gegenüber. So ist die Paradoxie, daß eine Persönlichkeit gewirkt hat durch Verschwinden aller individuellen Züge. Die Verleugnung des Ich ist ein Grundsatz dieser Wahrheit. Buddhas Grunderfahrung kann nicht die eines geschichtlichen Selbstseins gewesen sein, sondern die der Wahrheit im Erlöschen des Selbst. Es ist die Macht der Persönlichkeit ohne das abendländische und ohne das chinesische Individualitätsbewußtsein.

b) Neu ist, daß *Buddha im ganzen und radikal tat*, was im einzelnen und bedingungsweise schon vor ihm getan wurde. Er ließ die Tradition mit ihrer Autorität fallen, vor allem die Kasten und die höchste Macht der Götter. Er bekämpfte sie nicht, ließ sie im Gang der Welt als Realitäten gelten. Aber so wie er sie nicht verwarf, ließ er sie unwesentlich werden.

Radikal war es, wie er sich *an alle* wandte. Was für Einzelne gegolten hatte, wird möglich für jedermann. Was in kleinen Gruppen von Waldeinsiedlern geschehen war, wurde von Mönchsgemeinschaften, in die die Massen strömten, öffentlich, in den Städten und auf der Wanderschaft, unter den Menschen versucht. Es wurde eine neue Daseinswirklichkeit hervorgebracht: das Leben großer Scharen von Mönchen durch den Bettel; die materielle Sorge der Laienanhänger für die, welche die Lehre uneingeschränkt in ihrem Leben der Armut, Keuschheit, Heimat- und Weltlosigkeit verwirklichten.

Faktisch stammten die meisten Mönche aus den beiden oberen Kasten. Die »edlen Jünglinge« spielen die große Rolle. Buddha selbst ist vornehmer Herkunft. Nur als Brahmane oder Adliger kann nach der späteren Lehre des Buddhismus ein Buddha geboren werden. Der Buddhismus war eine aristokratische Lehre und blieb es in dem Sinne, daß nur die Menschen von hohem geistigem Rang ihn verstehen können. Daß sich aber die Verkündigung grundsätzlich an alle richtet, die für sie die Begabung mitbringen, und zwar an die Menschen überhaupt, gibt sich in der Anordnung Buddhas kund, daß ein jeder in seiner eigenen Sprache das Wort Buddhas lernen solle.

Damit wurde zum ersten Male in der Geschichte der Menschheitsgedanke und eine Weltreligion wirklich. Die Schranken der Kasten, des Volkes, jeder Zugehörigkeit zu einem geschichtlichen Grunde in der Ordnung der Gesellschaft wurden durchbrochen. Was in Indien sorgsam behütete Wahrheit für Berechtigte gewesen war, sollte öffentlich allen mitgeteilte Wahrheit werden.

Vergleicht man mit den späteren Weltreligionen der Stoiker, der Christen, des Islam, so ist das Kennzeichnende Buddhas, daß er nicht nur alle Menschen, sondern alles Lebendige überhaupt, Götter und Tiere, im Auge hatte, für alle das Heil meinte, das er gefunden hatte.

Sich an alle wenden, das ist dasselbe, wie sich an jeden Einzelnen wenden. Buddhas Entschluß und das aus ihm folgende Leben wird Vorbild: herauszutreten aus den Gesetzen des Hauses, der Familie, der Gesellschaft. Jeden, der ihn hört, ruft er an als einen, der der Möglichkeit nach ebenso außerhalb steht: es kommt auf deine Entscheidung an. Buddha ergreift durch sein unerbittliches Entweder-Oder den ganzen Menschen. Die anderen können als Laienanhänger sich Verdienst erwerben, vor allem auch durch die materielle Sustentierung der Mönche, aber erst in der Wiedergeburt zu neuem Dasein haben sie die Chance eines höheren Heils. Buddha spricht den Einzelnen an, der es vermag und wirklich und uneingeschränkt glaubt: sogleich, ohne Aufschub, in diesem Leben den Pfad des Heils zu betreten.

Indem der Einzelne folgt, wird seine Innerlichkeit in Anspruch genommen und zu einem für die anderen immer unzugänglicher werdenden Gang in die Tiefe gebracht, mit Formeln und Einsichten, in denen das Entscheidende doch schweigt.

Der Glaube aber dieses Heilsweges ist ein Wissen. Wenn Buddha die überlieferte spekulative Gedankenwelt als ein Gebiet zwecklosen und ruinösen Streitens verwarf, so hielt er das Prinzip dieser indischen

Philosophie fest, daß das Heil selber ein Wissen ist, daß die Befreiung Erkennen und mit diesem selber erreicht ist. Damit verwarf er Opfer, Gebet und magische Techniken, wandte sich vielmehr an jeden Einzelnen, der selbst im Denken, in der Lebensführung, in der meditativen Versenkung die Erkenntnis zu erringen hat.

Buddha sprach zum Einzelnen und in kleinen Kreisen. Lehrrede und Gespräch bereiteten die Einsicht vor, die jeder durch eigenen Akt zu gewinnen hat. Wie die Macht von Buddhas Wort dies erleichterte, wie es den Einzelnen plötzlich wie Schuppen von den Augen fiel, wird oft beschrieben: »Es ist wunderbar, es ist erstaunlich, wie wenn man etwas Niedergebeugtes aufrichtet (etwas Verbogenes zurechtbiegt) oder Verborgenes enthüllt (Zugedecktes aufdeckt), oder einem Verirrten den Weg weist, oder im Finstern ein Licht anzündet, also hat der Heilige in mannigfacher Weise die Lehre verkündet.«

c) Weil die Verkündung der Lehre an den Einzelnen und alle Einzelnen sich wendet, weil sie sich als ein Licht weiß, das in die Welt gelangen und überall leuchten soll, ist ein weiteres neues Moment: der bewußte *Missionswille*. Daher hat Buddha von Anfang an die Mönchsgemeinschaft gegründet, die beides zugleich ist: der Weg des Heils für den Einzelnen und die Verbreitung der Lehre im Wandern durch die Welt.

Für die Mission wird die Konzentration der Gedanken auf das Entscheidende wichtig. Die Grundgedanken müssen in außerordentlicher Einfachheit ausgesprochen und ständig wiederholt werden, um wirksam zu sein. Ihre Kraft der Mitteilung gewinnen sie durch Gleichnis, Lehrspruch, Dichtung und durch die Aufnahme der Fülle bildhafter Überlieferung, in der Formung dieser Überlieferung zum Kleide jener Grundgedanken.

5. *Wirkungsgeschichte:* Die Ausbreitung, damit die Verwandlung und Verzweigung des Buddhismus ist ein großes Thema der Religionsgeschichte Asiens (Köppen, Kern, Hackmann; in Chantepie: Sten Konow, Franke, Florenz). Die Ausbreitung ist, nur einmal durch die Initiative eines mächtigen Herrschers (Asoka) bewußt ins Weite gebracht, im ganzen ein stiller gewaltiger Vorgang.

Aus den Texten trifft uns die Einzigartigkeit einer Stimmung, die so nur hier in der Welt aufgetreten ist und ihren Widerhall im weiten Asien gefunden hat. Eine neue Lebenshaltung und metaphysische Grundverfassung werden zu einem Element chinesischen und japanischen Lebens, sänftigen die Völker Tibets, Sibiriens, der Mongolei.

Aber etwas höchst Merkwürdiges ist geschehen. In Indien, das den Buddhismus hervorgebracht hat, ist er wieder erloschen. Sofern Indien aus einem überwältigenden Instinkt indisch bleiben, d. h. in Kasten mit den alten Göttern im Rahmen der philosophisch gedachten Totalität leben wollte, verschwand dort der Buddhismus. Er war menschheitlich gemeint, hat Jahrhunderte in großen Teilen Indiens geherrscht, und er blieb menschheitlich, als er in Indien ohne Gewaltanwendung im Laufe eines Jahrtausends ausstarb. Überall in Asien wurde er der Befreier einer vorher schlummernden Seelentiefe, aber auch überall wurde er wieder bekämpft und beiseite gedrängt, wenn die nationalen Strebungen der Völker sich durchsetzen wollten (in China und Japan).

In den Jahrhunderten um Christi Geburt spaltete sich der Buddhismus in den nördlichen und südlichen, in das Mahayana (das große Fahrzeug zum Überqueren der Wasser des Samsara nach dem Land des Heils) und in das Hinayana (das kleine Fahrzeug). Das Mahayana erscheint gegenüber dem ursprünglicheren und reineren Hinayana wie ein Abfall in religiöse Leibhaftigkeiten. Aber merkwürdig ist, daß das Hinayana, das bis heute in Ceylon und Hinterindien fortbesteht, durch die Zeiten wesentlich das Überlieferte bewahrt und nichts Neues bringt, während das Mahayana in eine großartige neue Entfaltung eintritt, auf deren Grunde nicht nur die religiösen Bedürfnisse der Massen befriedigt werden, sondern auch die sublimierte spekulative Philosophie zu neuer Blüte erwächst. Das Hinayana kann wie eine Verengung erscheinen, einmal durch das starre Festhalten am einmal gewonnenen Kanon, dann durch die Betonung der Vollendung des einzelnen Menschen zum Arhat. Das Mahayana ist dagegen fast unendlich offen für zunächst Fremdes und Neues, es denkt mit größter Entschiedenheit an die Erlösung aller Wesen, nicht nur an die des Einzelnen. Im Mahayana entfalten sich Ansätze Buddhas, die im Hinayana vernachlässigt wurden, vor allem der Entschluß, aus Erbarmen mit der Welt zum Heile der Götter und Menschen sich allen auf jede wirksame Weise zuzuwenden. Bei ihm auch finden sich die Ansätze der sublimen Gedanken, die viel später, im Bereich der mahayanitischen Sekten, von Nagarjuna und anderen allseitig durchdacht wurden.

Aber doch ist das Wesentliche der großen Entfaltung des Mahayana, daß Buddhas Philosophie des Heilspfades in eine Religion verwandelt wurde. Wie deren Erscheinung im Gegensatz zu Buddha aussieht, ist in Kürze zu charakterisieren:

a) *Autorität und Gehorsam:* Mit der Ordensgründung war ein Gemeinschaftsgefühl derer gestiftet, die jeder für sich in der Erkenntnis das Heil erreichten. Aber bald dachten die Glaubenden nicht mehr auf eigene Verantwortung, sondern sie hatten ihre Autorität und lebten faktisch im Gehorsam. Sie nahmen ihre »Zuflucht zu Buddha, zur Lehre, zur Gemeinde«.

b) *Schwinden des Glaubens an die eigene Kraft. Buddha wird zum Gott:* Nach Buddhas Lehre bringen nicht Gebet, nicht Gnade, nicht Opfer und Kultakte die Erlösung, sondern nur die Erkenntnis. Diese als solche ist Erlösung. Nicht zwar eine Erkenntnis als schnell in der Sprache ergreifbares rationales Wissen, sondern Erkenntnis als Erleuchtung. Diese aber befreit nicht erst durch ihre Folgen, sondern als sie selber. Diese Weise des Wissens ist Erlösung dadurch, daß es sich selbst als Erlösung weiß. Sie weiß, mit ihr befreit zu sein von Begier, vom Werden, von Leiden.

Darum schließt Buddha den Bericht von seiner erleuchteten Erkenntnis »Vernichtet ist die Wiedergeburt, erfüllt der heilige Wandel, getan die Pflicht, nicht werde ich zu dieser Welt zurückkehren« mit dem Satz: »Also erkannte ich.«

Jeder Mönch, der die Erkenntnis erreicht hat, darf zu dem sanskara, durch dessen bewußtlose Kraft dies lebendige Dasein erbaut wurde und ohne die erlösende Erkenntnis in endlosen Wiedergeburten immer neu erbauen würde, sagen: »Bauherr, ich spotte dein! Jetzt kenne ich dich, nie baust du mehr ein beinern Haus für mich! Zerbrochen sind des Kerkers Balken all!«

Diese Erkenntnis liegt in der Macht des Menschen. Sie wird errungen durch die eigene Einsicht auf Grund der Kraft der eigenen Lebensführung. Kein Gott gibt die Einsicht, die Götter selbst bedürfen ihrer. Buddha teilt sie mit. Jeder, der sie hört, muß sie selbst ursprünglich erwerben. Daher sein letztes Wort: Strebet ohne Unterlaß. Insofern ist Buddhas Lehre Philosophie. In des Menschen Wille und Kraft liegt es, sie zu erwerben.

Wenn nun aber der Glaube an die Erlösung aus eigenen Kräften erschüttert ist, muß das buddhistische Denken sich wandeln. Der Erschütterte ruft nach dem helfenden Gotte. Aber Götter gibt es nur als selbst zu befreiende, letzthin ohnmächtige Wesen. Der Buddhist sucht die Hilfe, ohne seine Vorstellung von dem sich selbst durch Erkenntnis erlösenden Menschen aufzugeben. Das gelingt dadurch, daß Buddha selbst zum Gotte wird und eine faktisch neue Götterwelt entsteht ohne den Namen der Götter. Buddha, der nur seine Lehre bringen wollte, wird zur göttlichen Gestalt über allen Göttern. Nun war der Glaube an Buddhas Einsicht nicht mehr philosophischer Glaube, sondern Glaube an Buddha. Nicht mehr nur Selbstdenken entscheidet nun, sondern die helfende Wirkung des übersinnlichen Buddha.

Buddha selbst hat seine Erkenntnis gar nicht an seine Person binden wollen. Die überlieferten letzten Worte vor seinem Tode bezeugen es. Buddha wollte die Lehre an die Stelle des persönlichen Lehrers setzen. Aber es blieb nicht bei jener menschlichen Verehrung für einen Lehrer, die für den Empfang und die Aneignung der Lehre bereitmacht, sondern schon in früher Zeit hat der Eindruck der überwältigenden Klarheit der Person Buddhas seine Steigerung zur Folge gehabt. Fast unerschöpflich sind die Beiworte, die dem Buddha schon in den alten Texten gegeben werden: der völlig Erwachte, der Vollendete, der im Wissen und Wandel Vollkommene, der Kenner der Welten, der Allseher, mit ihm wird ein großes Auge offenbar, eine große Helle, ein großer Glanz, – der Überwinder, der Nichtüberwundene, der unvergleichliche Bändiger der ungezähmten Menschen, – der Lehrer der Götter und Menschen, – ohne einen Zweiten, ohne Genossen, ohne einen Gleichen als ein Unvergleichlicher, als der Beste der Menschen.

Dieser einzig verehrte Lehrer wird bald nach seinem Tode Gegenstand des Kults. Seine Reliquien werden Mittelpunkte von Tempelbauten. Schon im dritten Jahrhundert vor Chr. gibt es den Glauben, daß er die Inkarnation eines göttlichen Wesens sei (analog den Avataras in der Vishnureligion), das sich zum Heile der lebendigen Wesen dies auferlegt habe. Jeder irdische Buddha hat sein Gegenbild in der transzendenten Welt, ist als dieser schaubar in der Versenkung (dhyana) und heißt dhyani-buddha. Der dhyani-buddha des irdischen Gautama ist Amidha-Buddha oder Amithaba, der Herrscher des Paradieses im Westen, des Landes Sukhavati, wo er die Gläubigen nach ihrem Tode empfängt. Dort leben sie, wiedergeboren in den Kelchen von Lotosblumen, ein seliges Dasein, bis sie reif werden zum endgültigen Schritt in das Nirvana. Die vielen Abwandlungen dieser übersinnlichen Buddha-Wesen bedeuten das Eine: es sind Gestalten, die dem glaubenden Menschen hilfreich sind, und an die er sich im Gebet wendet, – und es handelt sich um leibhaftige Welten der paradiesischen Seligkeit, die näher liegen als das geheimnisvolle Nirvana.

Mit diesen Verwandlungen erweitert sich die Buddhalegende zu einem ereignisvollen Geschehen im kosmischen Zusammenhang der Götterhimmel, unter Mitwirkung der Götter, Seher, des Teufels (Mara) und der Dämonen, als ein Geschehen voller Zauber und Herrlichkeiten.

c) Der *Verwandlungsprozeß*, der den Buddhismus zur asiatischen Menschheitsreligion hat werden lassen, hat zur *Aufnahme der uralten Motive religiöser Überlieferungen* der Völker, sowohl der hohen Kulturen wie der Naturvölker, geführt. Diese Aufnahme war ermöglicht durch den Sinn, den Buddha der Welt gab. Die radikale Freiheit von der Welt hatte eine ebenso radikale Toleranz für die Welt zur Folge. Denn alles Weltliche beruhte auf dem gleichen Grunde des Nichtwissens, war Irrtum und Schleier und war zu überwinden. Die Gleichgültigkeit gegen das an sich Unwahre ließ die Überwindung von jeder Weise dieser Unwahrheit her möglich sein. Daher hatte der Buddhismus eine unbeschränkte Aufnahmefähigkeit für alle ihm begegnenden Religionen, Philosophien, Lebensformen. Sie galten als Stufe zum Absprung, zu dem einen Ziel, das für unser westliches Denken im Grenzenlosen, Unendlichen verschwebt. Jeder Gedanke, jedes Ethos, jeder Gottesglaube, auch der primitivsten Religionen, alles war mögliche Vorstufe, als solche unumgänglich, aber nicht Ziel.

Das Echo auf das Schweigen Buddhas ist nicht nur die Stille asiatischer Souveränität des Inneren, sondern auch der stimmenreiche und farbenreiche Lärm der phantastischen religiösen Inhalte. Das zu Überwindende wurde faktisch die Lebenssubstanz. Die zunächst fremden religiösen Formen werden zu Kleidern des buddhistischen Denkens und bald zu diesem selber. Ein eindrucksvolles Beispiel ist Tibet: Die alten Zaubermethoden werden selber zu buddhistischen Methoden, die Mönchsgemeinschaft zu einer organisierten Kirche mit weltlicher Herrschaft (mit so vielen Analogien zur katholischen Kirche, daß die erstaunten Christen hier ein Werk des Teufels sahen, der die christliche Wirklichkeit in einem verzerrten Gegenbild nachgemacht habe).

d) *Die Rolle des Menschen:* Mit diesen Wandlungen verwandelt sich auch die Rolle des Menschen, in der sich der Glaubende versteht. Alle Menschen, alle Wesen haben die Anwartschaft, zu der Vorstufe eines kommenden Buddha, zum Bodhisattva zu werden, der nur darum nicht in das Nirvana eingeht, weil er noch einmal wiedergeboren werden will als Buddha, den anderen das Heil zu bringen. Jeder kann dies Ziel haben, und auf dem Wege hilft ihm die Gnade der schon gewordenen Bodhisattvas, die er anruft.

Heldentum und Mitleid sind die Charaktere der Bodhisattvas, die sich den Schrecknissen der Welt aussetzen, bis alle Wesen befreit sind. Nicht mehr das Ideal des einsamen Asketen, sondern das Ideal des allerbarmenden Bodhisattva bewegt den gläubigen Buddhisten. Galt jenem die Lehre von den

Versenkungsstufen, so diesem eine Lehre von den Daseinsstufen bis zur Höhe des Bodhisattva, der von den Buddhas als einer der ihrigen empfangen wird, in himmlischen Regionen weilt und am Ende als menschlicher Buddha in der Welt erscheint (Schayer).

Dem Gläubigen ist Lebensüberdruß ein Zeichen des negativen Haftens am Dasein. Weltindifferenz ist erhaben über Welthaß und Weltliebe, über Weltschmerz und Lebensüberdruß.

Weil Buddha die positiven Möglichkeiten des Menschen auf ein Einziges beschränkt, durch Nichtergreifen, Nichthaften, Nichtwiderstehen das Heil zu gewinnen, so kann ein Aufbau in der Welt, kann Weltgestaltung nicht mehr sinnvoll sein, nicht das geschichtlich erfüllte, durch den Eintritt in die Erscheinung reich werdende Leben, nicht das ins Grenzenlose vordringende wissenschaftliche Wissenwollen, nicht die Geschichtlichkeit der einmaligen Liebe, nicht die Verantwortung in geschichtlicher Einsenkung. Die Welt wird gelassen, wie sie ist. Buddha geht durch sie hindurch, ohne an eine Reform für alle zu denken. Er lehrt, sich von ihr zu lösen, nicht sie zu verändern. »Wie ein lieblicher weißer Lotos nicht befleckt wird vom Wasser, so werde ich von der Welt nicht befleckt.«

Aber die Buddhisten leben doch faktisch in der Welt. Ihre Befreiung von der Welt in vollkommener Gelassenheit hat zwei Möglichkeiten, erstens – bei den Mönchen – das Hingleiten in die Passivität des Unbetroffenseins, in die Preisgabe der Initiative, in das Dulden und die Geduld, in den Schlaf; und zweitens – bei den Laienbuddhisten – das Mittun in der Welt ohne Hineingezogensein in die Welt. Dann ist ihnen das Nirvana gegenwärtig im »Nichthaften« beim aktiv vollzogenen Dasein in der Welt. Der Krieger (etwa der japanische Samurai), der Künstler, jeder tätige Mensch, sie leben als Buddhisten in heroischer Gelassenheit. Sie tun, als ob sie nicht täten. Sie handeln, als ob sie nicht handelten. Sie sind dabei und nicht dabei. Leben und Tod berührt sie nicht. Sie nehmen das eine und das andere unbetroffen hin.

e) *Was bleibt von der ursprünglichen Philosophie?* Angesichts der Verwandlung der Welt des Buddhismus, die vor das Nirvana eine gestaltete reiche Anschauung von Göttlichem legt, die in Dichtung und Kunst uns großartig vor Augen steht, fragt man: Was hat das noch mit Buddha zu tun? Die Antwort wird sein dürfen: In der Götterwelt, den zahllosen Riten und Kultformen, den Institutionen und Sektenbildungen und den freien Mönchsgemeinschaften bleibt von dem philosophischen Ursprung her immer noch ein Rest fühlbar, etwas von den geistigen Mächten, die von ihrer ersten sublimen Verwirklichung her ausstrahlen noch bis in die primitivsten Gestalten. Es ist die wundersame Kraft des Sichhingebens, die Form des Verwehens in das Ewige. Und es ist die buddhistische Liebe als universales Mitleiden und Mitfreuen mit allem Lebendigen, diese Haltung des Nichtangreifens. Es liegt ein Glanz der Milde über Asien trotz alles Schaurigen und Schrecklichen, das dort wie überall geschehen ist und geschieht. Der Buddhismus wurde zur einzigen Weltreligion, die keine Gewalt kennt, keine Ketzerverfolgungen, keine Inquisition, keine Hexenprozesse, keine Kreuzzüge.

Zu dem Wesen des Ursprungs dieses Denkens gehört es, daß hier eine Spaltung zwischen Philosophie und Theologie, zwischen Freiheit der Vernunft und religiöser Autorität nie aufgetreten ist. Die Frage nach dem Unterschied ist nicht gestellt. Die Philosophie war selber religiöses Tun. Es bleibt bei dem Grundsatz: Wissen ist selbst schon Befreiung und Erlösung.

6. *Was bedeuten uns Buddha und der Buddhismus?* Keinen Augenblick dürfen wir die Ferne vergessen: Bedingungen der Einsicht bei Buddha sind die Meditationsübungen, die Lebensführung in Weltindifferenz bei Abkehr von Aufgaben in der Welt. Es wäre nicht genug, etwa nach wissenschaftlicher Denkungsart zwecks Beobachtung zu versuchen, wie weit man mit einigen Yogaübungen käme. Es wäre nicht genug, eine Stimmung der Weltindifferenz zu entwickeln und sich der Beschauung zu ergeben. Wer nicht jahrelang die Meditationsübungen in der gehörigen Weise, mit den Glaubensvoraussetzungen und dem Ethos der Lebensführung, selber vollzogen und erfahren hat, wie weit er darin kommt, kann nur das verstehen, was im Gedanken als solchem mitteilbar wird. Wir dürfen nie vergessen, daß bei Buddha und im Buddhismus eine Quelle fließt, die wir für uns nicht haben fließen lassen, und daß hier eine Grenze des Verstehens liegt. Wir müssen den außerordentlichen Abstand des Ernstes sehen und die billigen und schnellen Annäherungen verwehren. Wir müßten aufhören zu sein, was wir sind, um an der Wahrheit Buddhas wesentlichen Anteil zu gewinnen. Der Unterschied ist nicht der von rationalen Positionen, sondern der von Lebensverfassung und Denkungsart selbst.

Aber über der Ferne brauchen wir den Gedanken nicht zu verlieren, daß wir alle Menschen sind. Es handelt sich überall um dieselben Daseinsfragen des Menschen. Hier bei Buddha ist eine große Lösung gefunden und verwirklicht, die zu kennen und nach Kräften zu verstehen uns aufgegeben ist.

Die Frage ist die, wie weit wir verstehen können, was wir selber nicht sind und nicht verwirklichen. Unsere Forderung ist es, daß dies Verstehen in einer nicht begrenzbaren Annäherung möglich sei, wenn Voreiligkeit und vermeintliche Endgültigkeit des Verstehens vermieden werden. Im Verstehen halten wir tief verschlossene Möglichkeiten unserer selbst wach, und im Verstehen verwehren wir die Verabsolutierung unserer eigenen objektivierten Geschichtlichkeit zum ausschließend Wahren.

Wir dürfen behaupten, daß alles, was in den buddhistischen Texten gesagt wird, sich an das normale Wachbewußtsein wendet und darum für dieses in einem gewissen Grade verständlich sein muß.

Daß der Lebensweg Buddhas möglich war und wirklich wurde, und daß in Asien bis heute noch hier und da ein buddhistisches Leben wirklich ist, das ist eine große Tatsache. Das Wissen darum zeigt die Fragwürdigkeit des Menschseins. Der Mensch ist nicht, was er nun einmal ist, sondern er ist offen. Er kennt nicht *eine* Lösung, nicht *eine* Verwirklichung als die allein richtige.

Buddha ist die Verwirklichung eines Menschseins, das in der Welt in bezug auf die Welt keine Aufgaben anerkennt, sondern in der Welt die Welt verläßt. Es kämpft nicht, es widersteht nicht. Es will nur als dies durch Nichtwissen gewordene Dasein erlöschen, aber es will so radikal erlöschen, daß es sich nicht einmal nach dem Tode sehnt, weil es über Leben und Tod hinaus eine Stätte der Ewigkeit gefunden hat.

Mag aus dem Abendlande entgegenschwingen, was analog scheint, die Gelassenheit, die Weltfreiheit der Mystik, das Nichtwiderstehen dem Bösen bei Jesus: im Abendland war Ansatz oder Moment, was in Asien zum Ganzen und damit ganz anders wurde.

Daher bleibt das erregende Spannungsverhältnis zum andern, wie im Persönlichen von Mensch zu Mensch, so im großen von einer gemeinschaftlichen Welt des Geistes zur anderen. Wie im persönlichen Umgang bei aller Freundlichkeit und Nähe und Vertrauen und Wohlwollen plötzlich eine Ferne fühlbar werden kann, als ob es wie ein Entgleiten wäre, des anderen und meiner selbst, als ob ein Nicht-anders-sein-können sich trenne und dies im letzten Grunde doch nicht anerkennen will, weil die Forderung der gemeinsamen Bezogenheit auf die Mitte der Ewigkeit nicht aufhört, daher ein besseres Verstehen immer wieder gesucht wird, – so ist es zwischen Asien und Abendland.

Konfuzius

Quellen: Chinesischer Kanon, darin besonders: Lun-Yü. – Ferner: Se-ma-tsien (übersetzt von Wilhelm in seinem »Konfuzius«). – Übersetzungen: Wilhelm. Haas.
Literatur: Wilhelm. Crow. Stübe. von der Gabelentz. O. Franke.

Durch die Schichten der umformenden Überlieferung hindurch das Bild des historischen Konfuzius zu erreichen, kann unmöglich scheinen. Obgleich seine Arbeit auch im Redigieren von Überlieferungen und in eigenem Schreiben bestand, besitzen wir doch keine Zeile, die in dieser Form sicher von ihm stammt. Die Meinungsverschiedenheiten der Sinologen sind beträchtlich auch in bezug auf wichtige Tatsachenfragen: z. B. hat nach Franke Konfuzius das I-king gar nicht gekannt, das doch nach der Überlieferung in seinen letzten Lebensjahren Gegenstand seiner Studien war. Nach Forke hat Laotse, der nach der Überlieferung der verehrte alte Meister für Konfuzius war, beträchtlich später als er gelebt. Die Befunde sind derart, daß sich plausible Gründe für und gegen vorbringen lassen. Ein historisches, wenn auch im einzelnen ungewisses Bild ist trotzdem zu gewinnen, wenn man sich an das hält, was in den gehaltreichen Texten am überzeugendsten auf ihn selbst zurückzuführen ist. Es macht die großartige Einheit seines Wesens, oft im Widerspruch mit späteren chinesischen Bildern, fühlbar. Man darf in der alten Lebensgeschichte des Se-ma-tsien aus dem letzten Jahrhundert vor Chr. und im Lun-Yü persönliche, unerfindbare Züge wahrnehmen. Man kann die geistige Situation vergegenwärtigen, in der er lebte und dachte, und die Gegner, die ein Licht auf ihn werfen.

1. *Lebensgeschichte:* Konfuzius (etwa 551–479) wurde geboren und starb im Staate Lu. Mit drei Jahren verlor er den Vater, wuchs, von seiner Mutter versorgt, in dürftigen Verhältnissen heran. Schon als Knabe stellte er gern Opfergefäße auf und ahmte die Gebärden der Feierlichkeiten nach. Mit 19 Jahren schloß er seine Ehe, hatte einen Sohn und zwei Töchter. Weder zu seiner Frau noch zu seinen Kindern hatte er ein herzliches Verhältnis. Er war groß an Gestalt und von überlegener Körperkraft.

Mit 19 Jahren trat er in den Dienst einer vornehmen Familie als Aufseher der Äcker und Herden. Mit 32 Jahren war er für die Söhne eines Ministers in Lu Lehrer des alten Rituals. Mit 33 Jahren machte er eine Reise zur Reichshauptstadt Lo-yang, um die Institutionen, Gebräuche und Überlieferungen des Tschou-Reiches (des alten chinesischen

Einheitsreiches) zu studieren, das, faktisch zerfallen in die zahlreichen größeren und kleineren sich bekämpfenden Staaten, dort ein nur noch religiöses Zentrum hatte. Damals soll ein Besuch bei Laotse stattgefunden haben. Mit dem Herzog von Lu floh Konfuzius, 34 Jahre alt, vor der Bedrohung durch mächtige Adelsfamilien in einen Nachbarstaat. Dort hörte er Musik, lernte sie ausüben, war so hingerissen, daß er das Essen vergaß. Heimgekehrt lebte er in Lu 15 Jahre lang nur seinen Studien.

Mit 51 Jahren trat er wieder in ein Amt des Staates Lu, wurde Justizminister und schließlich Kanzler. Seine Wirksamkeit stärkte die Macht des Herzogs. Die Adelsfamilien wurden überwunden, ihre Städte der Befestigungen beraubt. Das Land blühte. Die Außenpolitik war erfolgreich. Aus Sorge vor diesem Aufschwung Lus sandte der Herzog eines Nachbarstaates dem Herzog von Lu ein Geschenk von achtzig in Tanz und Musik wohl ausgebildeten schönen Mädchen und dreißig Viergespannen prächtiger Pferde. Der Herzog fand daran so viel Vergnügen, daß er die Regierung vernachlässigte. Auf Konfuzius hörte er nicht mehr. Dieser ging – nach vierjähriger glanzvoller Tätigkeit. Langsam, mit Unterbrechungen, reiste er aus dem Lande, immer noch in der Hoffnung, zurückgerufen zu werden.

Nun folgte eine zwölfjährige Wanderzeit von seinem 56. bis 68. Lebensjahr. Er ging von Staat zu Staat, um irgendwo seine Lehre politisch verwirklichen zu können. Augenblickliche Hoffnungen und dann wieder Niedergedrücktheit, Abenteuer und erlittene Überfälle waren sein Los. Viele Geschichten werden erzählt, wie Schüler ihn begleiten, ihn mahnen und trösten, wie er einen erzwungenen Eid bricht, wie der Herzog von Wei mit seiner berüchtigten Gattin Nan-tse über den Marktplatz fährt, Konfuzius in einem Wagen nachfolgen läßt und das Volk höhnt: »Wollust voran und Tugend hinterher.« Ein Schüler macht dem Meister darob Vorwürfe. Konfuzius verläßt auch diesen Staat. Durch die Jahre verliert Konfuzius nicht das Vertrauen auf seine Berufung als politischer Erzieher und Ordner des Reiches. Wohl spricht er gelegentlich: »Laßt mich heim, laßt mich heim.« Als er schließlich, alt geworden, im 68. Lebensjahr, völlig erfolglos, in seinen Staat zurückkehrt, klagt er in einem Gedicht, nach dem langen Wandern durch neun Provinzen winke ihm am Ende kein Ziel: die Menschen sind ohne Einsicht, schnell vergehen die Jahre.

Seine letzte Lebenszeit verbrachte er still in Lu. Kein Staatsamt nahm er an. Eine tiefe Verwandlung soll mit ihm vorgegangen sein.

Einst hatte ein Eremit von ihm gesagt: »Ist das nicht der Mann, der weiß, daß es nicht geht, und dennoch fortmacht?« Konfuzius' Größe war es in der Tat all die Jahre gewesen, so zu handeln. Jetzt aber hatte der Greis verzichtet. Er studierte das geheimnisreiche »Buch der Wandlungen« und vollendete seine planvolle Begründung der neuen Erziehung literarisch durch die Redaktion der Schriften der Überlieferung und praktisch durch seine Lehrtätigkeit für einen Kreis von Schülern.

Eines Morgens fühlte Konfuzius den Tod herannahen. Er ging im Hof und summte vor sich hin die Worte: »Der große Berg muß zusammenstürzen, der starke Balken muß zerbrechen, und der Weise schwindet dahin wie eine Pflanze.« Als ein besorgter Schüler ihn ansprach, sagte er: »Kein weiser Herrscher ersteht, und niemand im Reich will mich zu seinem Lehrer machen. Meine Todesstunde ist gekommen.« Er legte sich und starb nach acht Tagen, 73 Jahre alt.

2. *Konfuzius' Grundgedanke: Rettung des Menschen durch Erneuerung des Altertums:* In der Not der Auflösung des Reichs, in der Friedlosigkeit und Zerrüttung der Zeit, war Konfuzius einer von den vielen wandernden Philosophen, die mit ihrem Rat das Heil bringen wollten. Für alle war der Weg das Wissen, für Konfuzius der Weg des Wissens um das Altertum. Seine Grundfragen waren: Was ist das Alte? wie ist es anzueignen? wodurch wird es verwirklicht?

Diese Weise des Alten war selber etwas Neues. Was wirklich gelebt und getan wird, das ist, zum Bewußtsein gebracht, verwandelt. Weiß es um sich, dann ist es nicht mehr naiv. Ist es bloße Gewohnheit geworden, kommt in sie durch das Wissen ein bewegender und zugleich verläßlicher Charakter. Ist es vergessen, wird es wiedererinnert und wiederhergestellt. Aber wie es auch verstanden wird, es ist als Verstandenes nicht mehr dasselbe.

Durch die Übersetzung der Überlieferung in bewußte Grundgedanken wird in der Tat eine neue Philosophie wirklich, die sich als Identität mit der uralten versteht. Eigene Gedanken werden nicht als eigene zur Geltung gebracht. Die jüdischen Propheten verkündeten Gottes Offenbarung, Konfuzius die Stimme des Altertums. Das Sichbeugen unter das Alte verwehrt den Übermut, aus der eigenen Winzigkeit den ungeheuren Anspruch zu erheben. Es erhöht die Chance, Glauben und Gefolgschaft zu finden bei allen, die noch in der Substanz einer Herkunft leben. Das eigene Denken, aus dem Nichts bloßen Verstandes, ist vergeblich. »Ich habe nicht gegessen und nicht geschlafen, um nachzudenken; es nützt nichts: besser ist es zu lernen.« Aber Lernen und

Denken gehören zusammen. Eins verlangt das andere. Einerseits: »Denken und nicht lernen ist ermüdend, gefährlich.« Andrerseits: »Lernen und nicht denken ist nichtig.«

»Ein Überlieferer bin ich, nicht einer, der Neues schafft: treu bin ich, liebe das Altertum.« Mit solchen Worten spricht Konfuzius seine Grundstimmung der Pietät aus. Die Substanz unseres Wesens liegt im Ursprung der Geschichte. Konfuzius entwirft ein Geschichtsbild, das die einzige Wahrheit zur Geltung bringen soll. Dabei beachtet er wenig die großen Erfinder von Wagen, Pflug, Schiff, die Fu-Hsi, Schen Nung (den göttlichen Landmann), Huang Ti. Die eigentliche Geschichte beginnt ihm mit den Gründern von Gesellschaft und Regierung, der Sitten und Ordnungen. Am Anfang stehen die Idealgestalten von Yao, Schun, Yü: sie schauten die ewigen Urbilder im Himmel. Er preist diese Männer mit den höchsten Worten. »Nur der Himmel ist groß, nur Yao entsprach ihm.« Diese größten Gründer und Herrscher wählten jeweils den Besten der Menschen zu ihrem Nachfolger. Das Unheil begann, als mit der Hsiadynastie die Erblichkeit zur Geltung kam. Damit sank notwendig der Rang der Herrscher. Es endete schließlich mit einem Tyrannen, der als Nichtherrscher gemäß dem Willen des Himmels abgelöst wurde durch eine Umwälzung, die wieder einen echten Herrscher, Tang, den Begründer der Schangdynastie einsetzte. Da die Erblichkeit blieb, wiederholte sich dasselbe Spiel. Der Letzte der Dynastie, wieder der vollendete Tyrann, wurde im 12. Jahrhundert ersetzt durch die Tschoudynastie. Diese schuf von neuem die Grundlage durch Erneuerung der nun schon uralten chinesischen Welt. Nun, als Konfuzius lebte, ist diese wieder ohnmächtig geworden im Zerfall zu vielen Staaten. Für die Erneuerung will Konfuzius wirken. In seinem Erneuerungwillen bezieht er sich auf die Gründer der Tschoudynastie, insbesondere auf den Herzog von Tschou, der für seinen minderjährigen Neffen die Regierung führte, ohne treulos den Kaiserthron zu usurpieren. Er ist durch seine Schriften und Handlungen das Vorbild für Konfuzius selbst.

Diese Auffassung der Geschichte durch Konfuzius ist erstens »kritisch«: er unterscheidet, was gut und böse war, wählt aus, was der Erinnerung wert ist als Vorbild oder als abschreckendes Beispiel. Zweitens weiß er, daß nichts identisch in seiner Äußerlichkeit wiederhergestellt werden darf. »Ein Mann, der geboren ist in unseren Tagen und zurückkehrt zu den Wegen des Altertums, er ist ein Tor und bringt sich ins Unglück.« Es handelt sich um Wiederholung des ewig Wahren, nicht um Nachahmung des Vergangenen. Die ewigen Gedanken waren im Altertum nur offenbarer. Jetzt in der verdunkelten Zeit will er sie von neuem leuchten lassen, indem er sich selbst durch sie erfüllt.

Jedoch trägt diese Gesinnung des Abgeschlossenseins der ewigen Wahrheit in sich eine Dynamik durch die Weise, wie das Alte angeeignet wird. Sie wirkt in der Tat nicht abschließend, sondern vorantreibend. Konfuzius bringt eine lebendige Lösung des großen Problems jener Autorität, die nicht nur durch das Monopol der Gewaltanwendung die Macht ist. Wie das tatsächlich Neue in Koinzidenz mit der Überlieferung aus dem Quell ewiger Gültigkeit Substanz des Daseins wird, ist hier zum erstenmal in der Geschichte durch eine große Philosophie zum Bewußtsein gebracht: die konservative Lebensform, die bewegt ist durch aufgeschlossene Liberalität.

Wenn das Wahre in der Vergangenheit offenbar war, so ist der Weg zum Wahren die Erforschung dieser Vergangenheit, aber mit der Unterscheidung des Wahren und Falschen in ihr selber. Der Weg ist Lernen, nicht des bloßen Wissens von etwas, sondern als Aneignung. Die Wahrheit, die schon da ist, ist nicht auswendig zu lernen, sondern innerlich und damit auch äußerlich zu verwirklichen.

Der Leitfaden dieses echten »Lernens« ist das Dasein der Bücher und der Schule. Die Bücher schuf Konfuzius, indem er alte Schriften, Urkunden, Lieder, Orakel, Vorschriften für Sitten und Gebräuche auswählte und redigierte nach dem Maßstab der Wahrheit und Wirksamkeit. Die Erziehung begründete er durch Schule, zunächst durch seine private Schule, in der die Jünglinge zu kommenden Staatsmännern gebildet werden sollten.

Damit ist die Weise des Lernens und Lehrens zu einem Grundproblem geworden.

Was Konfuzius unter Lernen versteht, ist nicht erreichbar ohne die *Voraussetzung des sittlichen Lebens* beim Schüler. Der Jüngling soll Eltern und Brüder lieben. Er soll wahrhaftig und pünktlich sein. Wer sich schlecht benimmt, wird im Lernen nie das Wesentliche treffen. Als ein Schüler sich auf den Platz eines Älteren setzt, heißt es: »Er strebt nicht danach, Fortschritte zu machen, er will es rasch zu etwas bringen.« Im sittlichen Wandel soll er die Künste erlernen: Riten, Musik, Bogenschießen, Wagenlenken, Schreiben und Rechnen. Erst auf diesem Grunde gedeihen die literarischen Studien.

Sinnvolles Studium weiß *die Schwierigkeiten* und erträgt sie in dem Ringen, das nie ans Ende kommt. Ein das Lernen Liebender weiß täglich, was ihm fehlt; er vergißt nicht, was er kann; denn er gibt sich ständig Rechenschaft. Der Weg ist schwer: »Wer lernt, dringt darum noch nicht zur Wahrheit vor; wer zur Wahrheit vordringt, ist noch nicht imstande, sie zu festigen; wer sie festigt, kann darum noch nicht sie im Einzelfall abwägen.« Darum muß der Jüngling lernen, als gäbe es nimmer ein Zum-Ziele-Kommen, und als hätte er zu fürchten, es noch zu verlieren. Aber einen Schüler, der meint, seine Kraft reiche nicht aus, ermutigt Konfuzius: »Wem seine Kraft nicht ausreicht, der bleibt auf halbem Wege liegen; aber du beschränkst dich ja von vornherein selber.« Fehler dürfen nicht lähmen: »Einen Fehler begehen und ihn nicht wieder gutmachen (sich nicht ändern), erst das heißt fehlen.« Sein Lieblingsschüler wird gerühmt: »Er machte keinen Fehler zum zweitenmal.«

Konfuzius spricht von seinem *Verhältnis zu den Schülern*: »Wem es nicht ernstlich darum zu tun ist, etwas zu lernen, dem erteile ich nicht meinen Unterricht; wer sich nicht wirklich bemüht, sich auszudrücken, dem helfe ich nicht nach. Habe ich eine Ecke gezeigt, und er kann nicht von sich selber auf die drei anderen kommen, so ist es bei mir vorbei mit dem Erklären.« Aber die Weise der Bewährung liegt nicht in der sofortigen Antwort: »Ich redete mit Hui den ganzen Tag; er erwiderte nichts wie ein Tor. Ich beobachtete ihn beim Alleinsein; da war er imstande, meine Lehre zu entwickeln. Er ist kein Tor.« Konfuzius lobt nicht über Gebühr. »Spende ich einem Lob, so ist es, weil ich ihn erprobt habe.«

Seine eigenen Studien beschreibt Konfuzius. Nicht von Geburt habe er das Wissen, erst als Liebhaber des Altertums sei er ernstlich darauf aus, es zu gewinnen. Er achte auf seine Weggenossen, dem einen abzusehen, was Gutes an ihm sei, und es zu befolgen, dem andern sein Nichtgutes, um es selber anders zu machen. Ihm sei das ursprüngliche Wissen versagt. »Vieles hören, das Gute davon auswählen und ihm folgen, vieles sehen und es sich merken, das ist wenigstens die zweite Stufe der Weisheit.« Langsam im Gange der Lebensalter vollzog sich sein Fortschritt: »Ich war fünfzehn, und mein Wille stand aufs Lernen, mit dreißig stand ich fest, mit vierzig hatte ich keine Zweifel mehr, mit fünfzig war mir das Gesetz des Himmels kund, mit sechzig war mein Ohr aufgetan; mit siebzig konnte ich meines Herzens Wünschen folgen, ohne das Maß zu überschreiten.«

Der Sinn alles Lernens ist die *Praxis:* »Wenn einer alle dreihundert Stücke des Liederbuches auswendig hersagen kann, und er versteht es nicht, mit der Regierung beauftragt, (seinen Posten) auszufüllen oder kann nicht selbständig antworten, wenn er als Gesandter ins Ausland geschickt wird: wozu ist (einem solchen Menschen) alle seine viele Gelehrsamkeit nütze?«

Beim Lernen kommt es auf die *innerliche Formung* an. »Warum doch, Kinder, studiert ihr nicht die Lieder? An den Liedern kann man sich aufrichten, an ihnen kann man sich selbst prüfen, an ihnen Geselligkeit lernen, an ihnen hassen lernen und lernen, zu Hause dem Vater und draußen dem Fürsten zu dienen.« »Des Liederbuchs drei Hundert sind befaßt in dem einen Worte: Keine schlimmen Gedanken hegen.«

Ohne Lernen sind andererseits alle anderen Tugenden in der Umnebelung und entarten sogleich: Ohne Lernen wird Geradheit zu Grobheit, Tapferkeit zu Ungehorsam, Festigkeit zu Schrullenhaftigkeit, wird Humanität zu Dummheit, Weisheit zu Zerfahrenheit, Wahrhaftigkeit zum Ruin.

Wie das Neue dieser Philosophie in der Gestalt des Alten sich ausspricht, das ist nun als Philosophie des Konfuzius näher darzulegen. Es sind zu zeigen erstens das sittlich-politische Ethos und sein Gipfel im Ideal des »Edlen«, zweitens die Gedanken des beherrschenden Grundwissens, drittens wie die schöne Vollendung dieser Gedankenwelt in die Schwebe gebracht ist durch das Grenzbewußtsein des Konfuzius, nämlich sein Wissen um die Grenze der Erziehung und der Mitteilbarkeit, des Erkennens, sein Wissen um sein eigenes Scheitern und seine Berührung dessen, was sein gesamtes Werk zugleich in Frage stellt und trägt.

3. *Das sittlich-politische Ethos des Konfuzius:* Grundlegend sind die Sitten und die Musik. Es kommt an auf die Formung, nicht die Tilgung der gegebenen Natur. Das Ethos verwirklicht sich im Umgang der Menschen miteinander und in der Regierung. Es wird sichtbar in der Gestalt des einzelnen Menschen als dem Ideal des »Edlen«.

a) *Li:* Die Ordnung wird durch Sitten, (li, Gebote des Benehmens) erhalten. »Ein Volk kann nur durch Sitte, nicht durch Wissen geleitet werden.« Die Sitten schaffen den Geist des Ganzen und werden wiederum von ihm beseelt. Der Einzelne wird nur durch die Tugenden der Gemeinschaft zum Menschen. Die li bedeuten die ständige Erziehung aller. Sie sind die Formen, durch die in allen Daseinssphären die gehörige Stimmung entsteht, die ernsthafte Teilnahme an den Sachen, das Vertrauen, die Achtung. Sie lenken den Menschen durch etwas Allgemeines, das durch Erziehung erworben und zur zweiten Natur wird, so daß das Allgemeine als das eigene Wesen, nicht als aus Zwang empfunden und gelebt wird. Dem Einzelnen geben die Formen Festigkeit und Sicherheit und Freiheit.

Konfuzius hat die li in ihrer Gesamtheit zum Bewußtsein gebracht, sie beobachtet, gesammelt, ausgesprochen und geordnet. Die ganze Welt chinesischer Sitten steht ihm vor Augen: der Anstand, mit dem man geht, grüßt, sich gesellig verhält und dies je nach Situation in besonderer Form; die Weisen der Opfer, der Feiern, der Feste; die Riten bei Hochzeit, Geburt, Tod und Begräbnis; Regeln der Verwaltung; die Ordnungen der Arbeit, des Krieges, des Tageslaufs, der Jahreszeiten, der Lebensstufen, der Familie, der Behandlung der Gäste; die Funktionen des Hausvaters, des Priesters; die Formen des Lebens am Hofe, der Beamten. Die berühmte und vielgeschmähte chinesische Lebensordnung in Formen hat durch Jahrtausende einen Bestand gehabt, beherrscht von einem alles durchdringenden Ordnungszweck, aus dem der Mensch keinen Augenblick herausfallen kann, ohne Schaden zu nehmen.

Bei Konfuzius nun haben die li keineswegs einen absoluten Charakter. »Geweckt wird man durch die Lieder, gefestigt durch die li, vollendet durch Musik.« Die bloße Form hat wie das bloße Wissen keinen Wert ohne Ursprünglichkeit, die sie erfüllt, ohne die Menschlichkeit, die sich in ihr auswirkt.

Mensch wird, wer »sein Selbst überwindend sich in die Schranken der li, der Gesetze der Sitte, begibt.« Wenn zum Beispiel die Gerechtigkeit auch die Hauptsache ist, so »läßt sich der Edle bei ihrer Ausübung leiten von den li«. Die li und der Gehalt (Ursprünglichkeit) sollen im Gleichgewicht sein. »Bei wem der Gehalt überwiegt, der ist ungeschlacht, bei wem die Form überwiegt, der ist ein Schreiber (geistiger Stutzer).« Bei der Ausübung der Formen ist die Hauptsache »Freiheit und Leichtigkeit«, aber »diese Freiheit nicht durch den Rhythmus fester Formen regeln, das geht auch nicht«.

»Ein Mensch ohne Menschenliebe, was helfen dem die li?« »Hervorragende Stellung ohne große Artung, Kultus ohne Ehrfurcht, Beerdigungsgebräuche ohne Herzenstrauer: solche Zustände kann ich nicht mit ansehen.« Wer bei der Darbringung eines Opfers nicht innerlich anwesend ist, bei dem ist es, als habe er gar nicht geopfert.

Die Notwendigkeit des Gleichgewichts von li und Ursprünglichkeit läßt Konfuzius die eine wie die andere Seite betonen. »Die auf dem Gebiete der li und der Musik die Bahn gebrochen, sind uns rohe Leute; die in der Folge auf diesem Gebiete vorschritten, sind uns fein gebildet. Soll ich Gebrauch machen, so folge ich lieber denen, die zuerst die Bahn gebrochen haben.« Dann wieder wird die Form als Form bewertet: Tse-kung war für die Abschaffung des jeweils am ersten des Monats üblichen Schafopfers. Der Meister sprach: »Mein lieber Tse, dir ist es um das Schaf, mir um den Brauch« (li).

In dem Denken des Konfuzius wird Sitte, Sittlichkeit und Recht noch nicht unterschieden. Um so klarer fällt der Blick auf deren gemeinsame Wurzel. Es ist auch nicht die Unterscheidung von ästhetisch-unverbindlich und ethisch-verbindlich, des Schönen und des Guten da. Um so heller ist, daß das Schöne nicht schön ist, ohne gut zu sein, und das Gute nicht gut, ohne schön zu sein.

b) *Musik:* In der Musik sah Konfuzius mit den li den Erziehungsfaktor ersten Ranges. Der Geist der Gemeinschaft wird bestimmt durch die Musik, die gehört wird; der Geist des Einzelnen findet hier die Motive, die sein Leben ordnen. Daher hat die Regierung Musik zu fördern und zu verbieten: »Man nehme die Schan-Musik mit ihren Rhythmen, man verbiete die Dschong-Musik, denn der Klang der Dschong ist ausschweifend.«

In dem Liki finden sich Erörterungen, die dem Sinn des Konfuzius gemäß sind: »Wer Musik versteht, erreicht dadurch die Geheimnisse der Sitte.« »Die höchste Musik ist stets leicht und höchste Sitte stets einfach; die höchste Musik entfernt den Groll, die höchste Sitte entfernt den Streit.« »In der Sichtbarkeit herrschen Sitte und Musik; im Unsichtbaren herrschen Geister und Götter.« »Verwirrte Musik und das Volk wird zuchtlos ... Die Kraft der ausgelassenen Lust wird erregt, und die Geisteskraft der ruhigen Harmonie vernichtet.« »Wenn man die Töne der Lobgesänge hört, so wird Sinn und Wille weit.« Aber auch die Musik ist, wie die li, nicht an sich absolut: »Ein Mensch ohne Menschenliebe, was hilft dem die Musik?«

c) *Natur und Formung:* Konfuzius steht allem Natürlichen bejahend gegenüber. Allem wird seine Ordnung, sein Maß, sein Ort gegeben, nichts wird verworfen. Daher Selbstüberwindung, aber nicht Askese. Durch Formung wird die Natur gut, durch Vergewaltigung entsteht Unheil. Auch Haß und Zorn haben ihr Recht. Der Gute kann in der rechten Weise lieben und hassen, z. B.: »Er haßt die, welche selbst niedrig sind und Leute, die über ihnen stehen, verleumden; er haßt die Mutigen, die keine Sitte kennen; er haßt die waghalsigen Fanatiker, die beschränkt sind.«

d) *Umgang mit Menschen:* Der Umgang mit Menschen ist das Lebenselement des Konfuzius. »Der Edle vernachlässigt nicht seine Nächsten.« Im Umgang aber stößt man auf Gute und Schlechte. Wohl gilt da: »Habe keinen Freund, der dir nicht gleich ist«, aber gegen den Satz: »Mit denen, die es wert sind, Gemeinschaft haben, die, die es nicht wert sind, fernhalten«, sagt Konfuzius vielmehr: »Der Edle ehrt den Würdigen und erträgt alle.« Doch im Umgang mit jedermann bleibt er besonnen: »Anlügen mag der Edle sich lassen, übertölpeln nicht. Der Edle befördert das Schöne der Menschen, der Gemeine das Unschöne.« Der Geist zusammenlebender Menschen wächst daher nach der einen oder anderen Seite hin. »Was einen Ort schön macht, ist die dort waltende Humanität. Wer, wenn er wählen kann, nicht unter Humanen sich niederläßt, ist nicht weise.«

Die menschlichen Beziehungen wandeln sich ab in folgenden Grundbeziehungen: Zu den *Lebensaltern:* »Den Alten möchte ich Ruhe geben; gegen Freunde möchte ich Treue üben; die Jugend möchte ich zärtlich lieben.« – Das rechte Verhalten zu den *Eltern:* Ihnen im Leben dienen, sie nach dem Tode recht bestatten, in der Folge ihnen opfern. Es genügt nicht, die Eltern zu ernähren; »fehlt die Ehrerbietung, wo wäre da ein Unterschied zu den Tieren«. Man darf ihnen, im Falle sie zu irren scheinen, Vorstellungen machen, aber in Ehrerbietung, und hat ihrem Willen zu folgen. Der Sohn deckt die Verfehlungen des Vaters. – Gegen *Freunde:* Du sollst keine Freunde haben, die nicht wenigstens so gut sind wie du selbst. Treue ist die Grundlage. Man wird sich gegenseitig »getreulich ermahnen und geschickt zurecht führen«. Es gibt Verantwortung dafür, wem man sich verbindet oder nicht verbindet. »Läßt sich mit einem reden, und man redet nicht mit ihm, so hat man einen Menschen verloren; läßt sich nicht mit einem reden, und man redet mit ihm, so hat man seine Worte loren.« Falsch sind glatte Worte, gefällige Miene, übertriebene Höflichkeit, falsch ist es, seinen Widerwillen zu verbergen und den Freund zu spielen. Freunde sind verläßlich: »Wenn das Jahr kalt ist, weiß man, daß Pinien und Zypressen immergrün sind.« – Gegen die *Obrigkeit:* »Ein guter Beamter dient dem Fürsten gemäß dem rechten Wege; ist ihm das nicht möglich, so tritt er zurück.« Er wird den Fürsten »nicht hintergehen, aber ihm offen widerstehen«, »wird mit belehrenden Vorstellungen nicht zurückhalten«. »Befindet sich das Land auf dem rechten Wege, mag er kühn reden und kühn handeln; befindet es sich nicht auf dem rechten Wege, so mag er kühn vorgehen, aber wird behutsam in seinen Worten sein.« – Gegen *Untergebene:* Der Edle gibt seinen Dienern keinen Anlaß zum Groll darüber, daß er sie nicht gebraucht, er verlangt aber nichts Vollkommenes von einem Menschen (während der Gemeine in seiner Verwendung der Leute Vollkommenheit fordert), er berücksichtigt ihre Fähigkeiten, er verwirft alte Vertraute nicht ohne schwerwiegenden Grund. Aber er weiß auch die Schwierigkeiten bei Schlechten: »Ist man zu intim, so werden sie plump vertraulich; hält man sich zurück, so werden sie unzufrieden.«

Auffällig ist die Gleichgültigkeit des Konfuzius gegen die Frauen. Er schweigt über das Verhältnis der Ehegatten, urteilt abfällig über Frauen, hat für einen Doppelselbstmord Liebender nur Verachtung, sagt gern, nichts sei schwieriger zu behandeln als Weiber. Die Atmosphäre um ihn ist maskulin.

e) *Regierung:* Die politische Regierung ist das, worauf sich alles andere bezieht und wovon es sich herleitet. Konfuzius denkt in der Polarität dessen, was zu machen ist, und dessen, was wachsen muß. Gute Regierung ist nur möglich in dem Zustand, der durch die li, durch die rechte Musik, durch die menschlichen Umgangsweisen geprägt ist als das heilvolle Zusammenleben. Dieser Zustand muß wachsen. Wenn er aber nicht zu machen ist, so läßt er sich doch fördern oder stören.

Ein Mittel der Regierung sind *Gesetze.* Aber Gesetze haben Folgen nur in begrenztem Umfang. Und an sich sind sie unheilvoll. Besser ist das *Vorbild.* Denn wo Gesetze leiten sollen, da wird sich das Volk ohne Scham den Strafen entziehen. Wo dagegen das Vorbild leitet, da wird das Volk Scham empfinden und sich bessern. Wenn an die Gesetze appelliert wird, ist schon etwas nicht in Ordnung. »Im Anhören von Klagesachen bin ich nicht besser als irgendein anderer. Woran mir aber alles liegt, das ist, zu bewirken, daß gar keine Klagesachen entstehen.«

Für drei Ziele muß eine rechte Regierung sorgen: für genügende *Nahrung*, für genügende *Wehrmacht* und für das *Vertrauen* des Volkes zur Regierung.

Muß man von diesen dreien etwas aufgeben, so kann man am ehesten auf die Wehrmacht verzichten, dann auf die Nahrung (»von altersher müssen die Menschen sterben«), nie aber kann man auf Vertrauen verzichten: »Wenn das Volk kein Vertrauen hat, so ist Regierung überhaupt unmöglich.« Das ist die Rangordnung des Wesentlichen. Im planenden Vorgehen aber kann man nicht mit der Forderung von Vertrauen anfangen. Dieses ist überhaupt nicht zu fordern, sondern zum spontanen Wachsen zu bringen. Für das Planen ist das erste: »das Volk wohlhabend machen«, – das zweite: »es bilden«.

Zur guten Regierung gehört der *gute Fürst.* Er läßt die natürlichen Quellen des Reichtums fließen. Er wählt vorsichtig, mit welcher Arbeit die Menschen zu bemühen sind; dann murren sie nicht. Er ist erhaben, ohne hochmütig zu sein, das heißt: er behandelt die Menschen nicht geringschätzig, ob er es mit Vielen oder Wenigen, mit Großen oder Kleinen zu tun hat. Er ist ehrfurchtgebietend, ohne heftig zu sein. Wie der Polarstern steht er ruhig und läßt alles um sich herum in Ordnung sich bewegen. Weil er selbst das Gute will, wird auch das Volk gut. »Lieben die Oberen die gute Sitte, so wird das Volk leicht zu handhaben sein.« »Wenn einer nur in eigener Person recht ist, so braucht er nicht zu befehlen, und es geht doch.«

Der gute Fürst versteht die Wahl der rechten Beamten. Selber würdig, fördert er die Würdigen. »Man muß die Geraden erheben, daß sie auf die Verdrehten drücken, dann werden die Verdrehten gerade.« »Vor allem sorge für geeignete Beamte, dann sieh hinweg über kleine Fehltritte.« Aber: »Mit jemandem, der sich dazu hergibt, zu tun, was unschön ist, läßt ein Edler sich nicht ein.«

Wer das Gute weiß und will, kann nicht gemeinsam mit Schlechten regieren: »Oh, dieses Pack! Ist es überhaupt möglich, mit ihnen zusammen dem Fürsten zu dienen?« Ihre Sorge ist nur, wie sie es zu etwas bringen, und, wenn sie es erreicht haben, daß sie es nicht verlieren. Es gibt nichts Schlimmes, dazu sie nicht fähig wären. Daher sagt, als Konfuzius berufen werden soll, ein Ratgeber: »Wenn ihr ihn berufen wollt, so dürft ihr ihn nicht durch kleine Menschen hemmen, dann geht es.«

Zahlreich sind des Konfuzius weitere Äußerungen über Regierungsweisheit. Es sind durchweg allgemeine sittliche Hinweise, z. B. »Man darf nichts überhasten wollen, damit dringt man nicht durch. Man darf nicht auf kleinen Vorteil sehen, denn so kann kein großes Werk geraten.«

Bei allem denkt Konfuzius an den Staatsmann, der, vom Fürsten erwählt, ihm dienend, mit seiner Zustimmung und seinem Verständnis den Gang der Dinge lenkt. Der große Staatsmann zeigt sich in der Wiederherstellung und Befestigung des sittlich-politischen Zustandes im Ganzen.

Für das Eingreifen in die geschichtliche Wirklichkeit im Sinne dieser Verwandlung des Gesamtzustandes zum Besseren stellt Konfuzius zwei Grundsätze auf. *Erstens:* Der befähigte Mann muß auch an der rechten Stelle stehen. »Wenn ein Mensch den Thron innehat, aber nicht die nötige Kraft des Geistes besitzt, soll er nicht wagen, Änderungen in der Kultur vorzunehmen. Ebenso wenn einer die Kraft des Geistes hat, aber nicht die höchste Autorität, so kann er es auch nicht wagen, Änderungen in der Kultur vorzunehmen.« *Zweitens:* Die öffentlichen Verhältnisse müssen derart sein, daß ein Wirken überhaupt möglich ist. Wo das Unheil durch die Realität der zur Zeit lebenden Menschen keine Chance zu vernünftig wirksamem Handeln zeigt, hält sich der echte Staatsmann verborgen. Er wartet. Er läßt sich nicht ein, mit dem Bösen zu wirken, mit niedrigen Menschen in Gemeinschaft zu treten. – In diesen Grundsätzen steckt etwas von Platos Gedanken: die menschlichen Zustände werden nicht besser, ehe nicht die Philosophen Könige oder die Könige Philosophen werden. Daher suchte Konfuzius sein Leben lang den Fürsten, dem er die Kraft seines Geistes leihen könne. Es war vergeblich.

f) *Der Edle:* Alles Gutsein, alle Wahrheit, alles Schöne steht dem Konfuzius vor Augen in dem Ideal des Edlen (Kiün-tse). In ihm vereinigen sich die Gedanken an den höheren Menschen mit dem in der soziologischen Hierarchie Hochstehenden, vereinigt sich der Adel der Geburt und des Wesens, vereinigt sich das Benehmen des Gentleman mit der Verfassung des Weisen.

Der Edle ist kein Heiliger. Der Heilige wird geboren und ist, was er ist, der Edle wird erst durch Selbsterziehung. »Die Wahrheit haben ist des Himmels Weg, die Wahrheit suchen ist der Weg des Menschen. Wer das Wahre hat, trifft das Rechte ohne Mühe, erlangt Erfolg ohne Nachdenken.« Wer die Wahrheit sucht, der wählt das Gute und hält es fest. Er forscht, er fragt kritisch, er denkt sorgfältig darüber nach, er handelt entschlossen danach. »Andere können es vielleicht aufs erstemal, ich muß es zehnmal machen; andere können es vielleicht aufs zehntemal, ich muß es tausendmal machen. Wer aber wirklich die Beharrlichkeit besitzt, diesen Weg zu gehen: mag er auch töricht sein, er wird klar werden; mag er auch schwach sein, er wird stark werden.«

Der Edle wird in seinen einzelnen Charakterzügen, Denkweisen, Gebärden gezeigt:

Er wird kontrastiert dem Gemeinen. Der Edle versteht sich auf Gerechtigkeit, der Gemeine auf Profit. Der Edle ist ruhig und gelassen, der Gemeine beständig voller Ängste. Der Edle ist verträglich, ohne sich gemein zu machen, der Gemeine macht sich mit aller Welt gemein, ohne verträglich zu sein. Der Edle ist würdevoll ohne Hochmut, der Gemeine hochmütig ohne Würde. Der

Edle bleibt fest in der Not, der Gemeine gerät in Not außer Rand und Band. Der Edle geht bei sich selbst auf die Suche, der Gemeine geht bei Anderen auf die Suche. Den Edlen zieht es nach oben, den Gemeinen nach unten.

Der Edle ist unabhängig. Er erträgt langes Ungemach wie langes Glück, lebt frei von Furcht. Ihn schmerzt sein eigenes Unvermögen, nicht aber, daß die anderen ihn nicht kennen.

Er macht sich selber recht und verlangt nichts von anderen Menschen; er bleibt frei von Groll. Nach oben grollt er nicht dem Himmel, nach unten nicht den Menschen.

Er läßt sich auf kein Rivalisieren ein, oder, wenn es sein muß, etwa nur beim Bogenschießen. Aber auch beim Wettstreit bleibt er der Edle.

Er liebt es, langsam im Wort und rasch im Tun zu sein. Er scheut sich davor, daß seine Worte seine Taten übertreffen. Ihm gilt: erst handeln und dann mit seinen Worten sich danach richten.

Er hat Ehrfurcht vor der Bestimmung des Himmels, vor großen Männern.

Der Edle verliert sich nicht an das Ferne, nicht an das Abwesende. Er steht im Hier und Jetzt, in der wirklichen Situation. »Der Weg des Edlen ist gleich einer weiten Reise: man muß in der Nähe anfangen.« »Der Weg des Edlen nimmt seinen Anfang bei den Angelegenheiten des gewöhnlichen Mannes und Weibes, aber er reicht in Weiten, da er Himmel und Erde durchdringt.«

»Der Edle richtet sich nach seiner Stellung bei allem, was er tut ... Wenn er sich in Reichtum und Ehren sieht ... in Armut und Niedrigkeit sieht ... sich unter Barbaren sieht ... sich in Leid und Schwierigkeiten sieht ... der Edle kommt in keine Lage, in der er sich nicht selber findet.« In allem und jederzeit bleibt er sich selber gleich. »Wenn das Land auf rechtem Wege ist, bleibt er derselbe, der er war, als er noch nicht Erfolg hatte ... Wenn das Land auf falschem Wege ist, so ändert er sich nicht, ob er auch sterben müßte.«

4. *Das Grundwissen:* Unsere bisherige Darstellung sammelte, was in der Form der Spruchweisheit in den auf Konfuzius bezogenen Schriften als das sittlich-politische Ethos mitgeteilt wurde. Diese Weisheit ist aber durchdrungen von Grundgedanken, die einen begrifflichen Charakter gewinnen.

a) *Die große Alternative:* Konfuzius weiß sich vor der großen Alternative: sich von der Welt zurückzuziehen in die Einsamkeit oder mit den Menschen zusammen in der Welt zu leben und diese zu gestalten. Seine Entscheidung ist eindeutig. »Mit den Vögeln und Tieren des Feldes kann man doch nicht zusammen hausen. Wenn ich nicht mit Menschen zusammen sein will, mit wem soll ich dann zusammensein?« Der Ausspruch ist: »Wer nur darauf bedacht ist, sein eigenes Leben rein zu halten, der bringt die großen menschlichen Beziehungen in Unordnung.« In schlimmen Zeiten mag es scheinen, daß nichts übrig bleibt, als in die Verborgenheit zu gehen und für sein persönliches Heil zu sorgen. Von zwei solchen Einsiedlern sagt Konfuzius: »In ihrem persönlichen Wandel trafen sie die Reinheit, in ihrem Rückzug trafen sie das den Umständen Entsprechende. Ich bin verschieden davon. Für mich gibt es nichts, das unter allen Umständen möglich oder unmöglich wäre.« Seine Toleranz gegenüber den Einsiedlern bringt für Konfuzius selber nur die Entschiedenheit: »Wenn der Erdkreis in Ordnung wäre, so wäre ich nicht nötig, ihn zu ändern.«

In der Hinwendung zum Menschen und seiner Welt entwickelt Konfuzius Gedanken, die als *sein Grundwissen* herauszuheben sind. Diese Gedanken gehen auf die Natur des Menschen, – dann auf die Notwendigkeit der Ordnung der Gemeinschaft, – dann auf die Frage, wie Wahrheit in der Sprache da ist, – dann auf die Grundform unseres Denkens, daß Wahrheit in ihrer Wurzel und in ihren Verzweigungen ist, im Unbedingten des Ursprungs und im Relativen der Erscheinung, – schließlich auf das Eine, das alles zusammenhält und auf das alles Bezug hat. Jedesmal sind der Mensch und seine Gemeinschaft das wesentliche Anliegen des Konfuzius.

b) *Die Natur des Menschen:* Die Natur des Menschen heißt Yen. Yen ist Menschlichkeit und ineins Sittlichkeit. Das Schriftzeichen bedeutet Mensch und zwei, das heißt: Menschsein ist in Kommunikation sein. Die Frage nach der Natur des Menschen findet Antworten erstens in der Erhellung des Wesens, das er ist und zugleich sein soll, zweitens in der Darstellung der Mannigfaltigkeit seines Daseins.

Erstens: Der Mensch soll zum Menschen werden. Denn der Mensch ist nicht wie die Tiere, die sind, wie sie sind, so daß die Instinkte ihr Dasein ohne denkendes Bewußtsein ordnen. Der Mensch vielmehr ist noch sich selbst Aufgabe. Darum kann er im Zusammenleben mit Tieren seinen Sinn nicht finden. Tiere kommen zusammen, sind aneinander gedankenlos gebunden oder laufen auseinander. Menschen gestalten ihr Zusammensein und binden es über alle Instinkte hinaus daran, daß sie Menschen sein sollen.

Das Menschsein ist Bedingung alles bestimmten Guten. Nur wer im Yen ist, kann wahrhaft lieben und hassen. Yen ist allumfassend, nicht eine Tugend unter anderen, sondern Seele aller Tugenden.

Da Yen das Wesen des Menschen ist, ist es immer ganz nah. Wem es ernsthaft darum zu tun ist, dem ist es immer gegenwärtig.

Yen wird daher in allen besonderen Erscheinungen beschrieben: in der Pietät, in Weisheit und Lernen, in der Gerechtigkeit. Für einen Fürsten werden fünf Eigenschaften der Menschlichkeit angegeben: Würde, und er wird nicht mißachtet; Weitherzigkeit, und so gewinnt er die Menge; Wahrhaftigkeit, und so hat er Vertrauen; Eifer, so hat er Erfolg; Gütigkeit, so ist er fähig, die Menschen zu verwenden. Eine Ableitung der Tugenden kennt Konfuzius nicht. Yen ist der umfassende Ursprung. Von dort her wird alle Tüchtigkeit, Regelhaftigkeit, Richtigkeit erst zur Wahrheit. Von dort her kommt das zweckfreie Unbedingte: »Der Sittliche setzt die Schwierigkeit voraus und den Lohn hintan.«

Dem Yen gemäß handeln, das ist nicht Handeln nach einem bestimmten Gesetz, sondern nach dem, wodurch alle bestimmten Gesetze erst Wert haben und zugleich ihrer Absolutheit beraubt sind. Der Charakter des Yen, obgleich undefinierbar, wird aber doch von Konfuzius umschrieben: Er sieht ihn in dem, was er Maß und Mitte nennt. »Maß und Mitte sind der Höhepunkt menschlicher Natur.« Sie wirken von innen nach außen: »Der Zustand, da Hoffnung und Zorn, Trauer und Freude sich noch nicht regen, heißt die Mitte. Der Zustand, da sie sich äußern, aber in allem den rechten Rhythmus treffen, heißt Harmonie.« Weil dann das Innerste sich zeigt, hier im Ursprung aber alles entschieden wird, ist in bezug auf Maß und Mitte die größte Gewissenhaftigkeit gefordert: »Es gibt nichts Offenbareres als das Geheime, es gibt nichts Deutlicheres als das Allerverborgenste; darum ist der Edle vorsichtig in dem, was er allein für sich ist.«

Diese geheimnisvolle Mitte nun zu umschreiben, das gelingt Konfuzius nur durch den Gedanken des Mittleren zwischen den Extremen, z. B. Schun »faßte die beiden Enden einer Sache an und handelte den Menschen gegenüber der Mitte entsprechend«. Ein anderes Beispiel: »Weitherzig sein und mild im Lehren und nicht vergelten denen, die häßlich handeln: das ist die Stärke des Südens. In Stall und Leder schlafen und sterben, ohne zu müssen: das ist die Stärke des Nordens. Aber der Edle steht in der Mitte und beugt sich nach keiner Seite.«

Das Außerordentliche von Maß und Mitte wird so ausgesprochen: »Es kann einer ein Reich ins Gleiche bringen, es kann einer auf Amt und Würden verzichten, es kann einer auf bloße Messer treten – und Maß und Mitte doch noch nicht beherrschen.«

Zweitens: Was der Mensch sei, zeigt sich in der Mannigfaltigkeit des Menschseins. Durch das, was ihr Wesen – Yen – ist, stehen die Menschen sich nahe. Sie gehen aber auseinander »durch die Gewöhnung«, weiter durch das, was sie als einzelne Menschen in ihrer Besonderheit, ihrem Alter, den Stufen ihrer Artung und ihres Wissens sind.

Die Lebensalter: »In der Jugend, wenn die Lebenskräfte noch nicht gefestigt sind, muß man sich vor der Sinnlichkeit hüten, im Mannesalter, wenn die Lebenskräfte in voller Stärke sind, vor Streitsucht, und im Greisenalter, wenn die Kräfte schwinden, vor Geiz.« – Vor der Jugend soll man Scheu haben. »Wenn einer aber vierzig, fünfzig Jahre alt geworden ist, und man hat noch nichts von ihm gehört, dann freilich braucht man ihn nicht mehr mit Scheu zu betrachten.« »Wer mit vierzig Jahren verhaßt ist, der bleibt so bis an sein Ende.«

Menschentypen: Konfuzius unterscheidet vier Stufen der menschlichen Artung. Die *höchste* umfaßt die Heiligen, die von Geburt an im Besitz des Wissens sind. Konfuzius hat keinen solchen Heiligen gesehen, aber er zweifelt nicht an ihrer Existenz in der Vorzeit. Die *zweite* Stufe sind die, die durch Lernen sich erst in den Besitz des Wissens setzen müssen; sie können »Edle« werden. Den Menschen der *dritten* Stufe fällt es schwer zu lernen, doch lassen sie es sich nicht verdrießen. Der *vierten* Stufe fällt es schwer und sie macht auch keine Anstrengung. Die beiden mittleren Stufen sind auf dem Wege, sie schreiten fort, und sie können versagen. »Nur die höchststehenden Weisen und tiefstehenden Narren sind unveränderlich.«

Konfuzius beobachtet auch Kennzeichen der Menschenartung. Zum Beispiel: »Die Überschreitungen eines Menschen entsprechen seiner Wesensartung.« Der Wissende freut sich am Wasser, denn der Wissende ist bewegt. Der Fromme (Sittliche) freut sich am Gebirge, denn der Fromme ist ruhig.

c) *Unbedingtheit im Ursprung und Relativität in der Erscheinung:* Wahrheit und Wirklichkeit sind eins. Der bloße Gedanke ist wie nichts. Die Wurzel des menschlichen Heils liegt in der »Erkenntnis, die die Wirklichkeit beeinflußt«, d. h. in der Wahrheit der Gedanken, die sich als inneres, verwandelndes Handeln vollziehen. Was im Innern wahr ist, das gestaltet sich im Äußeren.

Denkformen und Seinsformen bewegen sich in dem Grundverhältnis: »Die Dinge haben Wurzeln und Verzweigungen.« Die Unbedingtheit des Ursprungs tritt in die Relativität der Erscheinungen. Daher kommt es auf den ehrlichen Ernst im Ursprünglichen und auf die Liberalität in bezug auf die Erscheinungen an.

»Mit Wahrmachen der Gedanken ist gemeint, daß man sich nicht selbst betrügt.« Der Edle achtet stets auf sich, was er für sich allein tut. »Es ist, als ob zehn Augen auf dich blickten, wie ernst und furchtbar ist das doch!« Innere Würde wird erlangt durch Selbstachtung vermöge Selbstbildung. »Wenn einer sich innerlich prüft und kein Übles da ist, was sollte er da traurig sein, was sollte er fürchten?« Aber Konfuzius sieht auch, wie schwer, wie unerreichbar das ist.

Ist die Wurzel gut, d. h. ist sie die Erkenntnis, die Wirklichkeit ist, dann werden die Gedanken wahr, dann wird das Bewußtsein recht, wird der Mensch gebildet. Die weitere Folge ist, daß das Haus geregelt, der Staat geordnet, die Welt in Frieden ist. Vom Himmelssohn bis zum gewöhnlichen Mann, für alle ist die Bildung des Menschen die Wurzel. Wer seinen Hausgenossen nicht erziehen kann, kann auch andere Menschen nicht erziehen. Wenn aber »im Haus des ernsten Mannes die Menschlichkeit herrscht, so blüht im ganzen Staat die Menschlichkeit«.

In bezug auf die Erscheinungen: Weil aus der Wurzel oder dem Ursprung, aus einer Tiefe und Weite, die der endgültigen Formulierung sich entziehen, die Maßstäbe und Impulse kommen, darum genügen nie die Regeln, mit denen sich errechnen läßt, was zu tun sei. Wahrheit und Wirklichkeit können nicht in einem Sosein und in dogmatischen Aussagen endgültig fest werden. Daher ist die Fixierung verwehrt. Konfuzius »hatte keine Meinungen, keine Voreingenommenheit, keinen Starrsinn«. »Der Edle ist weder für noch gegen irgend etwas in der Welt unbedingt eingenommen. Einzig dem, was recht ist, tritt er bei.« Er ist »für alle da und nicht parteiisch«. Er bewahrt die Offenheit. Denn »er ist zurückhaltend, wenn er etwas nicht versteht«. Er bleibt biegsam. Denn er ist »charakterfest, aber nicht starrsinnig«, »verträglich, ohne sich gemein zu machen«, »selbstbewußt, aber nicht rechthaberisch«. Das Unbedingte erscheint im Relativen, zu dem alles Errechenbare herabgesetzt wird, nicht um es zu tilgen in der Willkür, sondern um es zu führen durch das Übergeordnete.

d) *Notwendigkeit der Ordnung:* Ordnung ist notwendig, weil das Wesen des Menschen nur in menschlicher Gemeinschaft wirklich ist. Sie beruht auf einem *ersten Prinzip,* »nach dem man das ganze Leben handeln kann«: »Was du selbst nicht liebst, wenn es dir angetan würde, das tu niemand anderem an.« Das Bewußtsein der Gleichheit (schu) verbindet die Menschen in dem Handeln nach dieser Regel. »Was du an deinen Oberen hassest, das biete nicht deinen Unteren. Was du an deinen Nachbarn zur Rechten hassest, das bringe nicht deinen Nachbarn zur Linken entgegen.«

Eine dieser negativen Formulierung entsprechende positive findet sich bei Konfuzianern: »Der Menschenliebende festigt die Menschen, da er selbst wünscht, gefestigt zu werden; er hilft den Menschen zum Erfolg, da er es selbst wünscht, Erfolg zu haben.«

Wenn jedoch Laotse lehrte, Feindschaft mit Wohltun zu vergelten, so antwortet Konfuzius: »Mit was dann Wohltun vergelten? Nein, Feindschaft vergelten mit Gerechtigkeit, und Wohltun vergelten mit Wohltun.« –

Ein *zweites Prinzip* der Ordnung ist: Weil die Menschen so verschieden sind, ist gute Regierung nur möglich in Stufen der Macht. Je höher die Macht, desto vorbildlicher, wissender, menschlicher muß der sein, der an ihrem Orte steht. Er muß »dem Volke vorangehen und es ermutigen. Er darf nicht müde werden.«

Immer wird es eine geringe Zahl derer sein, die als Befähigte in der Selbstüberwindung gelernt haben, zu tun, was gut ist, und zu wissen, was sie tun. Dagegen »das Volk kann man dazu bringen, etwas zu befolgen, man kann es nicht dazu bringen, es auch zu verstehen«. Das Grundverhältnis des vorbildlichen Mannes zum Volk ist dieses: »Des Fürsten Wesen ist wie der Wind, das Wesen der Masse wie das Gras. Streicht der Wind darüber hin, so muß das Gras sich beugen.« Nur durch Autorität ist Ordnung.

Auf die Koinzidenz von Amtsstellung und menschlicher Würdigkeit kommt alles an. Daher ist es notwendig, die Ordnung nicht zu verkehren. »Wer nicht in Amtsstellung ist, soll sich nicht mit Regierungsprojekten befassen.« Es ist notwendig, »die Guten zu erheben, die Schlechten zurückzusetzen, – die Ungeschickten zu unterweisen«.

Daher ist aber dem zur Regierung fähigen Manne auch eigen die innere Unabhängigkeit von der Meinung einer Öffentlichkeit. »Wo alle hassen, da muß man prüfen; wo alle lieben, da muß man prüfen.« Auf die Frage: »Wen seine Landsleute lieben, wie ist der?« antwortete Konfuzius: »Das sagt noch nichts«, und auf die Frage: »Wen seine Landsleute alle hassen, wie ist der?« wiederum: »Auch das sagt noch nichts. Besser ist es, wenn einen die Guten unter den Landsleuten lieben und einen die Nichtguten hassen.«

Ein *drittes Prinzip* der Ordnung ist: Unmittelbarer Eingriff in die schon in Entfaltung begriffenen Zustände kann nicht mehr entscheidend wirken. Er kommt zu spät. Man kann zwar durch Gewalt, durch Gesetze und Strafen wirken, aber zugleich unheilvoll, denn die Vergewaltigten weichen aus, die Heuchelei wird allgemein. Nur mittelbar sind die großen Wirkungen zu erzielen. Was erst im Keim da ist, kann noch in andere Richtung gelenkt oder gefördert werden. An ihm ist die entscheidende Wirkung möglich. Die menschlichen Ursprünge, die alles andere zur Folge haben, müssen gedeihen.

e) *Richtigstellung der Worte:* Auf die Frage, was bei Neuordnung in unheilvollen Zuständen zuerst zu tun sei, hat Konfuzius die merkwürdige Antwort gegeben: die Richtigstellung der Worte. Was in den Worten liegt, soll herausgeholt werden. Der Fürst sei Fürst, der Vater sei Vater, der Mensch Mensch. Die Sprache aber wird ständig mißbraucht, die Worte gelten für das, was ihnen nicht entspricht. Sein und Sprache trennen sich. »Wer das innere Sein hat, hat auch die Worte; wer Worte hat, hat nicht immer auch das innere Sein.«

Ist die Sprache in Unordnung, so wird alles unheilvoll. »Sind die Worte (Bezeichnungen, Begriffe) nicht richtig, so sind die Urteile nicht klar, dann gedeihen die Werke nicht, treffen die Strafen nicht das rechte, und das Volk weiß nicht, wo Hand und Fuß hinsetzen.«

»Darum wählt der Edle seine Worte, daß sie ohne Zweifel in der Rede angewandt werden können, und formt seine Urteile so, daß sie ohne Zweifel in Handlungen umgesetzt werden können. Der Edle duldet in seiner Rede nichts Ungenaues.«

f) *Das Eine, worauf alles ankommt:* Wenn von so vielen Dingen die

Rede ist, von so vielen Tugenden, von all dem, was zu lernen sei, was zu tun sei, so sagt Konfuzius: »Du denkst, ich habe viel gelernt und wisse es nun? Nein, ich habe Eines, um alles zu durchdringen.« Also nicht vielerlei, sondern das Eine. Was ist das? Darauf gibt Konfuzius keine gleichbleibende Antwort. Er richtet seinen Blick dorthin, er erinnert an dies, woran alles andere hängt, aber wenn er antwortet, so das, was in unserer Darstellung schon vorkam. »Meine ganze Lehre ist in einem befaßt«: Tschung (Mitte), – oder allenfalls in dem einen Wort shu (Gleichheit, Gegenseitigkeit, Nächstenliebe). Oder er faßt die Lehre bloß zusammen: »Nicht kann als Edler gelten, wer nicht die Bestimmung des Himmels kennt; nicht kann gefestigt sein, wer nicht die Gesetze der Schicklichkeit (li) kennt; nicht kann die Menschen kennen, wer sich nicht auf ihre Worte versteht.« Oder die Zusammenfassung lautet: Sittlichkeit ist Menschenliebe, Weisheit ist Menschenkenntnis. Das alles aber ist nicht mehr das Eine.

Indirekt wird auf das Eine gewiesen in der ironischen Replik auf den Vorwurf, Konfuzius sei gewiß ein großer Mann, aber habe nichts Besonderes getan, das seinen Namen berühmt machen würde. Er antwortete: »Was könnte ich denn als Beruf ergreifen? Wagenlenken oder Bogenschießen? Ich denke, ich muß wohl das Wagenlenken ergreifen.«

Das Eine spüren wir bei Konfuzius eher dort, wo der Hintergrund, oder wo eine letzte Instanz fühlbar wird: Diese kann er in Verwandtschaft zur Idee des wuwei (Nichthandeln) des Laotse in einem heiligen Herrscher der Vergangenheit wahrnehmen (wobei er jedoch sagt, daß es heute so etwas nicht gibt): »Wer, ohne etwas zu tun, das Reich in Ordnung hielt, das war Schun. Denn wahrlich: was tat er? Er wachte ehrfürchtig über sich selbst und wandte ernst das Gesicht nach Süden, nichts weiter.« – Das Eine ist weiter fühlbar in der Weise, wie Konfuzius der Grenzen sich bewußt wird.

5. *Das Grenzbewußtsein des Konfuzius:* Unsere bisherige Darstellung scheint die Philosophie des Konfuzius als ein sich für vollendet haltendes Wissen zu zeigen und eine Grundstimmung, es könne und werde alles in Ordnung kommen. Ein solches Bild des Konfuzius wäre unzutreffend.

a) Nie hat Konfuzius das vollendete Wissen zu haben gemeint oder es auch nur für möglich gehalten. »Was man weiß als Wissen gelten lassen, was man nicht weiß als Nichtwissen gelten lassen: das ist Wissen.«

b) Das Unheil in der Welt steht Konfuzius vor Augen. Es hat seinen

Grund im Versagen der Menschen. Er klagt: »Daß gute Anlagen nicht gepflegt werden, daß Gelerntes nicht wirksam wird, daß man seine Pflicht kennt und nicht davon angezogen wird, daß man Ungutes an sich hat und nicht imstande ist, es zu bessern: das sind Dinge, die mir Schmerz machen.« Zuweilen meint er, überhaupt keinen einzigen rechten Menschen mehr zu sehen. »Es ist vorbei. Mir ist noch keiner begegnet, der es vermocht hätte, seine eigenen Fehler zu sehen und in sich gehend sich selber anzuklagen.« Nirgends ist Verlaß auf Liebe zur Humanität und auf Abscheu gegen das Inhumane. »Ich habe noch keinen gesehen, der moralischen Wert ebenso liebte, wie er Frauenschönheit liebt.« Wenn er sich umsieht nach einem Manne, der Herrscher sein könnte, findet er keinen. Einen Gottmenschen zu sehen, ist ihm nicht vergönnt; einen Edlen zu sehen, das wäre schon gut, aber auch dieser ist nicht da, nicht einmal ein Beharrlicher.

Doch keineswegs will Konfuzius die Welt für schlecht halten. Nur dieses Zeitalter ist verfallen, wie es schon früher geschehen ist. Daher: »Daß die Wahrheit heutzutage nicht durchdringt, das weiß er.«

c) Die letzten Dinge werden nie zum Hauptthema für Konfuzius. An den Grenzen hat er eine Scheu zu reden. Selten redete der Meister vom Glück, vom Schicksal, von der reinen Güte. Wenn er vom Tode, von Natur und Weltordnung sprechen sollte, gab er Antworten, die offen ließen. Nicht aber, weil er zur Geheimnistuerei neigte (»Es gibt kein Ding, das ich euch vorenthielte«), sondern weil es in der Natur der Sache liegt. Es gibt nicht nur die falschen Motive zu den letzten Fragen, denen der Denker nicht entgegenkommen will (die Neugierde, das Umgehenwollen des gegenwärtig Notwendigen, das Sichdrücken um den Weg in das Leben selbst). Entscheidend ist vielmehr die Unmöglichkeit, gegenständlich von dem zu sprechen, was nie auf angemessene Weise Gegenstand wird. Daher, wenn von metaphysischen Fragen die Rede ist, die Abwehr des Konfuzius gegen Worte und Sätze und gegen alle Direktheit. Will man diese Haltung Agnostizismus nennen, so ist sie nicht Gleichgültigkeit gegen das Nichtwißbare, sondern vielmehr Betroffenheit, die das Berührte nicht in ein Scheinwissen verkehren, es nicht im Gesagten verlieren will. Man muß anerkennen: in Konfuzius ist kaum der Impuls ins Grenzenlose, in das Unerkennbare hinein, die verzehrende Frage der großen Metaphysiker fühlbar, wohl aber die Gegenwart der letzten Dinge in der frommen Ausübung der Gebräuche und in Repliken, die in bedrängenden Situationen hinweisen, ohne ausdrücklich viel zu sagen.

Konfuzius nahm teil an den überlieferten religiösen Vorstellungen. Geister, Omina bezweifelte er nicht. Ahnenkult und Opfer waren ihm eine wesentliche Wirklichkeit. Aber es geht durch die Weise, wie er mit all dem umgeht, eine Tendenz gegen Aberglauben und eine merkwürdige Distanz. »Der Meister sprach niemals über Zauberkräfte und widernatürliche Dämonen.« »Anderen Geistern als den eigenen Ahnen zu dienen, ist Schmeichelei.« Nach dem Dienst der Geister gefragt: »Wenn man noch nicht den Menschen dienen kann, wie sollte man den Geistern dienen können!« Nach der Weisheit gefragt, meint er: »Seiner Pflicht gegen die Menschen sich weihen, Dämonen und Götter ehren und ihnen fernbleiben, das mag man Weisheit nennen.« Zweideutig bleibt es, ob er damit ehrfurchtsvoll fernbleiben oder sie möglichst ignorieren will. Kein Zweifel aber ist über seinen Ernst im Kultus: Das Opfer hat eine große Bedeutung, aber er kennt sie nicht. »Wer die Bedeutung des großen Opfers (für den Ahn der Dynastie) wüßte, der wäre imstande, die Welt zu regieren so leicht wie hierher zu sehen«, und er wies auf seine flache Hand. Entscheidend ist ihm das innere Dabeisein. »Wenn das Herz in Unruhe ist, dann opfert man den Gebräuchen gemäß. Daher ist nur der Weise imstande, den Sinn des Opfers zu erschöpfen.« Es wird berichtet: »Wenn er auch nur einfachen Reis und Gurken hatte, so brachte er doch ehrfurchtsvoll ein Speiseopfer dar.«

Konfuzius spricht vom Himmel: »Nur der Himmel ist groß.« »Die Jahreszeiten gehen ihren Gang, und die Dinge allesamt entstehen. Aber redet dabei etwa der Himmel?« Reichtum und Ansehen stehen beim Himmel. Der Himmel kann vernichten. Unpersönlich ist dieser Himmel. Er heißt tien, nur einmal wird er shang-ti (Herr) genannt. Unpersönlich ist das von ihm gesandte Schicksal, die Bestimmung (ming oder tien-ming). »Das ist Bestimmung« ist des Konfuzius oft wiederholte Wendung: Als ein Jünger schwer krank ist, sagt er: »Es geht ihm ans Leben. Das ist nun Bestimmung. Daß solch ein Mann solch eine Krankheit haben muß!« »Wenn die Wahrheit sich ausbreiten soll, wenn sie untergehen soll, das ist Bestimmung.«

Von Gebet ist selten die Rede. Einmal heißt es: »Wer an dem Himmel sich versündigt, der hat niemand, zu dem er beten könnte«, ein andermal: »Daß ich gebetet, ist lange« (Wilhelm allerdings übersetzt: »Ich habe lange schon gebetet«) als Abweisung des Wunsches eines Jüngers, für den erkrankten Meister zu Göttern und Erdgeistern zu beten. Denn Bittgebet und gar zauberisches Gebet lag Konfuzius fern. Sein ganzes Leben, will er sagen (wenn Wilhelms Übersetzung zutrifft), war schon Gebet. Im Sinne des Konfuzius schrieb ein japanischer Konfuzianer des 9. Jahrhunderts: »Wenn nur das Herz der Wahrheit Pfad gemäß sich hält, so braucht ihr nicht zu beten, die Götter schützen dennoch« (Haas).

»Tod und Leben ist Bestimmung«, »Von alters her müssen alle sterben«, solche Sätze sprechen die Unbefangenheit des Konfuzius dem Tode gegenüber aus. Der Tod wird ohne Erschütterung hingenommen, er liegt nicht im Felde eines wesentlichen Bedeutens. Wohl kann er klagen über Vorzeitigkeit: »Daß manches keimt, das nicht zum Blühen kommt, – daß manches blüht, das nicht zum Reifen kommt, – ach, das kommt vor.« Aber: »Des Abends sterben, das ist nicht schlimm.« Als Schüler, wie er schwer krank ist, Vorbereitungen für ein prächtiges Begräbnis erwägen, bei dem sie zum Schein als Minister fungieren, wehrt er ab: »Wollen wir etwa den Himmel betrügen. – Und wenn ich auch kein fürstliches Begräbnis bekomme, so sterbe ich ja doch nicht auf der Landstraße.« Der Tod ist ohne Schrecken: »Wenn der Vogel am Sterben ist, so ist sein Gesang klagend; wenn der Mensch am Sterben ist, so sind seine Reden gut.« Es hat keinen Sinn, nach dem Tode zu fragen: »Wenn man noch nicht das Leben kennt, wie sollte man den Tod kennen?«

Auf die Frage, ob die Toten um die ihnen dargebrachten Opfer wissen, antwortet er: »Das Wissen darüber geht uns hier nicht an.« Die Antwort betrachtet er rein praktisch nach ihren Wirkungen und schließt, daß keine Antwort die beste ist: »Wenn ich ja sage, muß ich fürchten, daß pietätvolle Söhne ihr Hab und Gut durchbringen für die Abgeschiedenen, – wenn ich nein sage, so muß ich fürchten, daß pietätlose Söhne ihre Pflichten gegen die Abgeschiedenen versäumen.«

6. *Über die Persönlichkeit des Konfuzius:* Es sind Sätze überliefert, die Konfuzius über sich selbst sagte, und solche, die die Jünger ihrem Meister zumuteten.

Er hatte ein *Bewußtsein seiner Berufung.* In einer Situation tödlicher Bedrohung sagte er: »Da König Wen nicht mehr ist, ist doch die Kultur mir anvertraut? Wenn der Himmel diese Kultur vernichten wollte, so hätte ein Spätgeborener sie nicht überkommen. Wenn aber der Himmel diese Kultur nicht vernichten will, was können dann die Leute von Kuang mir anhaben?« In seinen Träumen verkehrte er mit dem Herzog von Tschou, seinem Vorbild. Vergeblich wartete er auf ein Zeichen seiner Berufung: »Der Vogel Fong kommt nicht, aus dem Fluß kommt kein Zeichen: es ist aus mit mir.« Ein Kilin (das herrlichste Zeichen) erscheint, aber es wird auf der Jagd getötet, Konfuzius weint.

Trotz seines Berufungsbewußtseins ist er bescheiden. An Bildung, meint er, könne er es wohl mit anderen aufnehmen, aber die Stufe des Edlen, der sein Wissen in Handeln umsetzt, habe er noch nicht erreicht. »Ich kann bloß von mir sagen, daß ich mich unersättlich bemüht, so zu werden, und daß ich andere lehre ohne Ermüden.«

Wiederholt machen Jünger ihm Vorwürfe. Seinen Besuch bei der Dame Nan-tse rechtfertigt er: »Was ich unrecht getan habe, dazu hat der Himmel mich gezwungen.« Einen Eidbruch rechtfertigt er, weil der Eid ihm durch Bedrohung erpreßt war.

Als ein Jünger eine Verstimmung des Konfuzius unwillig beschreibt, antwortet er: »Die Ähnlichkeit mit einem Hund im Trauerhause, das stimmt, das stimmt.« Ein anderer sagt: »Ihr seid so ernst und in Gedanken versunken.

Ihr seid so heiter, voll hoher Hoffnung und weiter Stimmung.« Zur Befragung eines Jüngers über ihn durch einen Fürsten meint Konfuzius: »Warum hast du nicht erwidert: Er ist ein Mensch, der die Wahrheit lernt, ohne zu ermüden, die Menschen belehrt, ohne überdrüssig zu werden, der so eifrig ist, daß er das Essen darüber vergißt, der so heiter ist, daß er alle Sorgen vergißt, und so nicht merkt, wie das Alter allmählich herankommt.«

Konfuzius sieht sein eigenes Scheitern. In einer Situation von Lebensgefahr fragt er seine Schüler: »Ist mein Leben etwa falsch? Warum kommen wir in diese Not?« Der *erste* meint, die wahre Güte habe er noch nicht erreicht, darum vertrauen die Menschen nicht, die wahre Weisheit noch nicht, darum tun die Menschen nicht, was er sage. Aber Konfuzius erwidert: Heilige und Weise der Vergangenheit haben das schrecklichste Ende gefunden. Offenbar findet weder Güte notwendig Vertrauen, noch Weisheit notwendig Gehorsam. Der *zweite* meint, die Lehre des Meisters sei so groß, daß niemand auf der Erde sie aushalten kann. Die Lehre müsse ein wenig niedriger gemacht werden. Dagegen sagt Konfuzius: Der gute Landmann vermag zu säen, aber nicht die Ernte zu machen. Der Edle kann seine Lehre formen, aber er kann nicht machen, daß sie angenommen wird. Danach streben, daß sie angenommen werde, bedeutet, den Sinn nicht auf die Ferne zu richten. Der *dritte* meint: »Eure Lehre ist ganz groß, darum kann die Welt sie nicht fassen. Dennoch macht fort, danach zu handeln. Daß sie nicht aufgefaßt wird, was tut es? Daran, daß er nicht verstanden wird, erkennt man den Edlen.« Konfuzius lächelte.

Er weiß, daß die Weisen keineswegs in der Welt immer durchdringen. Unter dem Tyrannen Dschou Sin gab es drei Männer höchster Sittlichkeit. Einer wurde hingerichtet, ein anderer zog sich in die Verborgenheit zurück, der dritte gab sich am Hofe als Narr und ließ sich als solcher behandeln.

Konfuzius hat sein Scheitern nicht immer gelassen hingenommen, sondern es durchdacht und gedeutet. Er hat nicht von vornherein und nicht immer die gleiche Haltung gehabt.

Er kann klagen: »Der Edle leidet darunter, daß er die Welt verlassen soll, ohne daß sein Name genannt wird! Mein Weg wird nicht begangen. Wodurch werde ich der Nachwelt bekannt werden?«

Wenn er klagt: »Ach, niemand kennt mich!« findet er Trost: »Ich murre nicht gegen den Himmel, ich grolle nicht den Menschen. Ich forschte hier unten und bin in Verbindung mit droben. Wer mich kennt, das ist der Himmel.«

Er bescheidet sich: »Lernen und immerzu üben, gewährt das nicht auch Befriedigung? Und geschieht es dann, daß aus weiter Ferne Genossen sich zu einem finden, hat das nicht auch sein Beglückendes? Wenn aber die Menschen einen nicht kennen, sich doch nicht verbittern lassen, ist das nicht auch edel?« »Ich will mich nicht grämen, daß man mich nicht kennt; grämen soll es mich nur, wenn ich die anderen nicht kenne.«

Er läßt sich vom Narren zurufen: »Gib auf, gib auf dein eitles Mühen! Wer heut dem Staate dienen will, der stürzt nur in Gefahren sich.« Er läßt sich von Laotse sagen: »Die Klugen und Scharfsinnigen sind dem Tode nahe, denn sie lieben es, andere Menschen zu beurteilen.« Aber er behauptet seinen Sinn in der Aufgabe, zu helfen bei der menschlichen Ordnung in der Welt.

Der Erfolg entscheidet nicht. Humanität bedeutet Mitverantwortung für den Zustand der Gemeinschaft. »Ein Mann von Humanität ist nicht auf das Leben aus um den Preis der Verletzung der Humanität. Ja, es gab solche, die, um ihre Humanität zu vollenden, ihren Leib in den Tod gegeben.«

Die Grundhaltung bleibt: bereit sein, »verwenden sie einen, sich betätigen; wollen sie nichts von einem wissen, sich im Hintergrund halten«.

Entscheidend aber ist: »Das einzige, worüber der Mensch Meister ist, das ist sein eigen Herz. Glück und Unglück sind kein Maßstab für den Wert des Menschen.« Nicht immer ist das äußere Unglück ein Übel, es kann »eine Probe« sein (Sün-tse). Die Verzweiflung darf nicht radikal werden. Selbst im Äußersten bleibt Hoffnung. »Es gibt Fälle, daß Menschen aus verzweifelten Umständen zu höchster Bestimmung aufsteigen.«

Moderne Urteile über Konfuzius sind erstaunlich. Er ist als Rationalist gering geachtet. »Weder die Persönlichkeit noch das Werk trägt die Züge wirklicher Größe. Er war ein braver Moralist«, meint Franke, »er glaubte mit seinem Tugendgesäusel die zerrüttete Ordnung wieder zurechtrücken zu können, wozu, wie die Ereignisse bewiesen, nur der Sturmwind der Macht imstande war.«

In der Tat ist Konfuzius nicht auf die Weise wirksam geworden, wie er sie sich in den Augenblicken seiner größten Hoffnung dachte. Wie zu seinen Lebzeiten ist auch nach seinem Tode der Sinn seines Tuns gescheitert. Denn nur eine Verwandlung machte sein Werk wirksam. Um so mehr ist es die Aufgabe, das Ursprüngliche, in der Verwandlung nie ganz Verlorene zu sehen und als einen Maßstab zu bewahren. Auf Grund der vorliegenden Sätze, sie auswählend durch Orientierung an den gehaltvollsten, eigentümlichsten, darf man es wagen, dies Bild zu gewinnen. Es muß verschwinden, wenn man die erstarrten und platten Formulierungen, die wahrscheinlich aus späteren Zeiten stammen, hervorhebt. Es ergibt sich, allein durch sachlich geführte Wahl und Anordnung der Sätze und Berichte, ein unersetzliches Bild, dessen Kern Wirklichkeit haben muß, denn sonst hätte es unmöglich entstehen können.

Konfuzius hat nicht die weltflüchtige Sorge des Einzelnen um sich selbst. Er entwirft auch keine wirtschaftstechnischen Einrichtungen, keine Gesetzgebung und keine formelle Staatsordnung, sondern er ist leidenschaftlich bemüht um das nicht direkt zu Wollende, nur indirekt zu Fördernde, an dem alles andere hängt: um den Geist des Ganzen in dem sittlich-politischen Zustand und um die innere Verfassung jedes einzelnen Menschen als Glied des Ganzen. Er hat keine religiöse Urerfahrung, kennt keine Offenbarung, vollzieht keine Wiedergeburt seines Wesens, ist kein Mystiker. Er ist aber auch nicht ein Rationalist, sondern in seinem Denken gelenkt von dem Umgreifenden der Gemeinschaft, durch die der Mensch erst Mensch wird. Seine Leidenschaft ist die Schönheit, Ordnung, Wahrhaftigkeit und das Glück in der Welt. Und dies alles steht auf dem Grunde von etwas, das durch Scheitern und Tod nicht sinnlos wird.

Die Beschränkung auf die Möglichkeiten in der Welt erwirkt bei Konfuzius seine Nüchternheit. Er ist vorsichtig und zurückhaltend, aber nicht aus Furcht, sondern aus Verantwortungsbewußtsein. Das Zweifelhafte und Gefährliche möchte er nach Möglichkeit meiden. Er will Erfahrung, hört darum überall zu. Er ist unersättlich für Nachrichten aus dem Altertum. Verbote sind viel seltener bei ihm als die Hinweise, dies und das zu tun, wenn man ein Mensch werden wolle. Maßhalten und Bereitbleiben, nicht Drang zur Macht als solcher, sondern Wille zu wahrer Herrschaft bewegt ihn.

Sein Wesen wirkt hell, offen, natürlich. Jede Vergötterung seiner Person wehrt er ab. Er lebt gleichsam auf der Straße, als ein Mensch mit seiner Schwäche.

Was hat Konfuzius getan? Er trat im Unterschied von Laotse in die Welthändel ein, getrieben von dem Gedanken der Berufung, die menschlichen Zustände zum Besseren lenken zu wollen. Er begründete eine Schule für künftige Staatsmänner. Er gab die klassischen Bücher heraus. Aber mehr noch bedeutet dies: Konfuzius ist in China das erste sichtbare großartige Aufleuchten der Vernunft in ihrer ganzen Weite und Möglichkeit, und zwar in einem Mann aus dem Volke.

7. *Konfuzius und seine Gegner:* Konfuzius bekämpfte und wurde bekämpft. Es sind zunächst die vordergründigen Kämpfe gegen das Nichtige und die Eifersucht der Konkurrenten. Dann aber kommt die tiefe, in der Sache liegende Polarität zwischen Konfuzius und Laotse zum Ausdruck.

a) Die Gegner, die Konfuzius bekämpfte, sind die Leute, die die Welt für ohnehin verdorben halten und geschickt darin mitmachen, die Sophisten, die für und gegen jede Sache ihre Gründe finden, die die Maßstäbe von Recht und Unrecht, von Wahr und Falsch in Verwirrung bringen.

Als Konfuzius einmal im Amt war, ließ er einen staatsgefährlichen Aristokraten hinrichten. Er begründete es: Schlimmer als Diebstahl und Raub sind: Unbotmäßigkeit der Gesinnung verbunden mit Arglist, Verlogenheit verbunden mit Zungenfertigkeit, Gedächtnis für Skandal verbunden mit ausgebreiteter Bekanntschaft, Billigung des Unrechts verbunden mit dessen Beschönigung. Dieser Mann hat alle diese Verbrechen in sich vereinigt. »Wo er verweilte, bildete er eine Partei; er betörte die Menge durch sein Geschwätz mit gleisnerischen Vorstellungen; durch seinen hartnäckigen Widerstand verkehrte er das Recht und setzte sich allein durch. Wenn die Gemeinen sich zu Horden zusammentun, das ist Grund zum Kummer.«

Dem Konfuzius wurde vorgeworfen: Seine Lehre könne man in einem langen Leben nicht bewältigen. Die Formen zu studieren, reichten Jahre nicht aus. Beides nütze dem Volke nichts. Zu vernünftiger Verwaltung und praktischer Arbeit sei er unfähig. Durch die prunkvollen Begräbnisfeierlichkeiten würde er den Staat verarmen lassen. Er reise wie alle Literaten als Ratgeber umher, um sich zu bereichern, führe ein Schmarotzerleben. Er habe ein hochfahrendes Wesen, suche durch auffallende Tracht und geziertes Wesen der Menge zu imponieren.

b) Die Legende berichtet von dem Besuch des jungen Konfuzius beim alten Laotse (Tschuang-tse, Übersetzungen bei von Strauß und Waley). Laotse belehrt ihn.

Das Planen und Raten und Studieren des Konfuzius billigt er nicht. Bücher sind fragwürdig, sie sind nur die Fußstapfen der großen Alten. Jene traten die Fußstapfen, die heutigen reden. Aber: »Deine Lehren beschäftigen sich mit Dingen, die nicht mehr bedeuten als Fußstapfen im Sande.« »Was du liesest, ist nur der Schall und Rauch längst vergangener Menschen. Was wert gewesen wäre, überliefert zu werden, sank mit ihnen ins Grab; der Rest geriet in die Bücher.«

Das Wesentliche dagegen ist das Grundwissen. Laotse wirft dem Konfuzius vor, das tao nicht zu kennen. Konfuzius verdirbt es durch die Absolutheit seiner sittlichen Forderungen. Denn Menschenliebe und Gerechtigkeit sind für den, der das tao liebt, nur eine Folge, selber sind sie nichts. Wenn Konfuzius fordert, unparteiisch jeden Menschen zu lieben, antwortet Laotse scharf: »Von jedem Menschen zu sprechen, ist eine törichte Übertreibung, und der Entschluß, stets unparteiisch zu sein, bedeutet selbst schon eine Art Parteilichkeit. Du betrachtest am besten, wie es kommt, daß Himmel und Erde ihren ewigen Lauf beibehalten, daß die Vögel ihrem Zuge und die Tiere ihrer Herde folgen, und daß Bäume und Büsche ihren Standort behalten. Dann wirst du lernen, deine Schritte von des Inneren Kraft lenken zu lassen und dem Gange der Natur zu folgen; und bald wirst du einen Punkt erreichen, wo du es nicht mehr nötig hast, mühselig Menschenliebe und Gerechtigkeit anzupreisen.« »All dies Gerede über Menschenliebe und Gerechtigkeit, diese ständigen Nadelstiche, reizen. Der Schwan braucht nicht täglich zu baden, um weiß zu bleiben.«

Allein durch Nichttun (Nichthandeln, wu wei) zeigt sich tao. Alles andere ist äußerlich. Durch Spreu geblendete Augen sehen den Himmel nicht; wenn Mücken stechen, schläft man die Nacht nicht: so quälen Menschenliebe und Gerechtigkeit. Als solche machen sie eine erbitterte Stimmung und lassen das tao verlieren. Bloße Moral ohne den Grund im tao widerstrebt der Menschennatur. Wenn aber die Welt im tao, d. h. die Natureinfalt, nicht verloren ist, dann werden sich von selber die Sitten herstellen, wird die Tugend in Gang kommen.

Erst »als die Beachtung des großen tao verfiel, traten Wohlwollen und Gerechtigkeit auf; als Wissen und Klugheit erschienen, entstand die große Künstlichkeit«. Versiegt die Quelle des tao, dann brauchen die Menschen vergeblich die Notbehelfe von Menschenliebe und Gerechtigkeit. Es ist wie mit den Fischen: versiegt die Quelle und sinkt das Wasser im Teich, dann erst verhalten sich die Fische zueinander, sie bespritzen einander, um sich anzufeuchten, sie drängen einander, um besprudelt zu werden. Aber besser ist es: sie vergessen einander in Fluß und Seen. Daher ist das Rechte, daß die Menschen ohne Künstlichkeit und Zwang, ohne Denken und Wissen von Gut und Böse einfach im tao leben. »Im Altertum benutzte man das Halten am tao nicht dazu, das Volk zu erleuchten, sondern es in Unwissenheit zu lassen.«

Laotse gilt als der eigentliche, einzige Gegner des Konfuzius. Jedoch hat die spätere Polemik zwischen Taoisten und Konfuzianern ihre Schatten in jene legendarischen Gespräche geworfen. Die späteren gegnerischen Parteien waren beide dem Ursprung fern. Die späteren Taoisten flohen die Welt, waren Asketen, wurden Beschwörer, Alchimisten, Lebensverlängerer, Zauberer und Gaukler. Die späteren Konfuzianer waren Menschen der Welt, ordneten sie, sich anpassend und das Wirksame aufgreifend, ihre eigenen Interessen wahrnehmend, waren Literaten und Beamte, die zu trockenen und eigensüchtigen und machtgierigen Reglementierern und zu Genießern des Daseins wurden.

Aus der Anschauung der Sache und angesichts der inneren Haltung der beiden großen Philosophen darf man sagen: Laotse und Konfuzius sind wohl Gegenpole, aber solche, die zusammengehören und sich gegenseitig fordern. Es ist falsch, dem Konfuzius jene Verengungen zuzuschreiben, die erst im Konfuzianismus wirklich wurden. Gegen die Auffassung, Laotse habe das tao jenseits von Gut und Böse gedacht, Konfuzius habe das tao moralisiert, ist vielmehr zu sagen: Konfuzius läßt dieses Jenseits von Gut und Böse unangetastet, wenn er in der Welt die Aufgabe stellt, durch Wissen von Gut und Böse zur Ordnung in der Gemeinschaft zu kommen. Denn diese ist ihm nicht das Absolute schlechthin. Das Umgreifende ist ihm Hintergrund, nicht Thema, ist ihm Grenze und Grund der Scheu, nicht unmittelbare Aufgabe. Sagt man, das einzige metaphysische Element der Lehre des Konfuzius sei, daß der Herrscher den Himmel vertrete, der durch Naturerscheinungen (Erntesegen oder Katastrophen durch Dürre oder Überschwemmung) sein Wohlgefallen oder Mißfallen kundgebe, so wäre dieses

Element, das erst im Konfuzianismus herrschend wurde, bei Konfuzius allenfalls nur eine Vordergrundserscheinung jener metaphysischen Tiefe, die Konfuzius und Laotse gemeinsam ist. Der Unterschied liegt zwischen dem direkten Weg zum tao des Laotse und dem indirekten Weg über die Ordnung der Menschheit des Konfuzius, und daher in den entgegengesetzten praktischen Folgen der gemeinsamen Grundanschauung.

Was Laotse im tao vor und über alles setzt, ist das Eine des Konfuzius. Aber Laotse vertieft sich darein, Konfuzius läßt sich durch das Eine in Ehrfurcht lenken bei dem Eintritt in die Dinge der Welt. Man findet in Augenblicken Neigung zur Weltflucht auch bei Konfuzius, man findet bei ihm an der Grenze die Idee dessen, der durch Nichthandeln handelt und dadurch die Welt in Ordnung hält, wie bei Laotse. Beide mögen ihren Blick nach entgegengesetzten Seiten wenden, sie stehen doch im selben Grunde. Die Einheit beider ist in China durch große Persönlichkeiten wiederholt worden, nicht durch eine Philosophie, die systematisch beide umfaßte, sondern in der chinesischen Weisheit des sich denkend erhellenden Lebens.

8. *Wirkungsgeschichte:* Zu seiner Zeit war Konfuzius nur einer unter vielen anderen Philosophen und keineswegs der erfolgreichste. Aber aus ihm ist der Konfuzianismus erwachsen, der zweitausend Jahre China beherrscht hat, bis zum Ende seiner politischen Macht im Jahre 1912.

Die Stufen der Entwicklung des Konfuzianismus sind im Schema folgende: *Erstens:* In den Jahrhunderten nach Konfuzius erhielt der Konfuzianismus seine theoretische Gestalt durch Menzius (ca. 372–289) und Hsün-tse (ca. 310–230), die beide eine Schulüberlieferung zu gesteigerter Wirkung brachten. Das konfuzianische Denken ist begrifflicher, unterscheidender, systematischer geworden. Die schönsten und hellsten Formulierungen aus dem Geist des Konfuzius finden sich im Da hio und Tschung-Yung. Die Sätze des Lun-Yü, dem Konfuzius näher, und vielleicht zum Teil wörtlich von ihm, sind kurz, abgerissen, reich an Möglichkeiten der Interpretation. Sie sind die Gedanken in statu nascendi, wie die mancher Vorsokratiker, schon vollendet, aber mit unendlichen Entfaltungsmöglichkeiten ihres Gehalts. Die Ausarbeitung zu systematischer Form muß mit der Bereicherung der Begrifflichkeit verarmen lassen, was an der Quelle noch erfüllt ist. Daher wird Konfuzius bei seinen nächsten Nachfolgern wohl heller, aber zugleich schon begrenzter. Dieser Konfuzianismus war eine geistige Bewegung, getragen von Literaten, aber mit dem Anspruch auf Staatslenkung. Gegen ihn machte der Kaiser Tsin-schi-huang-ti (221–210) den Versuch der Vernichtung. Die konfuzianischen Bücher wurden verbrannt, ihrer Überlieferung sollte ein Ende gesetzt werden. Die Regierung des großen Despoten wurde nach seinem Tode in einem wilden Bürgerkriege gestürzt. Aber sein Werk blieb: Die Verwandlung des alten Lehensstaates in einen Beamtenstaat. – *Zweitens:* Nun geschah das Erstaunliche. Der neue von jenem Despoten geschaffene bürokratische Staat schloß den Bund mit dem Konfuzianismus unter der Han-Dynastie (206 v. Chr. bis 220 n. Chr.). Der verworfene Konfuzianismus wurde wiederhergestellt. Das neue Gebilde der Staatsmacht, die ihre Autorität durch den konfuzianischen Geist gewann, ist also zum Teil aus Motiven und Situationen erwachsen, die Konfuzius selbst fremd waren. Er hatte nichts anderes als den Lehensstaat gekannt. Jetzt gewann der Konfuzianismus seine neue Denkgestalt mit seiner faktischen Herrschaftsmacht. Die Literaten wurden zu Funktionären der Bürokratie. Sie entwickelten eine Orthodoxie bis zum Fanatismus, zugleich im Interesse der Geltung ihres Standes. Der Konfuzianismus wurde zugerichtet auf die Ausbildung der Beamten. Das Schulsystem wurde als staatliches Erziehungssystem eingerichtet, die Lehre ausgebaut zwecks Ordnung und Heiligung des Staatswesens. – *Drittens:* Der Ausbau nach allen Seiten, besonders nach der metaphysischen und naturphilosophischen, erfolgte in der Sung-Zeit (960–1276). Zugleich wurde die Orthodoxie auf der Grundlage des Menzius fixiert. Die Steigerung dieser ausschließenden Orthodoxie und die endgültige Verfestigung geschah in der Mandschu-Zeit (1644–1912). Mit diesem Gesicht einer geistigen Erstarrung zeigt sich China dem Abendland. Seine eigene Lehre, China sei immer so gewesen, wurde von Europa zunächst übernommen, bis die Sinologen die großartige wirkliche Geschichte Chinas enthüllten.

Der Konfuzianismus hat also eine lange ihn verwandelnde Geschichte wie das Christentum und wie der Buddhismus. Die lange Dauer seiner Aneignung in China entfernte ihn weit vom Ursprung in Konfuzius selber. Es war ein Kampf, geistig um die rechte Lehre, politisch um die Selbstbehauptung der Literatenschicht. Die Geistesgeschichte Chinas hat ihre großen künstlerischen, dichterischen, philosophischen Aufschwünge zum großen Teil im faktischen Durchbruch durch diesen Konfuzianismus oder in bewußter Opposition gegen ihn. In Ebbezeiten des geistigen Lebens ist der Konfuzianismus in China wie der Katholizismus im Abendland immer wieder da. Aber er hat auch selber seine geistigen Gipfel, wie der Katholizismus in Thomas, so der Konfuzianismus in Tschu-Hsi (1130–1200).

Jeder hohe Impuls hat die zu ihm gehörenden Gefahren. Daß die Abgleitungen durch die Jahrhunderte überwiegen, läßt sie fälschlich schon im Ursprung erkennen. Dann sagen die Einwände gegen Konfuzius: Sein Denken ist »reaktionär«, es verabsolutiert die Vergangenheit, es fixiert und macht tot, es ist zukunftslos. Daher lähmt es alles Schaffende, Lebendige, Vorantreibende. Sein Denken macht zum Gegenstand bewußter Absicht, was in der Vergangenheit einmal seine Wahrheit hatte, jetzt aber nicht mehr haben kann. Es bringt ein Leben der Konventionen und der Hierarchie hervor, der äußerlichen Formen ohne Gehalt. So hält auch Franke Gericht über Konfuzius: Er habe das

Ideal für sein Volk in die Vergangenheit verlegt, so daß es mit rückwärts gewandtem Haupte durch die Geschichte schreite. Konfuzius halte für das wahre Leben der Völker einen wohl balancierten Dauerzustand. Er verkenne, daß die Geschichte eine niemals rastende Bewegung sei. Dazu habe er die natürlichen metaphysischen Bedürfnisse unbefriedigt gelassen durch seine Lehre, man solle die Schranken des vernunftgemäßen Diesseits in der wohlgeordneten Menschheit nie übersteigen.

Diese Auffassung wird durch die überlieferten klaren Sätze, die unsere Darstellung heraushob und in einem großartigen Zusammenhang zu sehen meinte, widerlegt. Aber es ist richtig, daß die Abgleitungen in der Folge für den Konfuzianismus weitgehend dem Urteil recht geben, das auf Konfuzius und viele Konfuzianer nicht zutrifft. Diese Abgleitungen sind zu charakterisieren:

Erstens: Die Verwandlung des Gedankens des Einen und des Nichtwissens in metaphysische Gleichgültigkeit. Wenn Konfuzius Abstand hält vom Denken des Absoluten, vom Bittgebet, so aus einer vom Umgreifenden her wirkenden Gewißheit, die ihm die Zuwendung zur Gegenwart und zu den Menschen unbeirrbar macht. Wenn er in der Ruhe vor dem Tode lebt, nicht wissen will, was wir nicht wissen können, so läßt er alles offen. Sobald aber diese Kraft des Konfuzius fehlt, wird die Skepsis mächtig und zugleich der unkontrollierte Aberglaube. Der Agnostizismus wird leer und ergänzt sich im Konfuzianismus durch handgreifliche Magien und illusionäre Erwartungen.

Zweitens: Die Verwandlung des nüchternen, aber leidenschaftlichen Drangs zur Menschlichkeit in ein Nützlichkeitsdenken. Es entwickelt sich ein pedantisches Zweckdenken ohne die Kraft des unabhängigen Menschseins.

Drittens: Die Verwandlung des freien Ethos, das sich in der Polarität der li und dessen, was sie führt, versteht, zur Gesetzlichkeit der li. Die li werden ohne den Grund im Yen und im Einen zu bloßen Regeln von Äußerlichkeiten. Während sie bei Konfuzius eine milde Macht sind, werden sie nun feste Formen, gewaltsam erzwungene Gesetze. Sie werden ausgearbeitet zu einer verwickelten Ordnung, zur Vielheit der Tugenden, zu den bestimmten menschlichen Grundbeziehungen und vollendet in zählbaren Anordnungen.

Während im Ursprung die Einheit von Sitte, Recht und Sittlichkeit vermöge ihrer gemeinsamen Beseelung aus dem Yen menschliche Freiheit war, wird jetzt die Fixierung der li für die Menschlichkeit verhängnisvoll. Denn die Trennung von Sitte, Recht und sittlicher Norm wurde nicht gemacht, aber die endlose Mannigfaltigkeit der Bestimmungen zur Äußerlichkeit herabgesetzt. Diese war definierbar und in jedem Fall rational zur Entscheidung zu bringen. Sie brauchte kein Gewissen mehr, wenn die geforderte Handlung getan wurde. Die Äußerlichkeit, das Gesicht zu wahren, wurde alles.

Viertens: Die Verwandlung der Offenheit des Denkens in Dogmen theoretischer Erkenntnis. Zum Beispiel wird Sache des Streitens, ob der Mensch von

Natur gut oder böse sei, ob daher die Erziehung durch die li den Menschen überhaupt erst als gutes Wesen hervorbringe, oder nur in seinem eigentlichen Wesen wiederherstelle. Während Konfuzius solche Alternative gar nicht fand, sondern gegenüber den Grenzfällen des Heiligen einerseits, des Narren andrerseits, die unveränderlich seien, den meisten ihre Chance und ihren Spielraum gab, die Praxis entscheiden ließ, wurde jetzt die Theorie leidenschaftlich erörtertes Streitfeld. Man geriet hier wie sonst in die Sackgasse von Alternativen der Theorie, die Konfuzius unwesentlich gewesen wären vor dem, was sie übergreift.

Fünftens: Die Verwandlung des Wissens, das inneres Handeln war, in ein Lernen, das abfragbar wurde. Es entstand die Klasse der Literaten, die sich nicht durch Persönlichkeit, sondern durch Gelerntes und formal Gekonntes auszeichneten und im Schulexamen bewährten. Daß das Altertum in der Weise der Aneignung Norm war, verwandelte sich dahin, daß die alten Werke studiert wurden, der Gelehrte maßgebend, daß Nachahmen des Alten, nicht das Aneignen wesentlich wurde. Die Gelehrsamkeit brachte die Orthodoxie hervor. Diese verlor ihre Einheit mit dem Leben im Ganzen.

Aber alle Abgleitungen, so sehr sie in der chinesischen Geschichte gewirkt haben, konnten den Ursprung, aus dem sie kamen, nicht völlig verlieren. Konfuzius selber blieb lebendig in Antrieben, die ihn zu erneuern, das Erstarrte zu durchbrechen vermochten. Sie bewährten das hohe Ethos und den heroischen Mut, die immer wieder im Konfuzianismus auftraten. Dann geriet Konfuzius in Opposition zum Konfuzianismus. Konfuzius ist mehr als vorantreibende Lebensmacht denn in den Stabilisierungsformen gegenwärtig. Eine große Erscheinung solcher Erneuerung war Wang Yang Ming (1472–1528).

In dieser ganzen Entwicklung spielt die Person des Konfuzius eine große Rolle. Stets ist der Blick auf ihn, die einzige große Autorität, gerichtet. Von der Wirkung des Konfuzius auf seine Schüler wird noch erzählt, daß sie sich viel Kritik an seinen Handlungen erlaubten, dann aber auch, daß sie zu ihm emporblickten, wie »zur Sonne und dem Mond, über die man nicht hinwegschreiten kann«. An seinem Grabe wurden Opfer dargebracht, noch im Rahmen des Ahnenkultes. Später wurde ein Tempel gebaut. Schon um die Wende des zweiten zum ersten Jahrhundert vor Chr. schreibt von seinem Besuch dort der Historiker Se-ma-tsien: »So blieb ich voll Ehrfurcht dort und konnte mich kaum losmachen. Auf Erden gab es gar viele Fürsten und Weise, berühmt während ihres Lebens, mit denen es bei ihrem Tode zu Ende war. Kung-tse war ein einfacher Mann aus dem Volk. Aber seit zehn Generationen überliefert man auch seine Lehre. Vom Himmelssohn, Königen und Fürsten an nehmen alle ihre Entscheidungen und ihr Maß am

Meister. Das kann man als höchste Heiligkeit bezeichnen.« In der Folge wurden ihm Tempel im ganzen chinesischen Reiche errichtet. Anfang des 20. Jahrhunderts wurde Konfuzius ausdrücklich zum Gott erklärt. Es ist eine denkwürdige Entwicklung, die Konfuzius, diesen Mann, der nichts als Mensch sein wollte, der wußte, daß er nicht einmal ein Heiliger sei, schließlich zum Gotte werden ließ.

Jesus

Quellen: Bibel: Das Neue Testament, besonders die Evangelien nach Matthäus, Markus, Lukas; ferner: Hennecke, Apokryphen.
Literatur: Schweitzer. Dibelius. Bultmann.

Jesus ist zwar nicht als objektiv zwingendes Bild historisch dokumentiert darzustellen, aber doch durch die Schleier der Überlieferung hindurch als Wirklichkeit unumgänglich sichtbar. Ohne das Zutrauen im Blick auf die Überlieferungstrümmer und ohne das Wagnis des Irrens würde eine nur kritisch-historische Forschung alle Realität verschwinden lassen. Es ist die Aufgabe, auf Grund der Leistungen der Forscher, aus eigenem Ergriffensein das Verläßliche, Wahrscheinliche und nur Mögliche zusammenzuordnen und zum Bilde werden zu lassen. Die Grundhaltung solcher Darstellung darf unsere menschliche Beziehung zum Menschen Jesus sein. Wir möchten durch die Verschleierungen hindurch zu der wirklichen Erscheinung gelangen, wie er einst war, was er tat und sagte.

1. *Die Verkündigung.* – Das Gewisseste, das wir von Jesus wissen, ist seine Verkündigung: des Kommens des Gottesreiches, des Ethos zur Vorbereitung auf das Reich, des Glaubens als des Heils.

a) *Weltende und Gottesreich.* – Eine greifbare Voraussetzung für Jesu Denken und Handeln ist: Das Weltende steht unmittelbar bevor (Schweitzer, Martin Werner). Dieses Ende ist eine Katastrophe: »Denn jene Tage werden eine Drangsal sein, wie von Anfang der Schöpfung bis jetzt keine solche gewesen ist und keine sein wird« (Mark. 13, 19). »Die Sonne wird sich verfinstern, und der Mond wird seinen Schein nicht geben, und die Sterne werden vom Himmel fallen« (Mark. 13, 24).

Jesus steht mit diesen Erwartungen in der damals verbreiteten apokalyptischen Anschauung. Aber er macht vollkommen Ernst damit. Das Weltende steht wirklich unmittelbar bevor. »Wahrlich, ich sage euch, nicht wird dieses Geschlecht vergehen, bis daß dieses alles geschieht« (Mark. 13, 30). »Es sind einige unter euch, die hier stehen, welche den Tod nicht kosten werden, bis sie den Sohn des Menschen kommen sehn in seinem Reich« (Matth. 16, 28). Bei der Aussendung von Jüngern, die dieses unmittelbar bevorstehende Ereignis verkündigen sollen, sagt Jesus: »Ihr sollt nicht fertig werden mit den Städten Israels, bis der Sohn des Menschen kommt.« Wenig beschäftigt sich Jesus mit der Ausmalung der Schrecken des Ereignisses, wie es in der gleichzeitigen Literatur geschieht. Weil er aber das Weltende als unmittelbar bevorstehend erwartet, macht er aus dem Ende, das sonst in ferner Zukunft lag, das Unausweichliche, das jeden jetzt Lebenden angeht. Vor diesem Ereignis wird alles andere nichtig. Alles, was ich noch tue, muß angesichts dieses Endes seinen Sinn ausweisen.

Dieser Sinn ist möglich. Denn mit dem Weltuntergang kommt nicht das Nichts, sondern das Gottesreich. Das Reich Gottes ist die Zeit, in der Gott allein regiert. Es kommt unaufhaltsam, ohne jedes menschliche Zutun, allein durch Gottes Tun. Die Welt, deren Ende unmittelbar bevorsteht, kann als Welt gleichgültig werden, weil das Gottesreich, dieses Herrlichste, kommt. Daher die frohe Verkündigung: »Heil euch Armen, denn euer ist das Gottesreich!« Und: »Fürchte dich nicht, du kleine Herde, denn eures Vaters Beschluß ist es, euch zu geben das Reich!« Und das Gebet: »Laß kommen dein Reich!« Das Ende hat also zwei Seiten. Es ist nicht nur Drohung: das Weltende, sondern ist die Verheißung: das Reich Gottes. Daher liegt in der Stimmung zugleich die Angst und der Jubel.

Die Verkündigung von Weltende und Gottesreich meint ein kosmisches Ereignis. Aber es ist nicht ein Ereignis in der Welt, in dem eine neue Welt geboren würde, sondern das Ereignis, mit dem die Welt aufhört. Es ist ein Einbruch in die Geschichte, mit der die Geschichte abgeschlossen ist. Das Gottesreich ist weder Welt noch Geschichte, auch kein Jenseits dieser Welt. Es ist etwas ganz anderes.

Aber diese Reichsbotschaft enthält eine merkwürdige Doppelheit. Das Reich wird erst kommen, und es ist schon da. Was erst in der Zukunft wirklich wird, das ist in der Welt schon in Bewegung. Das sagt das Gleichnis vom Senfkorn. Wie das Senfkorn der kleinste der Samen ist, aus dem das größte der Kräuter wächst, so das Reich. Das sagt vor allem der Satz: »Siehe, das Reich Gottes ist unter euch« (Luk. 17, 21). Das heißt: Die Zeichen des Reiches: Jesus, seine Person, seine Taten, seine Botschaft, sind unter euch. Also nicht das Reich ist schon da, wohl aber die Zeichen des Reiches, und zwar Zeichen, die auf das unmittelbar bevorstehende Eintreffen deuten (Dibelius). – Diesen Sinn, daß Zeichen da sind, hat die Antwort Jesu auf die Frage Johannes des Täufers: Bist du es selbst, der kommen soll? Jesus sagt nicht ja und nicht nein, sondern: »Blinde sehen und Lahme gehn, Aussätzige genesen und

Taube hören, Tote werden aufgeweckt und Arme empfangen die Botschaft des Heils.« Und Jesus sagt auch: »Wenn ich aber mit Gottes Finger die Dämonen austreibe, so ist ja das Reich Gottes schon über euch gekommen.«

Jesu Taten, wie sie alle Wundertäter vollbringen, sein Verhalten zu Sündern, zu den Verachteten der Gesellschaft, so zu Dirnen, seine Worte, die die Seele des Hörenden ergreifen, das alles hat für ihn den Charakter von Zeichen und Beispiel, nicht den Sinn von Verbesserung der Welt, von Reform der Zustände. Jesus läßt, wer ihn sieht und hört, erfahren, daß das Reich Gottes kommt.

Er lebt den kurzen Augenblick »zwischen den Zeiten«, zwischen dem Weltsein und dem Gottesreich.

Die Verkündigung Jesu teilt zwar mit, was geschehen wird. Aber er meint nicht den müßigen Zuschauer, den er über ein bevorstehendes Ereignis unterrichtet, sondern den Menschen, der in dieser Situation vor eine Entscheidung gestellt wird. Die Verkündigung lautet: »Die Zeit ist erfüllt, und das Gottesreich ist nah, wandelt euch, und glaubt an die frohe Botschaft!« In der Forderung: Wandelt euch, denkt um, tut Buße, liegt die Antwort auf die Frage: Was tun, wenn das Weltende bevorsteht, was hat da noch Sinn?

Das Reich kommt nicht als die Seligkeit für alle. An jeden Einzelnen geht die Frage, wohin er in der Katastrophe gelangen wird. Denn das Weltende ist zugleich das Gericht, in dem die Annahme oder die Verwerfung durch Gott stattfindet: »Zwei Männer werden schaffen auf dem Feld: einer wird angenommen, der andere verstoßen.«

Weltende und Gericht sind noch nicht vollzogen. Aber jeden Augenblick kann es da sein. Es kommt plötzlich, wie der Blitz, der aufleuchtet vom Osten bis zum Westen, oder wie der Dieb in der Nacht, oder wie der Herr, der heimkehrt, ohne daß die Knechte es wissen. »Über jenen Tag aber und die Stunde weiß niemand etwas, ... auch nicht der Sohn, sondern allein der Vater.«

Die darum wissen, sollen so leben, daß sie jederzeit bereit sind: »Wachet, denn ihr wißt nicht, wann die Zeit kommt. Wachet, daß der Herr nicht, wann er plötzlich kommt, euch schlafend treffe.« Dann aber: warten. Nichts kann der Mensch dazu tun, daß das Reich komme. Es kommt von selbst, allein durch Gottes Willen. Wie der Bauer auf die Ernte wartet, so der Mensch auf das Reich. Und schließlich: verkündigen. Durch Predigt die Drohung und die frohe Botschaft allen bringen, damit sie gerettet werden.

b) *Das Ethos.* – Wenn Jesus sagt, was der Mensch tun solle, so handelt es sich nicht um eine sich selbst genügende Ethik zur Verwirklichung des Menschen in Bau und Ordnung des Weltdaseins. Vielmehr ist umgekehrt alles Ethische erst gerechtfertigt als Gottes Wille und als Bereitsein für das Weltende und als Zeichen des Gottesreichs.

Nichts Weltliches kann noch irgendein selbständiges Gewicht haben. »Diese Welt ist nur eine Brücke; geh hinüber, aber bau nicht deine Wohnung dort« (Hennecke, Apokryphen 35). Die Welt ist zwar Schöpfung Gottes und als solche nicht verwerflich. Liebe zur Natur ist Jesus wie später Franz von Assisi eigen. Die menschlichen Ordnungen tastet er nicht an, betont ihre Geltung. Zum Beispiel die Ehe ist unauflöslich: »Was Gott zusammengefügt hat, soll ein Mensch nicht scheiden.« Man soll nicht gegen die Obrigkeit revoltieren: »Gebt dem Kaiser, was des Kaisers ist, und Gott, was Gottes ist.« Aber alles Weltsein ist wie verschwunden im Glanze des Gottesreiches. Die Bande der Pietät, des Rechts, der Kultur sind nichtig angesichts dieses Reiches. Seine Mutter und Brüder läßt er stehen: »Wer tut den Willen Gottes, der ist mir Bruder, Schwester und Mutter.« Besitz ist störend, daher wird dem Jüngling, der durch alle Erfüllung der Gebote sich noch nicht bei Gott weiß, der Rat, alles zu verkaufen und den Armen zu geben.

Alles Weltliche ist als solches hinfällig: »Wer vermag durch Sorgen seinem Leben eine Elle zuzusetzen?« »Jeder Tag hat seine eigene Plage.« Aber die Welt ist keiner Sorge wert: »Sorget nicht für euer Leben, was ihr esset. Sorget nicht auf den morgenden Tag; der morgende Tag wird für sich selbst sorgen.« Nur was im Gottesreich Wirklichkeit ist, ist wichtig: »Sammelt euch nicht Schätze auf Erden, wo Motten und Rost zerstören. Sammelt euch aber Schätze im Himmel.«

Was ist dies allein Wichtige? Vor jedem Menschen steht die furchtbare Alternative, vom Reiche Gottes aufgenommen oder verworfen zu werden. Es gibt Gott und den Teufel, die Engel und die Dämonen, das Gute und das Böse. Für jeden kommt es darauf an, wohin er sich wenden will. Das Entweder-Oder geht an jeden Einzelnen: »Und wenn dich deine Hand ärgert, so haue sie ab; es ist dir besser, verstümmelt ins Leben einzugehen, als mit zwei Händen in die Hölle zu kommen.« »Niemand kann zwei Herren dienen. Ihr könnt nicht Gott dienen und dem Mammon.« Es gibt kein Mittleres, keine Anpassung, sondern nur alles oder nichts. Es bleibt nur noch das Eine, das not tut: Gott folgen und damit in die Ewigkeit seines Reiches gelangen.

Gehorsam gegen Gott ist, wie seit jeher das Ethos der Juden, so auch des Juden Jesus. Aber der Gehorsam ist nicht genügend als der äußere, errechenbare Gehorsam gegen bestimmte Forderungen, die wie Rechtsgesetze auftreten. Es ist der Gehorsam mit dem ganzen Wesen des Menschen, der mit dem Herzen selber vollzieht, was er als Gottes Willen begreift. Denn Gott hat, wie Jeremias sagte, sein Gebot dem Menschen ins Herz geschrieben.

Aber was ist Gottes Wille? Unser an Verstand und endliche Bestimmtheit gewohntes Denken möchte Anweisungen haben, Vorschriften, nach denen man sich richten kann. Der Verstand mag trotzig gleichsam Gott fragen: Was willst du? Hören wir die Gebote, die Jesus als Gottes Willen aussprach, so verwundern wir uns wieder über das Äußerste, das in der Welt Unmögliche. Diese Gebote sprechen aus, was im Gottesreich wirklich sein kann. »Ihr sollt vollkommen sein, wie euer Vater im Himmel vollkommen ist.« Es sind Gebote für den Menschen, der nur Gott und den Nächsten kennt und handelt, als ob keine Welt, keine Antinomien ihrer Realität beständen. Diese Imperative sind, als ob der Mensch keine Situation des Endlichen in der Welt, keine Aufgabe von Weltgestaltung und Verwirklichung mehr hätte, Imperative für Heilige, die als Bürger des Gottesreiches ihnen folgen können und dürfen: »Ich aber sage euch: nicht dem Bösen widerstehen; sondern wer dich schlägt auf die rechte Wange, dem biete auch die andere. Und wer dir den Rock nehmen will, dem laß auch den Mantel. Jedem, der dich bittet, gib, und von dem, der dir das Deinige nimmt, fordere es nicht zurück.«

Es sind vor allem nicht Imperative des äußeren Handelns, sondern Imperative, die in das Innerste der Seele, in ihr Sein selbst noch vor allem Tun dringen. Die Seele soll rein sein. Der Keim der bösen Bewegung im Verborgenen der Seele ist schon gleicherweise verwerflich wie die äußere Handlung: »Jeder, der nach einem Weibe sieht in Lüsternheit, hat schon die Ehe mit ihr gebrochen in seinem Herzen.«

Jesus fordert ein Sein, nicht ein äußerliches Tun, das vielmehr aus dem Sein folgt. Es ist das gefordert, aus dem gewollt wird, das aber nicht selbst wieder geradezu gewollt werden kann. Wo dies da ist, da kann von der Welt her nichts dieses Sein trüben: »Nichts was von außerhalb des Menschen in ihn eingeht, kann ihn verunreinigen, sondern das, was aus dem Menschen ausgeht, ist es, was den Menschen verunreinigt.«

Gottes Wille ist das Leben des Gottesreiches, – so leben, als ob das

Gottesreich schon da wäre, – so leben, daß dieses Leben in dieser Welt Zeichen des Gottesreiches und selber schon dessen herankommende Wirklichkeit ist.

Was das Ethos Jesu sei, ist keineswegs durch ein System von Anweisungen für das Handeln in der Welt zu fassen. Das Prinzip ist allein durch den Gedanken des Gottesreiches gegeben, und dieses Prinzip hat Jesus auf alte biblische Weise ausgesprochen: Du sollst Gott lieben und deinen Nächsten wie dich selbst. Das Liebesgebot gehört zur alten jüdischen Religion. »Du sollst Jahwe, deinen Gott, lieben von ganzer Seele und mit all deiner Kraft« (Deut. 6, 5). »Du sollst deinen Nächsten lieben wie dich selbst« (Levit. 19, 18). »Was fordert Jahwe von dir außer Recht zu tun, zu lieben und demütig zu wandeln vor deinem Gott« (Micha 6, 8). Jesus betont hier nicht das Neue, wie in seinen Gegenüberstellungen »Ich aber sage euch ...«, sondern nimmt dies Überlieferte in das Gottesreich hinein, das sich in der Wirklichkeit der Liebe als seinem Zeichen jetzt schon kundgibt.

Eine mystische Gottvereinigung, ein wirkungsloses Aus-der-Welt-Treten, einsam unter den Menschen, eins mit Gott, das wäre lieblos. Der Einzelne hat für sich allein keine Teilnahme am Gottesreich. Es kommt darauf an, mit dem Andern dorthin zu gelangen. Wer Gott liebt, liebt den Nächsten. Daher ist das Leben in der Welt erfüllt durch das Leben der Liebe, welches das Zeichen ist des Gottesreichs.

Die Liebe Gottes zum Menschen und des Menschen zum Nächsten sind untrennbar. Nur als Liebende trifft uns Gottes Liebe. Gottes Liebe wirkt in uns die Liebe. Lieben wir nicht, sind wir verworfen.

Die Liebe ist, wo sie zweckfrei und weltfrei geworden, Wirklichkeit des Gottesreichs. Dann ist sie uneingeschränkt, bedingungslos. Daher Jesu ganz neue, dem Alten Testament fremde Forderung: den Feind zu lieben, Böses mit Gutem zu vergelten. »Liebet eure Feinde, tut wohl denen, die euch hassen; segnet, die euch fluchen, betet für die, die euch beschimpfen.«

Diese Liebe ist also kein allgemeines, gegenstandsloses Liebesgefühl, sondern sie fordert Liebe zum Nächsten. Wer aber ist der Nächste? Jeder, der mir in Raum und Zeit nahe ist und meiner bedarf, nicht der durch irgend etwas ausgezeichnete oder verwandte Mensch. Das zeigt die Geschichte vom barmherzigen Samariter. Ein Mann aus Jerusalem lag halbtot am Wege, von Räubern geplündert. Ein Priester kam, dann ein Levit, und beide gingen vorbei. Dann sah ihn ein Samariter aus dem von Jerusalem verachteten Samaria, hatte Erbarmen mit ihm und versorgte ihn. »Welcher von den Dreien war nun der Nächste für den, der unter die Räuber gefallen war?«

Stephan wird sich bei Dir melden!

Diese Liebe schließt das Herrschenwollen aus: »Wer unter euch groß sein will, muß euer Diener sein, wer der erste sein will, der Knecht aller.«

Diese Liebe verlangt schließlich bedingungslose Hingabe an Jesu Verkündigung: »Wer Vater oder Mutter mehr liebt denn mich, ist mein nicht wert; ... und wer nicht sein Kreuz nimmt und folget mir nach, ist mein nicht wert.«

Die Unbedingtheit der Liebe, von der Jesus spricht als Zeichen des Gottesreichs, wird nicht durch Befolgung von Gesetzen, durch Plan und Absicht verwirklicht. Jesus wehrt die absolute Gesetzlichkeit ab, doch nicht um in die Gesetzlosigkeit zu führen, sondern um den Ursprung zu finden, aus dem über alle Gesetzlichkeit hinaus das Gesetz erfüllt ist und entspringt. Das überlieferte alttestamentliche Gesetz ist ihm selbstverständlich. Er greift es nicht grundsätzlich an wie später Paulus. Aber die Erfüllung des bestimmten Gesetzes steht dem Leben, das Gott gehorsam ist, nach: »Der Sabbath ist um des Menschen willen da, und nicht der Mensch um des Sabbaths willen.« Der Tempeldienst kann keinen sittlichen Mangel ersetzen: »Wenn du deine Gabe zum Altar bringst und es fällt dir dort ein, daß dein Bruder etwas gegen dich hat, so gehe zuerst hin und versöhne dich mit deinem Bruder, und hierauf komme und bringe die Gabe dar.«

Das bloße Gesetz führt zur Heuchelei. Wer vieles nur gesetzmäßig tut, verschleiert das Böse, das er wirklich ist. Gegen die Gesetzestreuen, die das Innere verloren haben, sagt Jesus: »Gottes Gebot verleugnet ihr, um eure Überlieferung zu halten.« Er warnt vor den Schriftgelehrten, welche darauf aus sind, »im Talar herumzugehen und auf die Begrüßungen an öffentlichen Plätzen und auf die Vordersitze in den Synagogen« Wert legen, »welche die Häuser der Witwen aussaugen und lange Gebete zum Scheine verrichten«.

Daher ist ein Grundzug dieses Ethos des Gottesreichs die Freiheit, mit der Jesus handelt. Nicht aus dem Gesetz ist sie zu begründen, sondern aus der Liebe. Durch diese aber wird kein wahres Gesetz zerstört, sondern aufgefangen und in Grenzen gehalten. Dem entspringt Jesu Verhalten, das überall Anstoß erregte: Er geht zu den Gastmählern. Er läßt eine Frau Öl verschwenden, seine Füße zu salben: »Sie hat ein gutes Werk an mir getan.« Er spricht mit Dirnen und rechtfertigt die gläubige Sünderin: »denn sie hat viel geliebt«.

Jesus hat keine neue Ethik verkündet, sondern das biblische Ethos so ernst genommen, gereinigt und grundsätzlich gemacht, wie es vor Gott im Gottesreich wahr sein würde. Er hat es gelebt ohne

Rücksicht auf die Folgen in der Welt, denn die Welt steht vor ihrem Ende.

c) *Der Glaube.* – Der Schluß der Verkündigung ist: Glaubt an die frohe Botschaft. Der Glaube (pistis) ist gefordert. Er ist unerläßlich für den Eintritt in das Gottesreich. Er ist Bedingung des Heils und selber schon Heil.

Nur dem Glauben zeigt sich das Kommen des Gottesreichs. An den Wolken erkennen die Menschen den kommenden Regen, an den Blättern des Feigenbaums den bevorstehenden Sommer, aber sie sehen nicht die Zeichen des kommenden Gottesreichs. Das heißt: sie glauben nicht. Das eigentliche Zeichen ist Jesus selbst, sein Tun und seine Botschaft. Nur der Glaube sieht Jesus. Daher: »Selig, wer nicht an mir irre wird.«

Glauben ist das Leben des Menschen, der schon vom Gottesreich ergriffen ist. Diesem Glauben wird das Unbegreiflichste geschenkt: »Alles ist möglich dem, der glaubt.« »Wer zu diesem Berge sagt: hebe dich weg und stürze ins Meer – und nicht zweifelt in seinem Herzen, sondern glaubt, daß, was er spricht, geschieht, dem wird es zuteil werden.« Wenn Jesus Kranke heilt, so ist ihr Glaube Bedingung des Erfolgs: »Dein Glaube hat dir geholfen.« Jesus hat durch die Suggestionen gewirkt, die überall in der Welt und auch heute gewisse abnorme Phänomene vertreiben und auch erzeugen können. Nur wer »glaubt«, erfährt solche Wirkungen, deren Grenzen unsere psychologisch-medizinische Erfahrung kennt. Doch Jesus tut mehr als suggerierende Wundertäter: er vergibt Sünden. Zu dem Gelähmten, den er heilt, sagt er: »Deine Sünden sind dir vergeben.« Er sagte es, weil er den Glauben des Kranken sah. Er heilte ihn, damit die Menschen sahen, was er kann, und darin den Beweis seiner Vollmacht hatten, Sünden zu vergeben.

Der an das Gottesreich Glaubende weiß: Gott versagt sich nicht dem Bittenden. Schon Menschen versagen sich nicht dem, der dringend bittet, der Vater gibt dem hungernden Sohn keinen Stein; der Richter verschafft der Witwe ihr Recht. Viel mehr als die schlechten Menschen wird Gott hören, wenn er gebeten wird. Daher: »Bittet, so wird euch gegeben werden; suchet, so werdet ihr finden; klopft an, so wird euch aufgetan.«

Doch der Mensch soll es sich schenken lassen, wissend, daß er es nicht verdient hat: Wenn ihr getan habt alles, was euch befohlen ist, so sagt: Wir sind unnütze Knechte; wir haben getan, was wir zu tun schuldig waren.

Daher darf der Mensch Gott nicht nachrechnen. Gott »läßt seine

Sonne aufgehen über Böse und Gute, und regnen über Gerechte und Ungerechte«. Es gibt keinen menschlichen Gedanken, der das Vertrauen zerstören kann, indem er erdenkt, was gerechterweise geschehen müßte. »Bei Gott ist alles möglich.« Was auch immer geschieht, Gott weiß warum, und der Mensch, der glaubt, findet auch im unerwartet Schrecklichen und schlechthin Unverständlichen keinen Grund gegen Gott. In Jesus ist kein Hiobs-Gedanke mehr.

Ausdruck dieses Glaubens ist das Gebet des »Vaterunser«. Drei Bitten sind entscheidend: »Es komme dein Reich« – das Gottesreich ist die Einigung mit Gottes Willen und das Ende aller Not mit dem Ende der Welt. – »Unser nötiges Brot gib uns täglich «– Freiheit von Sorgen um das Weltliche ist nur im Glauben möglich, der auf Gott baut. – »Vergib uns unsere Sünden; und führe uns nicht in Versuchung« – Reinheit von Sünden ist der Weg ins Gottesreich, Freiheit von Sünde ist nur von Gott zu schenken.

Für den Glauben ist Gott alles in allem. Was Welt ist, ist in seiner Endlichkeit und Vergänglichkeit nur Zeichen. Aber Gott läßt die Lilien auf dem Felde wachsen, kein Sperling fällt ohne ihn vom Dache, die Haare auf dem Kopfe sind gezählt. Die Zeichenhaftigkeit allen Weltseins bedeutet trotz dem Ineinander des Zeichens und des Seins, wovon es Zeichen ist, doch die radikale Trennung von Weltsein und Gottesreich. Jenes vergeht, dieses ist, kommt und bleibt.

Glaube ist das Wort für das biblische Gottesverhältnis. Er ist die unbedingte Hingabe an den Willen Gottes und das unerschütterliche Vertrauen zu ihm. »Dein Wille geschehe« ist im Gebet der Ausdruck dieses Vertrauens. Der Glaube ist die Gewißheit von Gott, die Gewißheit der Verbindung mit ihm, die Gewißheit der Gottesliebe, die die Betenden trägt.

Der Glaube soll das Wesen des Menschen durchdringen, wie das Salz die Speise. Aber der Glaube ist gar nicht selbstverständlich, er kann nicht absichtlich hervorgebracht werden. Er begreift sich selbst nicht. Er ist schwankend und hinfällig. Er wird verfälscht durch Glaubenwollen. Er wird geschenkt und ist nicht Besitz. »Ich glaube, Herr, hilf meinem Unglauben« (Mark. 9, 24).

d) *Wie Jesus sich mitteilt.* – Jesus verkündet nicht Wissen, sondern Glauben. Was er sagen will, bleibt verhüllt für den Ungläubigen, macht offenbar für den Glaubenden, aber auch für diesen nicht in eindeutigen Aussagen, sondern in Gleichnissen und Sprüchen voller Paradoxien.

Gefragt nach den Gleichnissen antwortet er: »Euch ist das Geheimnis des Reiches Gottes gegeben, jenen draußen aber kommt alles in Gleichnissen zu.«

Jesus vollzieht Versinnlichungen, spricht faßliche Gedanken, fordert in bestimmten Geboten. Ohne das wäre wirksame Mitteilung unmöglich. Aber alles, was so direkt gesagt wird, ist Träger eines Sinnes, der zuletzt einer rationalen Deutbarkeit sich entzieht.

Jesus scheut nicht den logischen Widerspruch in den Formulierungen. Er sagt z. B.: »Wer nicht mit mir ist, der ist wider mich« (Matth. 12, 30), und er sagt auch: »Wer nicht wider uns ist, der ist für uns« (Mark. 9, 40). Oder: »Widerstehe nicht dem Bösen« – und: »Ich bin nicht gekommen, den Frieden zu bringen, sondern das Schwert.« Wo alles Zeichen ist, gilt nicht der Satz vom Widerspruch. Wir haben kein Denksystem vor uns, sondern eine Verkündigung in Zeichen.

2. *Das Leben Jesu.* – Jesus ist aufgewachsen in Nazareth in Galiläa mit vier Brüdern und einigen Schwestern bei seiner Mutter Maria. Er hat ein Handwerk gelernt. Er muß einen Unterricht in dem rabbinischen Wissen vom Alten Testament genossen haben. Einen großen Eindruck machte auf ihn der Einsiedler am Jordan, Johannes der Täufer, mit der Predigt vom kommenden Gottesreich und von Gottes Zorngericht, von Buße, Taufe und Sündenvergebung. Jesus kam zu Johannes und ließ sich taufen. Von dort ging er in die Wüste. Zurückgekehrt wandte er sich selber an die Öffentlichkeit, mit ungefähr dreißig Jahren, sprach in den Synagogen, wurde Rabbi genannt, wanderte in Galiläa von Ort zu Ort, hatte Jünger um sich, trat auf mit der Verkündigung vom Weltende und Gottesreich, als Wundertäter, der Kranke heilte, Dämonen austrieb, Tote erweckte, als Lehrer des allein an Gottes Willen sich bindenden, weltindifferenten, dem Ethos der Liebe ohne Einschränkung folgenden Lebens. Seine Angehörigen hielten ihn für wahnsinnig (Mark. 3, 21).

Von der gesamten öffentlichen Wirksamkeit, die vielleicht nur einige Monate, höchstens drei Jahre dauerte, ist nur der Schluß, die Passion bis zum Tod (30 oder 33 n. Chr.), die sich in wenigen Tagen abspielte, ausführlich vor Augen: der Zug nach Jerusalem, die Säuberung des Tempels, das Abendmahl, Verrat und Verhaftung, Verhöre, das Urteil des Synhedrions, die Entscheidung des Pontius Pilatus, die Kreuzigung, die Grablegung. Das innere Ringen in Gethsemane, während alle Jünger schlafen, das leere Grab haben wir mit der Wirklichkeit Jesu so verbunden, daß wir es kaum mehr trennen können.

Die Frage ist: Warum ging Jesus nach Jerusalem? Mit ihm war eine Volksbewegung, sehr viele scharten sich um ihn. Sein Einzug in Jerusalem war ein Ereignis. Die Behörden hatten Sorge wegen der Unruhen, die schon durch andere Volksaufrührer entstanden und gewaltsam niedergeschlagen waren. Bei Jesus fehlt zwar jedes Anzeichen eines Handelns mit dem politischen Ziel, die weltliche Herrschaft zu ergreifen. Doch die Stimmung des Ganzen ist so, als ob er etwas zur Entscheidung bringen wollte. Aber was? Man hat geantwortet: in Erwartung des Anbruchs des Gottesreiches sollte die Verkündigung im Zentrum jüdischen Lebens, in Jerusalem, am Passahfest, möglichst alle erreichen zu ihrer Rettung. Oder man hat gemeint: Jesus war enttäuscht über das Ausbleiben des Weltendes, begriff (am Leitfaden des Bildes vom Gottesknecht im Deuterojesaias), daß Gott sein Opfer fordere im leiblichen Untergang durch die Mächte dieser Welt, um damit sogleich das Gottesreich eintreten zu lassen; er habe diesen Eintritt im letzten Augenblick erwartet und in der letzten Enttäuschung am Kreuze gesprochen: Mein Gott, mein Gott, warum hast du mich verlassen! Doch dies alles sind Auffassungen. Was gewiß bleibt, ist ein Handeln Jesu – der Zug nach Jerusalem und die Verkündigung in der Hauptstadt –, und ist die Erscheinung einer Volksbewegung.

Jesu Verhalten ist nicht ohne Vorsicht. Er geht nicht blind ins Verderben. Vorsicht hat er den Jüngern geraten: »Ich sende euch wie Schafe mitten unter die Wölfe, seid klug wie die Schlangen und ohne Falsch wie die Tauben«, und noch entschiedener: »Gebet das Heilige nicht den Hunden, und werfet eure Perlen nicht den Schweinen vor, damit sie nicht dieselben zertreten mit ihren Füßen und sich umkehren und euch zerreißen.« Jesus wanderte möglichst verborgen durch Galiläa, als Gefahr war, daß er wie andere Propheten von dem besorgten Herodes vernichtet werden sollte. Er läßt sich in Jerusalem nicht in Fallen locken. Den Leuten, die durch die Frage nach der Steuerzahlung eine ihn gegenüber den Römern oder den Juden belastende Tatsache provozieren wollten, gab er unter Hinweis auf das Bildnis der Münze die kluge Antwort: Gebt dem Kaiser, was des Kaisers ist, und Gott, was Gottes ist. Da er tags unter dem Volk in Jerusalem auftrat, in dessen Mitte ihn öffentlich zu verhaften man nicht wagte, mußte man ihn nachts finden, und er versteckte sich an immer anderen Orten. Wie man sich bei einer Verhaftung verhalten sollte, ob etwa Widerstand leisten, das war nicht durchdacht, jedenfalls den Jüngern unklar. Jesus hat Schwerter kaufen lassen (Luk. 22, 36 ff.). Er läßt sich aber wehrlos gefangen nehmen. Ein Jünger zieht das Schwert und schlägt einem Häscher das Ohr ab. Jesus tadelt es nicht, sagt aber: Lasset es hierbei bewenden (Luk. 22, 51).

Sein Auftreten in Jerusalem ist offen. Der Einzug in Jerusalem muß vorbereitet sein. Die Tempelreinigung erfolgt kraft seines Herrschaftsanspruches in der jüdischen Glaubensgemeinschaft. Juristische Klarheit über die Art dieses Anspruchs bestand nicht. Dem Synhedrion galt er als Rebell gegen die jüdische Theokratie und als Gotteslästerer. Den Römern galt er als möglicher politischer Aufrührer. Jesus selbst hat ein Bekenntnis zu dem Sinn seiner Person vermieden. Nur zuletzt hat er nach der evangelischen Erzählung auf die Frage des Hohenpriesters, ob er der Messias sei, geantwortet: Ich bin es, – und auf die Frage des Pontius Pilatus: Bist du der König der Juden? geantwortet: Du sagst es.

Die Inschrift über dem Kreuz bezeugt, daß er als Kronprätendent verurteilt worden ist.

Wenn Jesus kein aktiver Politiker (keiner der sogenannten Zeloten) war, keine soziale Revolution wollte, wenn er auch nicht in den Märtyrertod zur Bezeugung seines Bekenntnisses drängte, wenn er ein glaubendes, Gottes Handeln erwartendes, aber nicht erzwingendes Leben führte, wenn ihm das Demonstrative fernlag, vielmehr all sein Leben Gehorsam gegen Gottes Wille war, so ist sein Handeln schwer zu verstehen. Denn er rief durch Gewalt (Tempelreinigung, Volksbewegung) die Gewalt gegen sich auf. Was er erduldete, war das Ergebnis seiner Tat. Es ist darin ein Zug des Kämpfens, der auch in andern Äußerungen seiner Persönlichkeit unverkennbar ist.

Das Selbstbewußtsein Jesu ist keineswegs eindeutig. Bei seiner Verkündigung muß er die Erfahrung gemacht haben von dem Abstand zwischen dem, was er war, sah und wollte, und dem, was die anderen verstanden. Die Menschen folgten ihm wohl schwärmerisch, sie hatten ihn nötig auf ihre Weise. Er mußte dulden, daß sie sich an ihn hängten, ihn immer weiter über sich emporhoben. Aber der Prozeß der Entwicklung seines Selbstbewußtseins ist nicht durchsichtig. Die Widersprüchlichkeit der Äußerungen zeigt nur, daß dieser Prozeß da war, und daß er vielleicht gar keinen endgültigen Abschluß erhielt. Daher scheint es der Natur der Sache nach nicht eindeutig, wofür Jesus sich gehalten hat und was er gewollt hat. Vergegenwärtigen wir einige seiner Worte.

Die Wendungen »Ich bin gekommen ...«, »Ich aber sage euch ...« kennzeichnen sein Berufungsbewußtsein. Das Außerordentliche seines Wesens spricht er in Gleichnissen vom Licht und Feuer aus: »Kommt denn das Licht, damit man es unter das Bett setze? nicht vielmehr, damit man es auf den Leuchter setze?« »Wer mir nahe ist, ist dem Feuer nahe, wer aber ferne von mir ist, ist dem Reiche fern« (Hennecke S. 35). »Ich bin gekommen, ein Feuer auf die Erde zu werfen« (Luk. 2, 49). Stand die Gleichgültigkeit oder Verachtung, die er erfuhr bei denen, die ihn längst kannten, in schroffem Gegensatz zu solchem Selbstbewußtsein, dann sagte er: »Ein Prophet ist nirgends unwert außer in seiner Vaterstadt und bei seinen Verwandten und in seinem Hause«, und wunderte sich über ihren Unglauben, und daß er dort keine Wunder tun kann.

Jesu Selbstbewußtsein wuchs zunächst zum Bewußtsein seiner Berufung, zu verkündigen, damit zum Bewußtsein des Propheten, schließlich vielleicht des Messias. Die vorhandenen Vorstellungen der Prophetie mußten die Form geben: der weltlich-göttliche »König« der Endzeit aus dem Stamm Davids; der Engel, der als »Menschensohn« in Daniels Prophetie am Weltende erscheint; der Gottesknecht, der leidende, sterbende, auferstehende Erlöser des Deuterojesaias. Alle diese Vorstellungen klingen in Jesusworten an. Am häufigsten nennt er sich den Menschensohn. »Gruben haben die Füchse und Nester die Vögel des Himmels, aber der Menschensohn weiß nicht, wo er sein Haupt betten soll« (Matth. 8, 20). Jesu Auftreten in Jerusalem muß etwas in sich geborgen haben, das die Anklage des Thronanspruchs möglich machte, wenn sie auch den Sinn Jesu mißdeutete.

Hat sich Jesus entschieden für den Messias, den Christus gehalten? Jesus wollte nicht, daß man von ihm als dem Messias spreche. Er drohte den Dämonischen, sie sollten ihn nicht als Sohn Davids ansprechen. Die berühmte Szene: Jesus fragt: »Ihr aber, was sagt ihr, wer ich sei? Es antwortete aber Simon Petrus und sprach: Du bist der Christus, der Sohn des lebendigen Gottes. Jesus aber antwortete ihm: Selig bist du, Simon Barjona; denn Fleisch und Blut hat es dir nicht geoffenbart, sondern mein Vater in den Himmeln.« Und Jesus befahl seinen Jüngern, niemand zu sagen, daß er Christus sei. Sätze wie die folgenden haben nicht den Ton der Jesusworte, sondern schon einen theologischen Charakter: »Alles ward mir übergeben von meinem Vater, und niemand erkennt den Sohn außer der Vater, noch erkennt den Vater jemand, außer der Sohn, und wem es der Sohn will offenbaren.« Dagegen wirklich gesprochen muß folgendes Wort sein, das kein Christusgläubiger sich erdacht haben könnte: »Jesus aber sagte: Was nennst du mich gut? Niemand ist gut außer dem einen Gott« (Mark. 10, 18).

Das Ergebnis ist: Die Gesamtheit der Äußerungen Jesu hinterläßt eine Unklarheit für den, der eindeutig wissen will. Jesus hat sich nicht auf Formeln festgelegt. Während er wirkte, reflektierte er nicht abschließend über seine Person. Ein endgültiges Selbstbewußtsein braucht er gar nicht gehabt zu haben. Die Frage scheint aus dogmatischen Interessen falsch gestellt.

Im Leben Jesu, wie es in den Evangelien erzählt wird, kommen Ereignisse, Szenen und Worte vor, die von der historischen Kritik mit Recht verstanden werden als Übertragungen aus dem Alten Testament. Vermeintliche Weissagungen wurden im Leben Jesu wiedererkannt, indem man sie gutgläubig als real erzählte, wie das Verschachern der Kleider. In einzelnen Fällen kann jedoch die kritische Methode keineswegs feststellen, wie es war. Zum Beispiel:

Jesu Kampf mit sich in Gethsemane wäre nicht berichtet von einem menschlich interessierten Beobachter, der sah, wie Jesus zagte, widerstrebte und schwach wurde (wer hätte das auch sehen, beobachten und berichten können); vielmehr, daß es so geschehen sein soll, wäre nur die erfundene Bestätigung des im Alten Testament geoffenbarten Gotteswillens. Entsprechend wäre mit dieser Methode der letzte Ausruf am Kreuz: »Mein Gott, mein Gott, warum hast du mich verlassen!« zu deuten. Die Christen haben nach Jesu Tod aus dem Alten Testament herausgelesen, daß Jesus erschüttert gewesen sei und geklagt habe, und daß er in dieser Lage Trost gesucht und gefunden habe im Gebet (Ps. 31, 23–39, 13). Der letzte Ausruf ist dann »nicht der Ausruf eines Verzweifelten, sondern es ist der Anfang des 22. Psalms, und wer den betet, der ist nicht in der Auflehnung gegen Gott begriffen, sondern lebt und stirbt im Frieden mit Gott« (Dibelius).

Daß diesen ergreifenden Berichten eine Wirklichkeit entspricht, darauf möchte man nur verzichten, wenn die Gründe zwingend wären. Der Mensch Jesus zeigt sich in seiner reinen Seele und in seinem Ringen mit den unerwarteten Realitäten. Dieses Ringen ist durch kein fertiges Selbstbewußtsein, durch keine dogmatische Lehre abgeschlossen. Angesichts des Unerwarteten, in der wachsenden Enttäuschung, vor dem Schrecklichsten bleibt ihm nur sein Gebet: Dein Wille geschehe.

3. *Die Auffassung der Persönlichkeit Jesu.* – Was Jesus nicht war, läßt sich leicht sagen. Er war kein Philosoph, der methodisch nachdenkt und seine Gedanken systematisch konstruiert. Er war kein Sozialreformer, der Pläne macht; denn er ließ die Welt, wie sie war, sie ist ja ohnehin am Ende. Er war kein Politiker, der umwälzend und staatsgründend handeln will; nie sagte er ein Wort über die Zeitereignisse. Er hat keinen Kult gestiftet, denn er nahm am jüdischen Kultus in der jüdischen Gemeinschaft teil wie noch die Urgemeinde; er taufte nicht; er hat keine Organisation geschaffen, keine Gemeinde, keine Kirche begründet. Was war er denn?

Der Versuch, Jesus zu charakterisieren, kann drei Wege beschreiten. Man kann ihn psychologisch in seiner individuellen Realität sehen; oder ihn historisch in einem übergreifenden geistigen Zusammenhang wahrnehmen; oder ihn wesenhaft in seiner eigenen Idee erblicken.

a) *Mögliche psychologische Aspekte.* – Nietzsche hat im »Antichrist« Jesus als psychologischen Typus geschildert: Eine extreme Leid- und Reizfähigkeit hat in Jesus ihre letzten Konsequenzen gezogen. Die Realität ist ihm unerträglich. Er will von ihr nicht berührt werden. Sie hat nur die Bedeutung, Gleichnis zu sein. Daher lebt Jesus nicht mehr in der Realität, sondern in der Fülle der Zeichen, in einem in Symbolen und Unfaßlichkeiten schwebenden Sein.

Der natürliche Tod ist für ihn keine Realität, ist auch keine Brücke, kein Übergang. Auch er gehört zu der bloß scheinbaren, bloß zu Zeichen nützlichen Welt.

Unerträglich ist ihm jede Feindschaft, jedes Widerstreben, jede gegensätz-

…izierten, Gedankenzusammenhänge

liche Berührung seitens der Realität. Daher widersteht er nicht. Der Satz »Widerstehe nicht dem Bösen!« ist für Nietzsche der Schlüssel zum Evangelium. Mit diesem Satz wird die Unfähigkeit zum Widerstand zur Moral erhoben. Jesus zürnt niemandem, er schätzt niemanden gering; er verteidigt nicht sein Recht, nimmt kein Gericht in Anspruch, läßt sich auch von keinem in Anspruch nehmen (die Forderung: nicht schwören!). Er fordert das Äußerste heraus und leidet dann noch mit denen, die ihm Böses tun, wehrt sich nicht, macht sie nicht verantwortlich, liebt sie.

Jesus verneint nichts, nicht den Staat, nicht den Krieg, nicht die Arbeit, nicht die Gesellschaft, nicht die Welt. Das Verneinen ist das ihm ganz Unmögliche. Er kann nicht widersprechen. Es gibt für ihn keine Gegensätze mehr. Er kann Mitgefühle haben und trauern über Blindheit derer, die nicht mit ihm im Licht stehen, aber er kann keinen Einwand machen.

Nur die innere Wirklichkeit ist eigentliche Wirklichkeit, sie heißt Leben, Wahrheit, Licht. Das Reich Gottes ist ein Zustand des Herzens. Es wird nicht erwartet, es ist überall da und nirgends da. Es ist diese Seligkeit der Lebenspraxis. Es beweist sich nicht durch Wunder, nicht durch Lohn und Verheißung, nicht durch die Schrift, sondern ist sich selbst ein Beweis, sein Wunder, sein Lohn. Seine Beweise sind innere Lichter, Lustgefühle, Selbstbejahungen, lauter »Beweise der Kraft«. Das Problem ist, wie man leben muß, um sich im Himmel zu fühlen, um sich jederzeit göttlich, als Kind Gottes zu fühlen. Die Seligkeit ist die einzige Realität. Der Rest ist Zeichen, um von ihr zu reden. Vorbedingung, um überhaupt reden zu können, ist, daß kein Wort wörtlich genommen werde. Die Seligkeit ist ein Glaube, der sich nicht formuliert und nicht formuliert werden kann.

Jesus ist kein Held, ist kein Genie, eher noch paßt das Wort Idiot (von Nietzsche offenbar im Sinne Dostojewskijs gemeint). Zwischen dem Bergprediger, der solche Lehren bringt, und dem Theologen- und Priestertodfeind, dem Fanatiker des Angriffs, ist für Nietzsche ein unvereinbarer Widerspruch. Nietzsche legt daher alles, was in den Evangelien seinem Jesustypus nicht entspricht, der Erfindung der kämpfenden Urgemeinde zur Last, die einen kämpfenden Stifter als Vorbild braucht.

Nietzsches Interpretation wird wohl niemanden überzeugen. Es genügt nicht, Jesus durch Franz von Assisi zu sehen. Wohl sind aus Worten des Evangeliums diese Linien herauszuheben. Aber sie sind nicht die einzigen. In den Evangelien begegnet Jesus als eine elementare Gewalt, in ihrer Härte und Aggressivität nicht minder deutlich als in jenen Zügen unendlicher Milde.

Es heißt: Er sah ringsherum im Zorn, – er fuhr ihn an, – er schalt ihn, – er bedrohte ihn. Einen Feigenbaum, an dem er vergeblich Früchte sucht, läßt er verdorren mit dem Fluch: nie mehr soll jemand von dir Frucht essen. Welche den Willen des himmlischen Vaters nicht tun, die wird Jesus beim Gericht verwerfen: Ich habe euch nie gekannt; weichet von mir. Sie werden hinausgeworfen in die Finsternis, da wird sein Heulen und Zähneknirschen. Er droht: »Wer aber mich verleugnet vor den Menschen, den will auch ich verleugnen vor meinem Vater in den Himmeln. Denkt nicht, daß ich gekommen sei, Frieden zu bringen auf die Erde; ich bin nicht gekommen, Frieden zu bringen, sondern das Schwert. Ich bin gekommen, zu entzweien einen Menschen mit seinem Vater, die Tochter mit ihrer Mutter.« Städte, die nicht Buße tun, schmäht er: »Wehe dir, Chorazin, wehe dir, Bethsaida! – Tyrus und Sidon wird es erträglicher gehen am Gerichtstag als euch.« Als Petrus den Worten Jesu, der Menschensohn werde viel leiden, getötet werden und auferstehen, widerstrebt, da schilt ihn Jesus: »Weiche hinter mich, Satan, du denkst nicht, was Gott ansteht, sondern was den Menschen.« Gewaltsam, mit der Peitsche, treibt Jesus die Händler aus dem Tempel.

Es geht nicht an, aus Jesus eine duldende, weiche, liebende Gestalt zu machen, noch weniger einen nervösen, widerstandslosen Menschen.

Die eigentümliche Doppelheit von Sanftmut und kämpferischer Unbedingtheit zeigt sich in der Weise, wie Jesus den Glauben fordert. Er kann sagen: »Mein Joch ist sanft und meine Last ist leicht«, aber er kann fordern: sogleich, ohne Zögern und ganz ihm zu folgen. Den Jüngling, der erst noch seinen Vater begraben will, herrscht er an: Lasse die Toten ihre Toten begraben und folge mir nach. Die Ungläubigen trifft sein Fluch mit den Jesaiasworten: Mit dem Gehör sollt ihr hören und nicht verstehen; denn es war das Herz dieses Volkes verstockt. Er dankt, daß Gott die Wahrheit verborgen habe vor Weisen und Verständigen und sie den Unmündigen geoffenbart.

Wir möchten wohl wissen, wie Jesus ausgesehen hat. In der slavischen Josephus-Übersetzung fand Eisler eine Schilderung: Jesus war von kleinem Wuchs, drei Ellen hoch, bucklig, hatte dunkle Hautfarbe, langes Gesicht, zusammengewachsene Brauen, wenig, nach Art der Nasiräer gescheiteltes schütteres Haar und geringen Bart. – Obgleich die Schilderung alt ist, ist sie als historischer Bericht sehr zweifelhaft. Sie gehört zu den in der Antike üblichen physiognomischen Erfindungen. Sie ist die früheste der vielen untereinander sehr abweichenden Physiognomien Jesu. Wo solche Erfindung mit der Wirklichkeit koinzidieren könnte, vermögen wir uns dem Eindruck kaum zu entziehen, so auch nicht jener alten Schilderung. Dahin gehören vor allem die Jesus-Bilder Rembrandts, die ihm aus Wahrnehmungen im Ghetto erwuchsen, von wundersamer Tiefe, kraftvoll und mild, wissend und leidend. Sie zeigen eine reine Seele.

b) *Historische Aspekte.* – Jesus ist eine spätantike Erscheinung am Rande der hellenistisch-römischen Welt. In einem Zeitalter heller Geschichte lebt er im Dunkel kaum bemerkt. Einer realistischen und rationalisierten Welt berechnender Macht kann er, gar nicht berechnend, nicht zugehören. Er irrt sich in bezug auf alle materiellen Realitäten und muß als Dasein scheitern.

Verglichen mit der archaischen jüdischen Prophetie, die ehern wirkt, ist er vertieft, vieldeutig und beweglich. Verglichen aber mit der ihm fremden hellenistisch-römischen Welt ist er ursprünglich, wie erster Anfang.

Man hat versucht, Jesus zu verstehen als den Fall einer der in seiner Zeit verbreiteten Typen religiös und politisch erregter Menschen und Gruppen. Man hat gesagt: er ist ein Vertreter der in Vorderasien allgemeinen apokalyptischen Bewegung; er steht den stillen, in Reinheit und Brüderlichkeit um das Heil besorgten Sekten, wie den Essenern, nahe; er steht unter den Volksbewegungen, die im jüdischen Lande damals immer wieder den Messias, den König und Wiederhersteller des Judentums, erwarteten; er gehört zu den Wanderpropheten, von denen Celsus berichtet, Leuten, die bettelnd in Städten, Tempeln, Kriegslagern weissagen, sich für gottgesandt erklären, vorgeben, die andern zu retten, und sie verwünschen, wenn sie sie nicht ehren; man hat die Lebensart in der Wüste wandernder Handwerker in ihm wiedergefunden, die in völliger Armut heiter sorglos unter den Beduinen lebten, unbeteiligt an ihren Kämpfen Zuschauer sind, die nachher die Verwundeten beiderseits ärztlich versorgen, friedfertig, gewaltlos, nicht widerstehend sich mitten unter Kämpfenden erfolgreich durchbringen.

Mit allen diesen Typen mag Jesus ein wenig zusammentreffen. Deren Leben und Denkweise gibt Kategorien her, unter denen irgendwo auch Jesu Dasein sich vollzog. Aber wer dies wahrnimmt, für den bricht die Wirklichkeit Jesu durch sie alle hindurch als ein Ereignis aus anderem Sinn und Ursprung, von ganz anderem Rang. Er offenbart Weiten und Tiefen, die diesen Typen fremd waren. Alle, die als Messias auftraten, sind hingerichtet und vergessen; weil sie gescheitert waren, waren sie nicht mehr glaubwürdig. Alle die religiös erregten Typen verloren sich in Besonderheiten und Äußerlichkeiten. Daß auf Jesus von so vielen, untereinander heterogenen Typen ein Licht fallen kann, zeigt, daß er zu keinem gehört.

Man hat, vielleicht mit Recht, gesagt, daß Jesus in allen lehrbaren Inhalten gar nicht neu sei. Er lebt im Wissen seiner Umwelt, bedient sich der überlieferten Gedanken. Er lebt mit außerordentlicher Kraft im jüdischen Gottesgedanken. Er hat nie daran gedacht, sich von diesem jüdischen Glauben zu trennen. Vielmehr steht er in ihm wie die alten Propheten in Opposition zu priesterlichen Verfestigungen. Er ist historisch der letzte der jüdischen Propheten. Daher bezieht er sich ausdrücklich und oft auf sie.

Schon die Umwelt bedingt aber einen Unterschied zwischen den alten Propheten und Jesus. Jene lebten in einem noch selbständigen Staat der Juden und erlebten dessen Untergang. Jesus lebt in der politisch abhängigen, seit Jahrhunderten stabilisierten jüdischen Theokratie. Er gehört in jene Zeit von fünfhundert Jahren zwischen der politischen Selbständigkeit der Juden und der endgültigen Diaspora nach der Zerstörung Jerusalems, in jene Jahrhunderte, in denen viele der frömmsten Psalmen, der Hiob, der Koheleth entstanden sind. Die jüdische Theokratie hat Jesus ausgestoßen, wie früher das Tempelpriestertum der Königszeit es den Propheten gegenüber versuchte. Das Gesetzesjudentum der Diaspora, das mit dem Kanon die alten Propheten akzeptierte, konnte Jesus nicht mehr akzeptieren, denn er war inzwischen durch andere zum Mittelpunkt einer Weltreligion geworden.

Historisch ist der Gottesglaube Jesu eine der großen Gestaltungen der biblischen jüdischen Religion.

Der Gott Jesu, der Gott der Bibel, ist nicht mehr einer der orientalischen Götter, aus denen einst Jahwe stammte, der langsam das orientalisch Grausame und Opfersüchtige verlor in dem tiefen Opfergedanken der Propheten, die in Jesus ihr letztes Wort sprachen. Dieser Gott ist auch nicht eine der herrlichen mythischen Gestalten, die die Urmächte des Menschseins versinnlichen, dadurch steigern und führen, wie Athene, Apollo und all die anderen, sondern der Eine, Bildlose, Gestaltlose. Dieser Gott ist auch keine bloße universale Macht, ist nicht die Weltvernunft griechischer Philosophie, sondern ist wirkende Person. Er ist auch nicht das unergründliche Sein, mit dem der Mensch in Meditation zu mystischer Einung kommt, sondern das schlechthin Andere, das geglaubt, aber nicht geschaut werden kann. Er ist die absolute Transzendenz, vor der Welt und außer der Welt, Schöpfer der Welt. Im Verhältnis zur Welt und zum Menschen ist er Wille: »Er gebietet, dann geschieht es; er befiehlt, dann steht es da.« In seinem Ratschluß unbegreiflich, ist er Gegenstand absoluten Vertrauens und Gehorsams. Er ist der Richter, vor dem der Mensch offenliegt bis in seine verborgensten Gedanken, und vor dem er Rechenschaft abzulegen hat. Er ist der Vater, der liebt und vergibt, vor dem der Mensch sich als Gottes Kind weiß. Gott ist eifersüchtig und hart und zugleich voll Gnade und Erbarmen. Er herrscht von fern her, unnahbar fremd; er ist ganz nah, spricht und fordert im Herzen. Er ist der lebendige Gott, der persönlich ergreift, nicht wie das spekulativ gedachte Eine Sein ungreifbar und stumm.

Es ist der Gott des Alten Testaments, an den Jesus glaubt; es ist die alte prophetische Religion, die Jesus verwirklicht. Jesus ist wie Jeremias der reine, durch keine Bande der Gesetzlichkeit, der Riten, des

Kultus mehr gefangene Jude, der doch all diese Formen nicht verwirft, sondern unter die Bedingung von Gottes gegenwärtigem Willen stellt. Jesus verwirklicht noch einmal den prophetischen Glauben, der durch die Jahrhunderte überliefert ihn trug und Menschen bis heute zu tragen vermag.

c) *Die Wesensidee.* – Jesu Leben scheint wie durchleuchtet von der Gottheit. In jedem Augenblick Gott nahe, gilt ihm nichts als Gott und Gottes Wille. Der Gottesgedanke steht unter keiner Bedingung, aber die Maßstäbe, die von dort sprechen, stellen alles andere unter ihre Bedingung. Von dort her kommt das Wissen um das allbegründende Einfache.

Das Wesen dieses Glaubens ist die Freiheit. Denn in diesem Glauben, der von Gott spricht, wird die Seele weit im schlechthin Umgreifenden. Während sie Glück und Unheil dieser Welt erfährt, erwacht sie zu sich selbst. Was nur endlich, was nur Welt ist, kann sie nicht gefangen halten. Aus der Hingabe in dem nicht mehr begreifenden Vertrauen erwächst ihr die unendliche Kraft: denn in der größten Weichheit des unbefestigten Herzens, in der vernichtenden Erschütterung, kann ihr das Bewußtsein werden, sich von Gott geschenkt zu sein. Glaubt der Mensch, so wird er wirklich frei.

Solche Gottesgewißheit Jesu ermöglicht eine Haltung der Seele, die selber unbegreiflich ist. Der Mensch bleibt in der Welt, nimmt als Zeitdasein an ihr teil, aber in der Betroffenheit an einem tiefen und nicht mehr welthaften Grunde unbetroffen. Er ist in der Welt über die Welt hinaus. In der Verlorenheit seines Daseins an die Welt ist er irgendwo, unbeweisbar, unfeststellbar, schon in der Aussage dies bezweifelnd, unabhängig von der Welt.

Diese Unabhängigkeit in der Welteinsenkung bewirkt die wundersame Unbefangenheit Jesu. Einerseits können die weltlichen Dinge nicht mehr zu endlichen Absolutheiten, die weltlichen Gehäuse des Wissens nicht mehr zum Totalwissen, die Regeln und Gesetze nicht mehr zu Verfestigungen des Errechenbaren verführen. Diese Lockungen scheitern an jener Freiheit aus der Gottesgewißheit. Andrerseits ist das eigene Wesen der Welt aufgeschlossen, wird das Auge offen für alle Realitäten, und besonders für die Seele der Menschen, die Tiefe ihres Herzens, die der Hellsicht Jesu nichts verbergen kann.

Wenn der Gottesgedanke, wie unfaßlich auch immer, in die Seele gedrungen ist, dann ist jene Unruhe, Gott zu verlieren, und der unablässige Antrieb, das zu tun, was Gott nicht verschwinden läßt. Daher das Wort Jesu: Selig, die rein im Herzen sind, denn sie werden Gott schauen.

Aber nun geschah in Jesus etwas, was im Alten Testament nur in Ansätzen da ist. Der Ernst des Gottesgedankens hat bei Jesus zur Folge die vollkommene Radikalität. Der Gott, der für Jesus doch nicht leibhaftig da ist, nicht in Visionen und nicht in Stimmen, vermag schlechthin alles in der Welt in Frage zu stellen: es wird vor seinen Richterstuhl gebracht. Wie Jesus das aus seiner Gottesgewißheit getan hat, ist erschreckend. Wer das bei den Synoptikern zu lesen vermag und dabei in ruhiger Verfassung bleibt, zufrieden mit seinem Dasein, eingesponnen in dessen Ordnung, der ist blind. Jesus ist aus allen realen Ordnungen der Welt herausgetreten. Er sieht, daß alle Ordnungen und Gewohnheiten pharisäisch wurden, er zeigt den Ursprung, von dem her ihre Einschmelzung erfolgt. Aller weltlichen Wirklichkeit wird endgültig, ohne Einschränkung, ihr Boden genommen. Schlechthin alle Ordnungen, die Bande der Pietät, der Satzungen, der vernünftigen Sittengesetze brechen ein. Gegen den Anspruch, Gott zu folgen in das Gottesreich, sind alle anderen Aufgaben nichtig. Arbeit für den Unterhalt, Schwüre vor Gericht, Selbstbehauptung des Rechts, des Eigentums, alles ist nichtig. Zu sterben durch die Mächte dieser Welt, in Leid, Verfolgung, Mißhandlung, Entwürdigung zugrunde zu gehen, ist das Gehörige für den, der glaubt. »Nirgends ist so revolutionär gesprochen worden, denn alles sonst Geltende ist als ein Gleichgültiges, nicht zu Achtendes gesetzt« (Hegel).

Weil Jesus im äußersten der Welt steht, die Ausnahme ist, wird die Chance alles dessen offenbar, was an den Maßstäben der Welt als verachtet, niedrig, krank, häßlich, als von den Ordnungen auszustoßen und auszuschließen gilt, die Chance des Menschseins selbst unter allen Bedingungen. Er zeigt dorthin, wo dem Menschen in jeder Weise des Scheiterns das Zuhause offen ist.

Jesus ist durchgebrochen zu diesem Ort, von dem her nicht nur alles, was Welt ist, in den Schatten tritt, sondern der selber nichts als – im Gleichnis – Licht und Feuer, als – in der Wirklichkeit – Liebe und Gott ist. Dieser Ort, wie ein Ort in der Welt gefaßt, ist in der Tat kein Ort. Jeder muß ihn an seinen Maßstäben des in der Welt Gehörigen mißverstehen. Von der Welt her gesehen, ist er unmöglich.

Wenn aber, was hier Ursprung, Mitte, Bindung ist, sich in der Welt durch Jesus und sein Wort zeigt, so kann das nur indirekt geschehen. Es geschieht so, daß noch der Wahnsinn in der Welt zu befragen ist nach seiner möglichen Wahrheit. Es geschieht so, daß Handlung und Wort am Maße rationaler Wißbarkeit beide in sich widersprüchlich erscheinen. In Jesus liegt der Kampf, die Härte, die erbarmungslose Alternative, – und die unendliche Milde, die Kampflosigkeit, das Erbarmen mit aller Verlorenheit. Er ist der herausfordernde Kämpfer und der schweigende Dulder.

Die Radikalität der Gottesgewißheit gewann durch Jesus eine bis dahin unerhörte Steigerung durch die Erwartung des unmittelbar bevorstehenden Weltendes. Die Naherwartung war im Sinne des kosmischen Wissens ein Irrtum. Wenn aber die Wirklichkeit des Weltuntergangs ausbleibt, ist der Sinn des Grundgedankens nicht aufgehoben. Ob jetzt gleich oder nach sehr langen Zeiten: dies Ende wirft Licht und Schatten, stellt an alles und jedes seine Frage, ruft auf zur Entscheidung. Der Irrtum in bezug auf das leibhaftig Gegenwärtige des Weltendes hat durch den Zwang dieser Leibhaftigkeit die Wahrheit an den Tag gebracht: der Mensch lebt in der Tat vor dem Äußersten, das er sich ständig verschleiert. Die Welt ist nicht das Erste und Letzte, der Mensch ist dem Tode verfallen, die Menschheit selber wird nicht endlos dauern. In dieser Situation ist das Entweder-Oder: für Gott oder gegen Gott, gut oder böse. Jesus errinnert an dies Äußerste.

Zur Wesensidee Jesu gehört das Leiden, das schrecklichste, uneingeschränkte, grenzenlose Leiden, das im grausamsten Tod vollendet wird. Jesu Leidenserfahrung ist die jüdische Leidenserfahrung. Jesu Wort am Kreuz: »Mein Gott, mein Gott, warum hast du mich verlassen!«, der Anfang des 22. Psalms, spricht mit diesem Psalm das äußerste Leiden aus. Es ist nicht das Hinnehmen des Leidens in Geduld, sondern der Aufschrei zu Gott, aber auch das Vertrauen im Leiden allein auf Gott, auf das, was vor aller und nach aller Welt ist.

In jenem Psalm spricht ein Mensch in höchster Bedrängnis: Ein Wurm bin ich, kein Mensch, verachtet, Gespött der Leute. Die Bösen umkreisen ihn. Sie sperren ihren Rachen wider ihn auf wie ein Löwe. »Wie Wasser bin ich hingegossen, alle meine Gebeine sind auseinandergegangen, mein Herz ist wie zu Wachs geworden, mein Gaumen ist ausgetrocknet.« Er wendet sich an Gott, denn »es gibt keinen Helfer«. Aber: »Mein Gott, rufe ich tagsüber, doch du antwortest nicht.« In dieser Stummheit und Stille, diesem Verlassensein in der Hilflosigkeit, erfolgt der Umschlag: »Und du bist doch der Heilige, auf dich vertrauten unsere Väter.« Er hat die Elenden, die zu ihm schrieen, gehört. Auch diesem Dichter des Psalms wird gewiß: »Jahwe ist mein Hirte, mir wird nichts mangeln; auch wenn ich in dunklem Tal wandern muß, fürchte ich kein Unglück, denn du bist bei mir.«

Das Wesentliche dieser Geburt der Gottesgewißheit aus dem grenzenlosen Leidensbewußtsein ist zunächst: das restlose Sichaussetzen dem Leiden; der Mensch erfährt sich als Wurm, nicht in der Behauptung seiner Würde und Unerschütterlichkeit, – dann das Bewußtsein des absoluten Alleinseins, vom Volke verlassen, nicht geborgen in einem nationalen oder anderen kollektiven Gedanken, – schließlich das Bewußtsein der Gottverlassenheit. Es ist nicht möglich, das Leiden des Menschen weiter treiben zu lassen. Aus diesem Äußersten, und erst aus ihm, folgt der Umschlag: der Aufschrei zu Gott ist möglich, das Sagen der Unerträglichkeit seines Stummseins, dann der Anruf: Du bist doch der Heilige, und schließlich statt des Volkes wenigstens die Väter: sie vertrauten ihm, und am Ende die Ruhe des Vertrauens zum unantastbaren Grund.

Diese Leidensfähigkeit und Leidenswahrhaftigkeit ist geschichtlich einzig. Das Schreckliche ist nicht gelassen hingenommen, nicht geduldig ertragen, nicht verschleiert. Auf der Wirklichkeit des Leidens wird bestanden, es wird ausgesprochen. Es wird erlitten bis zur Vernichtung, in welcher aus der Verlorenheit und Verlassenheit dieses Minimum des Bodens gespürt wird, das dann alles ist, die Gottheit. In der Stummheit, der Unsichtbarkeit, der Bildlosigkeit ist sie doch die einzige Wirklichkeit. Mit dem ganzen rückhaltlosen Realismus der unverdeckten Schrecken dieses Daseins ist verbunden der Halt an dem ganz Unfaßlichen.

Am Maßstab eines heroischen und eines stoischen Ethos liegt in der Weise dieses zunächst haltlosen Preisgegebenseins, seines Aussprechens und in dem dann wie ein Wunder sich fühlbar machenden Halt keine »Würde«. Aber jenes andere Ethos der Würde versagt entweder in der äußersten Realität oder versinkt in unbetroffener Starre.

Jesus ist ein Gipfel dieses Leidenkönnens. Man muß jüdisches Wesen sehen in den Jahrhunderten, um Jesu Wesen zu erblicken. Aber Jesus hat nicht passiv erlitten. Er hat gehandelt, damit Leid und Tod provoziert. Sein Leid ist nicht zufälliges, sondern echtes Scheitern. Er setzt seine Unbedingtheit der Welt aus, die nur Bedingtheit zuläßt, und der Weltlichkeit der Kirche (damals in Gestalt der für die folgenden Kirchen prägend wirkenden jüdischen Theokratie). Seine Wirklichkeit ist das Wagen von allem in der Erfüllung der Gottessendung: die Wahrheit zu sagen und wahr zu sein. Das ist der Mut der jüdischen Propheten: nicht im Spiegel des Ruhms großer Taten, des Ruhms tapferen Todes für die Nachwelt, sondern allein vor Gott. Im Kreuz wird die

Grundwirklichkeit des Ewigen in der Zeit angeschaut. In dieser vorgebildeten Gestalt, im Kreuz, geschieht die Vergewisserung des Eigentlichen im Scheitern alles dessen, was Welt ist.

Die jüdische Leidenserfahrung ist ein Moment der alttestamentlichen biblischen Religion, und diese ist der Kern aller christlichen, jüdischen, islamischen Religionen in der Fülle ihrer historischen Kleider, ihrer Verkehrungen und Abgleitungen, so daß keine sagen kann, sie sei im Besitz der wahren biblischen Religion, die doch alles trägt. Von dieser biblischen Religion ist ohne gefährlichen Anspruch nicht geradezu zu reden. Vielleicht aber darf man sagen: Nicht Christus, diese Schöpfung der Urgemeinde und des Paulus, ist der biblischen Religion gemeinsam, so wenig wie das jüdische Gesetz oder wie der nationale Charakter der jüdischen und vieler protestantischen Religionen. Gemeinsam ist der Gottesgedanke und das Kreuz, sofern in Jesus die letzte Gestalt der jüdischen Idee des leidenden Gottesknechts wirksam ist.

4. *Die Wirkung Jesu.* Sie ist unermeßlich. Nur wenige Hinweise:

a) *Zu seinen Lebzeiten* war seine Wirkung auf kleine Kreise und auf zusammengelaufene Volksmengen gewaltig. Die Pharisäer, der römische Hauptmann, Gegner und Freunde waren ergriffen. »Alle waren bestürzt und sagten: so haben wir noch nichts gesehen.« Er sprach »wie einer, der Vollmacht hat, und nicht wie die Schriftgelehrten«. Aber Jesu Wirkung versagte auch und enttäuschte ihn.

An wen wandte sich Jesus? Grundsätzlich an jeden Menschen, der ihm begegnete. Alle sind ihm recht. Es kommt nur darauf an, ob die innere Erleuchtung aufgeht, durch die der Glaubende sieht und liebt. Jesus hat aber eine bevorzugende Neigung für die Armen, die Ausgestoßenen, die Sünder, weil ihre Seele aufgelockert ist und darum bereit für die neue Glaubensverfassung. »Nicht die Starken bedürfen des Arztes, sondern die Kranken, nicht Gerechte zu rufen bin ich gekommen, sondern Sünder.« »Die Zöllner und Dirnen gelangen eher in Gottes Reich.« Am fremdesten sind Jesus die Menschen, die sich gesichert und geborgen fühlen, die gefesselt sind an Güter im Endlichen: »Wie schwer werden die Reichen in das Reich Gottes eingehen.« Nicht der selbstsichere Pharisäer, der betet: »Ich danke Dir, Gott, daß ich nicht bin wie die anderen Menschen, Schuster, Schelme, Ehebrecher oder auch dieser Zöllner«, vielmehr der Zöllner kommt zum Frieden mit Gott, der nicht wagte, seinen Blick zum Himmel zu erheben, sondern an seine Brust schlug und sprach: »Gott, sei mir Sünder gnädig!« Das

Gleichnis vom verlorenen Sohn spricht den Sinn Jesu erleuchtend aus.

Jesus begnügte sich nicht mit einzelnen zufälligen Berührungen auf seinen Wanderungen. Er sandte Jünger aus als »Menschenfischer«. Sie sollen die Botschaft vom Weltende und Gottesreich verkündigen. Nur dies soll ihr Leben sein. Zu zweien sollen sie wandern und nichts mitnehmen auf den Weg außer einem Stock, kein Brot, keine Tasche, keine Münze im Gürtel, doch mit Sandalen, und nicht zwei Röcke sollen sie tragen.

Der Raum ihrer Verkündigung wird beschränkt: »Ziehet auf keine Heidenstraße, gehet vielmehr zu den verlorenen Schafen aus dem Hause Israel.« Noch bevor sie mit diesem Lande fertig sind, wird das Weltende einbrechen.

Jesus machte die Erfahrung, wie gering und wie unverläßlich die Wirkung ist. Der Same der Verkündigung fällt auf fruchtbares und auf unfruchtbares Land. Manche nehmen mit Freude auf, aber sind Kinder des Augenblicks. Die Sorgen der Welt, der Trug des Reichtums und die Lüste ersticken das Wort. Fast alle haben eine Ausrede, wie im Gleichnis von den zu einem Gastmahl Geladenen. Jesus spricht seine Enttäuschung aus: »Ich trat mitten in der Welt auf und fand alle trunken, und niemand fand ich durstig unter ihnen, und so mühete sich meine Seele ab an den Söhnen der Menschen, denn sie sind blind in ihrem Herzen.« »Viele sind berufen, wenige aber sind auserwählt.«

b) Als Jesus lebte, glaubten die Jünger mit ihm an Gott, an das Gottesreich und das Weltende. *Als Jesus tot war,* sind sie auseinander gelaufen. Als sie dann aus der Zerstreuung schnell sich wiederfanden, ist mit ihnen etwas Revolutionierendes geschehen. Sie sahen Jesus als Auferstandenen. Nun glaubten sie nicht mehr nur mit Jesus an Gott, sondern ohne Jesus an den auferstandenen Christus. Das ist der Schritt von der Religion des Menschen Jesus, als einer der Gestalten jüdischer Religion, zur christlichen Religion. Diese gab es nicht, als Jesus lebte. Wie dieser Schritt getan wurde, wissen wir nicht. »Das Urchristentum hat sich nach Jesu Tod aller historischen Wahrnehmung entzogen, indem Christi Anhänger ein vollkommen unfaßliches, zwischen Sein und Nichtsein zweideutig schillerndes Ding wurden. In die Sphäre der Geschichte hat das Christentum erst Paulus eingeführt. Nur ein Wahn kann das Christentum mit Jesus als historischer Person beginnen lassen« (Overbeck).

Nur die unmittelbare Wirkung seiner Persönlichkeit auf die Empfänglichen erklärt es, daß die Jünger nach seinem Tode in ihrer ersten Ratlosigkeit jene grandiose Umdeutung der ihnen zunächst unbegreiflichen Hinrichtung vollzogen, die das Christentum begründete. Was aber ist Christentum?

Das Christentum ist geschichtlich bis heute unabgeschlossen. Es ist in ihm, infolge der kirchlichen Neubegründung des barbarisch gewordenen Abendlandes, dann infolge der Durchdringung allen geistigen Lebens des romanisch-germanischen Europa durch Motive, die von dorther stammen, wohl etwas Gemeinsames. Dies hält die vielen christlichen Kirchen, die sich auf Tod und Leben bekämpft haben, hält die Orthodoxie und die Ketzer, sogar noch die Gleichgültigen, die in diesem Raume aufgewachsen sind, zusammen. Es ist aber nicht möglich, dieses Gemeinsame als das »Wesen des Christentums« zu bestimmen und dann am Maßstab solcher Bestimmung zu beurteilen, was christlich sei, und was nicht. Solche Bestimmungen zeigen vielmehr entweder – für die historische Betrachtung – nur idealtypisch konstruierte Erscheinungen innerhalb des Christentums. Oder sie sind die von den einzelnen Kirchen und Gruppen aufgestellten Unterscheidungslehren, durch die sie jeweils das wahre Christentum für sich beanspruchen, das heißt: es sind Bekenntnisakte, mit denen ein christlicher Glaube, sich selber in dieser Gestalt für den ausschließend wahren haltend, gegen andere sich absetzt, die als Ketzer gelten oder Heiden. Daher ist, sofern das Abendland christlich ist, dieses Christliche, wenn es nicht seitens begrenzter Gruppen, von der römischen Kirche bis zu den Sekten, für sich usurpiert wird, als abendländisches Christentum die biblische Religion, welche alle christlichen Bekenntnisse und die Juden und den Geist der unkirchlich Glaubenden und sogar noch der ausgesprochen Ungläubigen auf irgendeine Weise in sich schließt. Die biblische Religion ist dann das von niemandem übersehene und von niemandem für sich in Besitz zu nehmende Ganze, das von Abraham bis heute durch die Jahrtausende geht. Aus ihm nährt sich, wählt aus, betont, wer im Zusammenhang mit der biblischen Religion lebt. Erst mit dem Erlöschen aller Gestalten der biblischen Religion wäre das christliche Abendland am Ende.

Innerhalb dieser biblischen Relgion ist Jesus einer der Faktoren. Auf besondere Weise für die, die sich in ihrem Bekenntnis auf ihn als Christus berufen. Aber wenn Jesus Christus für dies Bekenntnis am Anfang und in der Mitte des Glaubens steht, so ist doch Jesus auch in der christlichen Welt nur ein Moment und nicht schon der Begründer des Christentums, das durch ihn allein niemals entstanden wäre. Die Realität Jesu wurde überlagert von ihm fremden Anschauungen. Es wurde aus ihm etwas anderes, aber es blieb immer auch ein Rest seiner eigenen Wirklichkeit erhalten.

Seine Wirkung ist in zwei Richtungen zu skizzieren. Erstens wurde er verwandelt aus Jesus in Christus den Gottmenschen, aus einer menschlichen Wirklichkeit in einen Gegenstand des Glaubens. Zweitens wurde er gesehen in seiner menschlichen Gestalt als Vorbild zur Nachfolge.

1. Im Verhalten der Jünger zu Jesus ist der erste Schritt, nicht nur seiner Verkündigung, sondern an ihn zu glauben. Die weiteren Schritte sind: an ihn als Messias zu glauben, als Gottes Sohn, als selber Gott. Am Ende des Wegs steht der Glaube an diesen Gott, dem die menschliche Wirklichkeit belanglos wird bis auf die beiden Punkte, daß er leibhaftig da war, und daß er gekreuzigt wurde. Es ist charakteristisch, daß im Glaubensbekenntnis die menschliche Wirklichkeit Jesu ausfällt. Im zweiten Artikel wird bekannt der Glaube an Gottes eingeborenen Sohn, unseren Herrn, empfangen vom Heiligen Geist, geboren von der Jungfrau Maria. Nach dieser übersinnlichen Vorgeschichte folgt aus dem Leben nur: gelitten unter Pontius Pilatus, gekreuzigt, gestorben und begraben. Weiter steht wieder nur die übersinnliche Geschichte vor Augen: niedergefahren zur Hölle, am dritten Tage auferstanden von den Toten, aufgefahren zum Himmel, sitzend zur rechten Hand Gottes, von dannen er kommen wird, zu richten die Lebendigen und die Toten.

Kierkegaard hat die Konsequenz gezogen. Es kommt nur auf den einen Satz an, daß Gott in der Welt war und gekreuzigt wurde. Das Historische, das Reale zu wissen, ist für den Glauben gleichgültig. Die Erforschung des Neuen Testaments ist für den Glauben überflüssig und störend. Denn der Glaube ist nicht auf das Wissen von einer historischen, durch kritische Forschung feststellbaren Realität gegründet. Auch für den Mitlebenden, der Jesus leibhaftig sah, sein Leben kannte, voller Anschauung von den Gebärden, Verhaltungsweisen, Handlungen, Worten war, ist der Glaube nicht durch die Realität bestimmt und bedingt.

Dieser Christusglaube ist nicht durch Jesus gestiftet. Er entstand nach seinem Tode. Das erste war der Glaube an die Auferstehung, gegründet auf die Visionen, in denen Jesus durch Maria von Magdala und mehrere Jünger gesehen wurde. Dann war es die Verwandlung des schmählichen Kreuzestodes in den Opfertod. Schließlich wurde mit der Ausgießung des Geistes der Sinn der Gemeinde begründet. Die Wirklichkeit der Gemeinden wurde zur Kirche. Der evangelische Bericht vom Gedächtnismahl wurde zum Grund eines Kultes. Das Sakrament des Abendmahls fand seine Gestalt erst als Abschluß einer Entwicklung, während sie bei einer Stiftung hätte am Anfang stehen müssen. »Jesus hat sich nicht selbst zum Sakrament gemacht« (von Soden).

Die Inhalte des Glaubens: Christi Opfertod, – Erlösung aller Glaubenden durch diesen Opfertod, in dem Christus ihre Sünde auf sich nahm, Rechtfertigung durch den Glauben, – Christus als zweite Person in der Trinität, – Christus als Logos (Weltvernunft), mitwirkend bei der Weltschöpfung, Begleiter des Volkes Israel durch die Wüste, – die Kirche als corpus mysticum Christi, – Christus als zweiter Adam geschichtlicher Anfang einer neuen Menschheit, – dieses und das viele andere Material der geistig so reichen Dogmengeschichte hat mit Jesus nichts zu tun. Das ist eine neue, historisch außerordentlich wirksame Realität.

2. Ohne die Kirchen hätte das Christentum sich nicht durch Jahrtausende entfalten können. Daß innerhalb der zahlreichen Motive dieses Geschehens Jesus selbst immer noch Geltung behielt, beruht auf dem Dasein des Kanons der heiligen Schriften. Wenn Paulus auch für den Menschen Jesus schon gar kein Interesse mehr hatte, sprachen doch die Evangelien im Neuen Testament. Die Schriften dieses Kanons zusammen mit dem Alten Testament sind so reich an widerspruchsvollen Motiven, daß es unerlaubt ist, irgendwo den Schlüssel zum Evangelium, zur Verkündigung Jesu, zur biblischen Religion finden zu wollen. Auch Jesus ist nicht der Schlüssel. Aber aus seiner Wirklichkeit erfolgte der Anstoß überall da, wo der Gedanke der Nachfolge Jesu auftrat.

Sie wurde von Zeit zu Zeit radikal gemeint: der Bergpredigt wörtlich zu folgen, d. h. wirklich keinerlei Widerstand zu leisten, – dem Verkündigungsantrag zu folgen, d. h. zu zweien ohne jede Habe und mit Rock, Stock und Sandalen zu wandern, – der Passion zu folgen, d. h. das Leiden und den Untergang in der Welt für sich selbst zu provozieren durch tätige Vertretung des Äußersten, das Jesus tat und sagte, – das Märtyrertum als die Wahrheit.

Anders ist es, wenn die Nachfolge gemeint wird als die Verklärung des eigenen Leidens, das im Gang der Dinge ungerufen über uns kommt. Die Passion Jesu wird das Vorbild, das ungerechteste und unbegreiflichste Leiden zu ertragen, nicht zu verzweifeln in Verlassenheit, Gott im Ursprung aller Dinge als den einzigen und letzten Halt zu ergreifen, in Geduld sein Kreuz auf sich zu nehmen. Durch Jesus ist das schaurigste Leiden geheiligt worden.

Wieder anders wird die Nachfolge, wenn der Maßstab der sittlichen Forderungen anerkannt wird, die völlige Reinheit und der Sinn der Liebe als Gottes Wille. Das erzwingt das Wissen: auch im besten Falle erfahren wir unser sittliches Ungenügen.

Schließlich ist eine Orientierung an Jesus möglich ohne Nachfolge. Jesus hat ein Leben gezeigt, dessen Sinn durch Scheitern in der Welt sich nicht vernichtet, sondern bestätigt glaubte, zwar nicht eindeutig, aber als offenbare Möglichkeit. Er zeigte das Freiwerden von der Lebensangst im Aufsichnehmen des Kreuzes. Seine Verkündigung zu hören, lehrt den Blick offen zu halten für das absolute Unheil in der Welt, verwehrt die Selbstzufriedenheit, erinnert an die höhere Instanz. Die Absurditäten seiner Worte und Handlungen können befreiend wirken.

Durch alle Überlagerungen hindurch vermochten viele Menschen in der Welt der biblischen Religion auf Jesus als einen Ursprung zu blicken. Er wirkte trotz der Verschleierungen, in die schon die Schriften des Neuen Testaments ihn gehüllt haben. Als er selbst sprach er durch sein Sein und seine Worte. Der Anschauung des Menschen Jesus, seiner immer noch gegenwärtigen Lebendigkeit scheinen unerschöpflich die Antriebe zu entspringen, und zwar wegen seiner immer sinnvoll bleibendenden Radikalität. Jesus bleibt die gewaltige Macht gegen das Christentum, das ihn zu seinem Grunde macht. Er bleibt das Dynamit, das schon oft die weltlichen Erstarrungen des Christentums in seinen Kirchen zertrümmern wollte. Auf ihn berufen sich die Ketzer, die es ernst nehmen mit der Radikalität.

Eine außerordentliche Gedankenarbeit hat durch Interpretation, neue Unterscheidungen, systematische Gedankenformungen den Strom der Gegensätze in ein Ganzes zu zwingen versucht. Mit Erfolg und doch auch vergeblich hat der kirchliche Wille zur Welt und zur Ordnung diese explosive Macht Jesu zu dämpfen versucht, sie wie das Feuer einzufangen vermocht zu erwünschter, aber begrenzter Wirkung, bis es von Zeit zu Zeit wieder durchbrach und verheerend mit dem Weltende das Gottesreich zu bringen drängte.

Aus diesem Ursprung sind dem dogmatisch-kirchlichen Denken und dem kirchlichen Handeln in der Welt die eigentümlichen Schwierigkeiten erwachsen, die niemals überwunden werden konnten und die zugleich die Lebendigkeit, sowohl die Verschleierung wie die großartige Wahrhaftigkeit, innerhalb des Christentums ermöglichten.

Es begann mit dem Ausbleiben des erwarteten Weltendes. In der neuen Situation mußte Denken und Tun umgebaut werden (Martin Werner). An die Stelle des erwarteten Gottesreiches trat faktisch die Kirche. Jesus, der Künder des Endes, wird Stifter des Sakraments. Aber das Reich Gottes, das die Geschichte beendigt, in die Geschichte selbst hineinzunehmen, das verwandelt seinen Sinn. Die Aufgaben der menschlichen Weltordnungen, der Hervorbringung von Wissenschaft, Dichtung, Kunst, des geformten Glücks des Daseins, nunmehr zu ergreifen unter den Maßstäben der Verkündigung aus der äußersten Situation, das führt in die unlösbaren Antinomien dessen, was unter dem Titel »Christentum und Kultur« erörtert wird. Wenn in der Form von Geboten für diese Welt auftritt, was dem Sinne nach dem Gottesreich eigen ist, dann kann keine überzeugende Einheit gefunden werden.

Die Auffassung der Persönlichkeit Jesu und seiner Verkündigung ist von rebellischen und von dogmatisch-kirchlichen Interessen gleicherweise bestimmt und beschränkt. Es ist das Interesse der Rebellen, Gründe des Neins für alles in der Welt zu finden zur Nahrung ihrer zerstörerischen Machttriebe. Es ist das Interesse des kirchlich-dogmatischen Denkens, das Extreme, das Durchbrechende einzuordnen in den Bestand einer ewigen, unveränderlichen Wahrheit des Christentums. Daher ist es ihm unerträglich, zuzugeben, daß eine Umformung des christlichen Denkens durch Ausbleiben des erwarteten Weltendes zu verstehen ist.

In bezug auf das historische Wissen von Jesus vertritt das Glaubensinteresse der Orthodoxie entweder den maximalen Skeptizismus, um an die Stelle historischer Realität in den leeren Raum die geglaubte Heilsgeschichte zu setzen, an der keine historische Kritik möglich ist, da sie nicht empirisch, sondern übersinnlich ist. Oder das Glaubensinteresse erkennt umgekehrt die gesamte in den Evangelien erzählte Geschichte als eine zu glaubende historische Realität ohne historisch-kritische Forschung an. Im ersten Falle wird konsequenterweise das historische Wissen verwehrt, sofern das Ergebnis für den Glauben gleichgültig ist. Im zweiten Fall wird die historisch-kritische Forschung eingeschränkt auf Nebensachen, weil Forschung die offenbarte, absolut gewisse empirische Realität der biblischen Mitteilungen nicht erreichen, nicht mehren und nicht mindern kann.

Für die Glaubensweisen sowohl der Rebellen als auch des kirchlichen Denkens ist die geschichtliche Wirklichkeit des Menschen Jesus, der für uns in der Philosophiegeschichte von so großer Bedeutung ist, ohne Interesse.

ERÖRTERUNGEN ÜBER DIE MASSGEBENDEN MENSCHEN

a) *Methode der Auffassung:* Methodisch ist für ihre Auffassung die gleiche Situation gegeben. Alle Texte, aus denen wir von ihnen wissen, sind erst nach ihrem Tode entstanden. Die philologisch-historische Kritik macht durch Vergleichung der Texte miteinander und durch raffinierte Analysen ihre Entstehung aus schon vorhandenen mündlichen Überlieferungen sicher und in den Texten die Schichten nach Nähe und Ferne zur ursprünglichen Realität wahrscheinlich. Sie zeigt die Überlagerungen durch Legenden und Mythen, zeigt nicht selten die Übertragung solcher von anderswoher. Sie gelangt manchmal zu fast zwingend gewissen, oft zu wahrscheinlichen, meistens nur zu möglichen Ergebnissen.

Aber auf diesem Wege ist kein Bild der historischen Realität zu gewinnen. Denn die Aussonderung des historisch gewissen Tatbestandes endet in einem Minimum, das in seiner Armut gleichgültig wird. Will man unter Aufhebung der überlagernden Schichten zur anfänglichen Realität dieser großen Männer gelangen, so entziehen sie sich. Es gibt keinen zuverlässigen historischen Bericht. Fast jeder Punkt der Überlieferung kann historisch bezweifelt werden. Am Ende wurde es möglich, das Dasein jener Menschen selbst zu bezweifeln – wie es mit Buddha und Jesus geschehen ist –, weil es völlig zu verschwinden scheint hinter allem, was Mythus und Legende ist. Die Absurdität dieser Konsequenz läßt Zweifel an den Wegen der Kritik selber aufkommen.

Die historische Realität dieser Großen ist nur fühlbar und dann mit Wahrscheinlichkeit erkennbar in der außerordentlichen Gewalt ihres Wesens auf die Umgebung und in deren Widerhall durch die Nachwelt. Diese Wirkung ist nachweisbar, insofern sie sich ausdrücklich auf sie zurückbezieht. Bilder dieser Großen sind von Anfang an gesehen worden. Sie sind hervorgebracht von den Späteren, die sich in ihrer Gefolgschaft erkannten. Diese Bilder sind selber eine neue historische Realität.

Wir erinnern an die Situation gegenüber Jesus: Historisch-kritische Forscher sagen uns: vom Leben Jesu können wir nichts Sicheres wissen; die Evangelien sind geschrieben, um der Gemeinde den Glauben zu verkündigen. Sie sind Zusammenstellungen von Überlieferungen, von Geschichten, von Spruchsammlungen und Sammlungen von Gleichnisreden, die zwar zurückgehen auf das, was Jesus gesagt hat, aber vermehrt um vieles, was er nach dem Sinn der Gläubigen gesagt haben könnte. Seine Lebensgeschichte als Entwicklung ist nicht rekonstruierbar.

Die historische Kritik ist nicht rückgängig zu machen. Sie verwehrt die einfache Hinnahme des gesamten Inhalts der Evangelien als historischer Wirklichkeit. Man wird die Mythik erkennen in den Deutungen Jesu, die damals sofort einsetzten – Messias, Christus, Kyrios, Gottessohn –, man wird, was Johannes sagt, für das historische Jesusbild wenig verwerten, nirgends da, was erst aus der Situation der Gemeinde und Kirchenbildung zu denken möglich ist. Dieses alles ist eine neue historische Realität, aber nicht mehr die des Menschen Jesus.

Aber es bleibt ein weiter Spielraum des Möglichen. Zahlreiche Stücke fallen weg als sicher legendär, der Bestand des Zuverlässigen ist gering. Dazwischen liegt das breite Feld des möglicherweise, wahrscheinlich oder unwahrscheinlich historisch Richtigen. In diesem Felde wählt ein sich selber evidentes Sehen nach dem Prinzip des inneren Zusammenhangs der Sache und der Ereignisse.

Wie für jede Zeit, ist es auch in unserer Aufgabe, die maßgebenden Menschen im Bilde als Realität zu sehen, aber unter neuen und anderen Bedingungen. Durch die gesamten kritischen Analysen der Überlieferung wird vorbereitet, daß der Wissende am Ende in den Dokumenten durch diese hindurch sehen soll. Man läßt an den Quellen in sich das

Bild erwachsen. Dem Unbefangenen muß es immer wieder erscheinen. Er kann sich unmittelbar von dieser Wirklichkeit ansprechen lassen, auch wenn sie verschleiert ist von Unzugehörigem. Wir dürfen wie alle Zeiten unmittelbar hinblicken, unabhängig von dem bestimmten, fixierten Glauben. Dieses Sehen gewinnt zwar durch die Kritik Maß und Grenzen und Voraussetzungen. Aber auf dem so gewonnenen Boden bleibt das Sehen selbst so ursprünglich wie von jeher. Es ist selber unbeweisbar und findet seine Inhalte nicht durch Schlüsse. Rückläufig wird das so Gesehene zur Führung in der Kritik, aber so, daß es selber nicht beweist, sondern Fragen an die Beweisbarkeit stellt. Aus dem kritischen Zweifel in Verbindung mit der Ergriffenheit von der Überlieferung entspringt jederzeit das Wagnis, sich trotz allem ein Bild der geschichtlichen Wirklichkeit zu machen.

Die methodische Übereinstimmung in der Auffassung der vier wird nicht aufgehoben durch die Unterschiede des Maßes von Realität, die wir zu erreichen meinen. Wenn gefragt wird, von wem wir mehr und besser wissen, so scheint das Wissen etwa von Jesus und Sokrates beglaubigter als das von Buddha. Fragt man nach der Authentizität der Worte, so kann man die Buddhas mehr bezweifeln als die von Sokrates und Jesus und Konfuzius. Aber sie sind alle zweifelhaft. Jede der vier Gestalten gewinnt ihre eigentümliche Klarheit für uns. Aber das Licht, in dem solche Klarheit von uns gesehen wird, scheint einen abweichenden Charakter zu haben: realistisch gegenwärtig ist es für Sokrates, magisch verklärend für Jesus, als zauberhafte Abstraktheit typisierend bei Buddha, als helle Nüchternheit bei Konfuzius. Ist Sokrates vielleicht greifbarer gegenwärtig und zugleich einheitlicher, weil die andern drei keinen Plato fanden? Oder gibt es vielleicht gesichertere Worte Jesu, weil die Apostel keine Dichter waren und kein geistiges Werk bewußt gestalteten?

Die bloße Kritik endet in der These vom Nichtbescheidwissen. Die Wirklichkeit ist dann wie verschwunden. Dagegen steht der Blick auf diese Wirklichkeit. Will dieser sich behaupten, so kann er sich rechtfertigen:

Diesen vier wird von der gesamten Überlieferung vor Einsetzen der wissenschaftlichen Kritik diese hohe Stellung gegeben. Was aber so außerordentlich auf die innere Haltung der Menschen durch Jahrtausende gewirkt hat, das hat das Vorurteil für sich, daß es auch wirklich da war. Es ist unmöglich, daß aus der Nichtigkeit eines Menschen Größe im Bilde wird, das eine hohe Seele spürbar werden läßt. Der

Ursprung solchen Bildes muß selber etwas Außerordentliches gewesen sein.

Man sieht, daß die Wirkung jedenfalls sofort, zu Lebzeiten einsetzt, daß sie zuerst vom leibhaftigen Menschen selber und nicht von einem Bild ausgeht. Und in der Erfahrung dieser nicht zu bezweifelnden Wirkung werden wir selber mitergriffen. Die Eindringlichkeit der Wirkung noch heute auf uns ist ein Tatbestand, der kein rationaler Beweis, aber ein geistig bezwingender Hinweis ist. Diese Männer sind noch sichtbar, weil sie wirksam sind.

Die Kritik neigt zur These: Zufall. Nicht ursprüngliche Größe, sondern durch den Zufall einer Situation und neue Zufälle in der Folge der geistigen und politischen Geschichte seien diese Namen zu Kristallisationspunkten geworden, an sich bloße Staubkörner, die durch beliebige andere ersetzbar gewesen wären. Nicht sie, sondern die Gesellschaft, die Gemeinden und Kirchen, anonyme geistige Mächte, irgend etwas anderes als sie, fanden in ihnen, nachdem die Kristallisation einmal begonnen hatte, den festen Punkt, ihn durch Mythen und geistige Gehalte zu umlagern. Dieser Punkt ist in seiner anfänglichen Realität unsichtbar geworden und mit Recht, denn der Anfang war irrelevant.

Gegen solche These sträubt sich unser Wirklichkeitsbewußtsein selber. Es ist offenbar richtig, daß historisch außerordentliche Verwandlungen des Bildes, Überlagerungen und Verfälschungen stattfanden, daß vor allem auch Verkehrung des Sinnes in das Gegenteil und Niveausenkungen dieses Sinnes ins Abergläubische geschehen sind. Aber wesentlich ist, ob im Anfang das nichtige Staubkorn oder die Größe stand.

Kann Zufall aus nichts etwas Dauerndes machen? Bei politischen Ereignissen mag es anders sein, wenn hier aus den Zufällen einer Situation ein zufälliger Mensch durch faktische Wirkung eine vorübergehende, relative äußere Macht gewinnt und doch hintergrundslos bleibt. Geistig wirksam in einem erfüllenden Sinn, etwas Bleibendes, kann er nicht werden.

Die Kritik lehrt, daß man die Großen auffassen kann je als einen Fall des in ihrer Zeit verbreiteten Typus. Sokrates war wie der Schuster Simon u. a. oder wie die Sophisten, Konfuzius einer der wandernden Literaten und Ratgeber, Buddha einer der vielen damaligen Ordensgründer, Jesus einer der Juden, die als Messias auftraten und hingerichtet wurden. Diese Auffassung unter solchen Typen ist lehrreich, weil sie für die soziologische Erscheinung richtig und für das Wesen dieser Männer gerade uncharakteristisch ist. Die geschichtliche Einmaligkeit der Großen wird durch den Versuch solcher Einordnung nur um so deutlicher. Sie sind nicht durch den Typus charakterisiert, sondern durch das Einzige und Unvertretbare ihres Wesens. Warum haben denn Sokrates, Buddha, Jesus, Konfuzius und nicht die anderen eine so gewaltige Wirkung gehabt? Was die historische Kritik übrigläßt, macht es unbegreiflich. Diese Männer haben ohne den Besitz weltlicher Macht, ohne den Zauber von Demagogen und Sophisten, Menschen geistig bezwungen, selber duldend und verzichtend. Sie wirken in der Folge weiter gegen die Überlagerungen und Verkehrungen, die sie durchbrechen, werden durch Wiederhören ihrer ursprünglichen Stimme Ausgang zu neuen Bewegungen. Ihre Größe zeigt sich darin, daß sie nicht aufhören zu wirken.

Wie ist zu verfahren, wenn unter den gegenwärtigen Bedingungen das Bild dieser Großen entworfen wird? Vorausgesetzt ist ein Ergriffensein von ihrer Wirklichkeit. Es ist nicht die Willkür einer Subjektivität gegen historische Erkenntnis zu setzen, sondern historische Erkenntnis zu der Vergegenwärtigung der Erfahrung zu benutzen, ohne die solche Erkenntnis selber keinen Sinn hätte.

Beim Entwurf des Bildes ist eine Kontrolle der überlieferten Zeugnisse notwendig. Diese geschieht nach folgenden Prinzipien: Das Überlieferte wird in sachlichen Zusammenhängen geordnet zu einer idealtypischen Konstruktion, die überzeugend ist durch ihre innere Kohärenz, soweit sie auf Grund der Zeugnisse gelingt, deren Auswahl auf diese Konstruktion hin erfolgt. – Durch die idealtypischen Konstruktionen, deren mehrere sich für den geistigen Gehalt der Großen zusammenfinden, ist auf die Polarität innerhalb der Einheit zu blicken. Die Größe liegt auch in dem Umfang der Gegensätze, die zusammengehalten werden. – Diese Konstruktion richtet sich auf das Ursprüngliche im Gegensatz zu den Abgleitungen und Verkehrungen, die in der Überlieferungsmasse von vornherein mitgehen und in der Folge überwuchern. Diese Abgleitungen sind selber verständlich und in ihren Richtungen aufzuzeigen. Dadurch gewinnt der Ursprung größere Klarheit, in dem der Grund der Möglichkeit der Abgleitungen im Ursprung selbst gesehen wird. Zugleich wird eine Abwehr gewonnen gegen die falsche Sachkritik, die die Abgleitungen für die Sache selbst nimmt.

Der Darsteller muß aber wissen, daß kein Bild schlechthin gültig sein kann. Und vor allem: daß er die so leicht ausgesprochenen Prinzipien der Auffassung niemals wirklich erfüllen wird.

b) *Warum die vier?* Es gibt andere, an die zu denken wäre: Abraham, Moses, Elias, – Zarathustra, – Jesaias, Jeremias, – Mohammed, – Laotse, Pythagoras. Aber keiner erreicht durch Umfang und durch Zeitdauer die historische Wirkung jener vier. Der einzige, der historisch einen vergleichbaren Umfang an Wirkung hatte, Mohammed, ist an Tiefe des Wesens nicht zu vergleichen.

Die vier zusammen gehören keinem sie umschließenden Typus an. Ihre Geschichtlichkeit und damit Einzigkeit ist nur aufzufangen in einer umfassenden Geschichtlichkeit des Menschseins, das sich in ihnen auf ganz verschiedene Weise ausspricht. Diese gemeinsame Wurzel zu erspüren, ist eine Möglichkeit erst, nachdem die Menschheit eine Verkehrseinheit wurde und gegenseitig von ihren maßgebenden Menschen erfuhr. Vorher war für große Teile der Menschheit jeder von ihnen der Einzige, und er blieb es durchweg auch nach Kenntnis von den anderen bis heute.

c) *Die Gemeinsamkeiten und Unterschiede der vier:* Diese Menschen wurden maßgebend durch ihre Haltungen, Handlungen, Seinserfahrungen und Forderungen, auf die seither die philosophierenden Menschen ihren Blick richten, wenn sie in die Mitte ihrer Aufgaben gelangen. Sie haben, je in ihrem Bereich, die größte Wirkung auf die spätere Philosophie gehabt. Auf das, was ihnen geistig gemeinsam ist und wie darin sogleich die eigentümlichen Unterschiede auftreten, sei vom Interesse der Philosophie her in folgenden Punkten hingewiesen:

1. *Soziologisch* ist festzustellen, daß sie der Herkunft nach aus höchster Aristokratie (Buddha) und aus dem Volke stammten (Sokrates, Konfuzius, Jesus), daß aber keiner bodenlos, vielmehr jeder einer Gemeinschaft und Lebensform zugehörig war.

Psychologisch ist bei allen der maskuline Charakter auffällig. Sie hatten keinen Familiensinn, obgleich drei (Sokrates, Konfuzius, Buddha) verheiratet waren (ohne daß ihre Ehe eine Rolle spielte). Aber sie sind innig verbunden mit ihren Schülern oder Jüngern. Die maskuline Grundhaltung war eine faktische, entsprang nicht aus einem Willen oder Prinzip.

2. Die vier entsprechen *nicht dem Typus der Propheten,* der gekennzeichnet ist durch Visionen, Ekstasen, durch das unmittelbare Hören von Gottes Stimme und Erblicken seiner Gestalt, durch Sendung und

wer 6 Punkte hat!
und das als Junge, da doch in

Auftrag, durch bestimmte Inhalte von Gottes Willen, die ihnen geoffenbart sind, um sie zu verkünden. Aber die vier haben eine solchen Propheten analoge Seite. Sie wissen sich im Dienste der Gottheit, sie sind von ihr berufen (Sokrates, Konfuzius, Jesus) oder im Dienste der Heilsnotwendigkeit (Buddha). Aber den Inhalt, den sie verkünden, verdanken sie nicht direkter Offenbarung. Sie kennen wie die Propheten die Einsamkeit, die Stille und das Hellwerden in der Meditation. Aber sie sind Propheten in einem größeren Sinne: In ihnen ist etwas aufgerissen. Die Welt ist nicht in Ordnung. Ein radikales Anderswerden wird erfahren und gefordert. Sie sind ergriffen, wir wissen nicht wovon. Sie sprechen aus, was sich doch nicht angemessen sagen läßt. Sie reden in Gleichnissen, dialektischen Widersprüchen, Gesprächsrepliken, ohne zu fixieren. Sie geben an, was zu tun sei, aber so, daß es nicht geradezu begriffen werden kann nach einer Technik von Zweck-Mittel-Verhältnissen, noch weniger als Programm einer neuen Weltordnung. Sie brechen hindurch durch das Gewohnte, bis dahin Selbstverständliche, und durch das einfach Denkbare. Sie schaffen einen neuen Raum und neue Möglichkeiten und erfüllen ihn mit Ansätzen, die nirgends zu Ende geführt sind.

3. *»Umwandlung«:* Nicht Werk und Inhalt ist das Wesentliche, sondern eine Lebenswirklichkeit, die der Beginn einer menschlichen Wandlung in der Welt ist. Wer sie verstehen will, muß selber eine Wandlung erfahren, sei es in einer Wiedergeburt, sei es in einem Ruck des Seinsbewußtseins, einer Erleuchtung und Belehrung. Ihre Forderungen sind nirgends erschöpft in Anweisungen, sondern für das Verständnis des von ihnen in die Welt Gebrachten ist eine Voraussetzung die eigene Umwandlung des Hörenden. Diese Umwandlung ist bei Sokrates das Fortschreiten durch Denken, bei Buddha die Meditation und die dazu gehörende Lebensführung, bei Konfuzius die Bildung, die mehr ist als bloßes Lernen, bei Jesus die Hingabe an Gottes Willen ohne Hinblick auf die Welt.

4. *Tod und Leiden:* Sokrates und Jesus starben einen gewaltsamen Tod durch die Mächte der Welt; Buddha wurde durch die Wirklichkeit des Sterbens auf seinen Weg gebracht; Konfuzius sah den Tod, ohne ihm wesentliches Gewicht zu geben. Alle haben ein Verhältnis zu Tod und Leiden als einem Grundtatbestand des Menschendaseins.

Sokrates starb mit siebzig Jahren den Tod in Reife und Ruhe, in einer Heiterkeit, die nicht getrübt ist, weder durch Enthusiasmus noch durch einen Rest von Angst des Lebensdranges. Er hat die Gelassenheit des Sterbenkönnens. Ihm wurde der milde Tod durch Vergiftung mit dem Schierling zuteil. Er blieb ohne Pathetik des Märtyrertums. Aber vielleicht wäre er ohne seinen Tod historisch nicht das geworden, als was er gewirkt hat, hätte der Blick seiner Jünger, der Blick Platos, nicht jene Gestalt gesehen, die ihnen erst in der Erschütterung vor dem Tode durch Umschmelzung dieser Jünglinge selber in ihrer Größe leuchtete und dann in der Erinnerung noch aus sich selbst zu wachsen vermochte.

Jesus starb am Kreuze jung, dreißig Jahre alt. Er starb seinen Tod in grausamster und entwürdigendster Gestalt. Der ganze Schrecken und Jammer des gewaltsamen Todes steht in ihm vor Augen. Er sträubte sich und nahm ihn auf sich als Gottes Willen. Ohne ihn wäre Jesus nicht zum Christus geworden, nicht der Auferstandene zum Gegenstand des Glaubens.

Sokrates und Jesus sind durch die Weise ihres herausfordernden Todes und ihres Sterbens Antworten auf die Frage nach dem Tode. In ihnen hat das Abendland sich wiedererkannt auf zwei ganz verschiedenen Wegen: in Sokrates als dem Spiegel der Gelassenheit, die dem Tod als solchem kein Gewicht gibt, – in Jesus als dem Spiegel des Sterbenkönnens, das in höchster Not und Qual, die über das Maß des für den Menschen zu Tragenden hinausgehen, doch den Grund der Transzendenz findet.

Sokrates und Jesus sind als geschichtliche Wirklichkeit hinaufgewachsen zu Urbildern, wie sie in der Vorzeit für Mythus und Dichtung da waren. Sie bringen in menschlicher Leibhaftigkeit vor Augen, was in Gestalten wie Gilgamesch, Hiob, dem Gottesknecht des Deuterojesaja, in den Helden der griechischen Tragödie mythisch angeschaut war. Die Weltaspekte des Mythus: das Dasein ist Leiden, Tätigkeit ist Überwindung des Leidens, aber alle große Tätigkeit scheitert – wurden in Sokrates und Jesus gegenwärtig. Beide haben wie keine anderen erschüttert und emporgehoben, Sokrates als der an der Welt scheiternde Philosoph, Jesus als der in der Welt so nicht mögliche, allein an Gott gebundene Mensch.

Leiden und Todesdrohung haben ihre Wirklichkeit in der Weise und dem Maße, wie sie aufgefaßt werden: ob sie in Verzweiflung erlitten, ob sie in Tapferkeit getragen werden, – ob der Tod, wenn die Menschenwürde verletzt ist, als der einzige Ausweg ergriffen wird, – ob Leid und Tod erfahren und übersetzt werden in das Wissen um das Verstricktsein in Schicksal und Schuld, und damit im tragischen

Bewußtsein selbst zur Erlösung gelangen, – ob sie in Klagen ohne Anklage und in Ruhe getragen werden wie in China und Indien.

Die Erbarmungslosigkeit des Nichtmitfühlens ist unser alltäglicher Zustand. Das Schrecklichste kann um uns geschehen, kann von Menschen Menschen angetan werden, – wir sind von Mitleid ergriffen und werden wohl bewegungslos in Angst, es könne auch uns treffen, aber wir werfen uns wieder in das Dasein, gemeinhin vergessend und verschleiernd. Was räumlich fern und anonym ist, läßt uns nicht einmal Mitleid empfinden.

Das war nicht die Haltung der maßgebenden Menschen. Sie erlagen nicht unserer durchschnittlichen Phantasielosigkeit. Für Buddha und Jesus sind Leiden und Tod die eigentliche Wirklichkeit dieses Weltdaseins, die sie durch ihr Leben, Sehen und Denken überwanden. Sie sprachen es aus in dem Unvorstellbaren: ewig ist nur das Nirvana und das Reich Gottes. Sokrates und Konfuzius sahen dem Tod so ins Auge, daß er seine Wesentlichkeit verlor.

5. *Feindesliebe:* Den vier maßgebenden Menschen zeigt sich die universale Menschenliebe ohne Einschränkung. Das Äußerste, das Verhältnis zum Feinde, von dem man Unrecht erleidet, wird ihnen zur Frage. Aber sie wird nicht identisch beantwortet. Die radikale Forderung der Feindesliebe findet sich nur bei Jesus. Die Forderung der Erwiderung der Feindschaft mit Wohltun findet sich auch bei Laotse. Konfuzius aber verwirft die Forderung Laotses. Vielmehr: »Wohltun vergelten mit Wohltun, Feindschaft mit Gerechtigkeit.« Sokrates sagt (im Kriton): »Böses zu erwidern, wenn einem Böses widerfährt, ist Unrecht.« »Der, dem Unrecht widerfahren ist, darf nicht wieder Unrecht tun.« »Mag man auch noch so schwer von jemandem zu leiden haben, man darf ihm weder erlittenes Unrecht vergelten noch Böses zufügen«, darf sich nicht »durch Erwiderung des Bösen zur Wehr setzen.« Sokrates weiß das ganz Ungewöhnliche dieser Forderung und meint: »Für die Anhänger dieses Glaubens und ihre Gegner gibt es kein gegenseitiges Verständnis, sondern unvermeidlich nur gegenseitige Verachtung« (allerdings spricht Sokrates entgegengesetzt bei Xenophon). Buddha lehrt die universale Liebe, die keinem Bösen Widerstand leistet, in unendlicher Milde duldet und allem Lebendigem Gutes tut.

6. Die Frage nach dem Ausweg aus Leiden und Tod ist zugleich die Frage nach dem *Verhältnis zur Welt.*

Sokrates sucht durch Denken in der Welt sich selbst und seinen Weg mit den Anderen. Durch sein Fragen bis ins Äußerste erweckt er die Gewißheit, die lebt und wirklich ist und nicht nur von etwas weiß. Er erreicht eine Weltüberwindung ohne Weltverneinung. Er verzichtet auf Totalwissen, auf Totalurteile, bescheidet sich im Nichtwissen, in dem die Wahrheit und Wirklichkeit gegenwärtig wird.

Sein Weg ist so schwer, weil unsere menschliche Verfassung objektiv entschieden, leibhaftig greifbar, gegenständlich lehrbar wissen möchte, was ist.

Buddha drängt, durch Versenkung und weltfreies Leben das Nirvana zu erreichen und die Welt zu verlassen. Sein Leiden war grenzenlos als Mitleiden. Er glaubte, die Befreiung gefunden zu haben: die Aufhebung des Daseins im Ganzen, aber nicht durch die gewaltsame Vernichtung, welche nur neues Dasein zur Folge hätte, sondern durch Überwindung im Erlöschen. Es ist der Verzicht ohne Gewalt in der Stille der Seele.

Die Grenze dieses Buddhawissens ist die Beschränkung der Daseinserfahrung und damit all der geistigen Gehalte der Seele, die ihr doch erst mit dem Eintritt in die Welt zuwachsen. Damit geht auch die Beschränkung dieses Mitleidens selber einher, weil es nur für einen kleinen Umfang der menschlichen Leidensmöglichkeiten, fast nur für die elementar vitalen, sehfähig ist. Daher bleibt aus: die Entfaltung des Menschenwesens in der Weltverwirklichung, in dem Aufschwung durch die Gestaltungen der in der Welt erfahrbaren Gehalte. Vielmehr ist alles Wesentliche im Wissen fertig, die Weltmöglichkeiten sind durch ihre Gleichgültigkeit auch faktisch verloren.

Konfuzius will durch Bildung den Menschen in seiner Welt und diese Welt in ihrer vorgebildeten ewigen Ordnung sich gestalten lassen. Er will unter den Bedingungen der Welt aus der Idee des natürlichen Menschseins dessen Erfüllung gewinnen. Das sieht er als möglich dadurch, daß die Welt selber im Tao, unter dem Vorbild steht, nicht allein durch Zweckmäßigkeit und Nützlichkeit für Daseinszwecke gelenkt ist.

Seine Grenze und das Nichtgelingen seiner Weltidee liegt darin, daß er bei Unheil und Scheitern nur klagt und in Würde erträgt, nicht aber den Anstoß aus dem Abgrund erfährt.

Jesus, im Durchbruch durch alle weltlichen Ordnungen die unbeschränkte Radikalität vollziehend, hat ohne Weltverneinung alles unter die Bedingung des Gottesreiches am Weltende gestellt und von daher in seinem ewigen Wert geprüft als gut oder böse, als wahr oder falsch. Jesus vollzieht in Rebellion, angesichts des Weltunterganges, das bedingungslose Ethos im Einklang mit Gottes Willen.

Seine Grenze ist, daß für ein Bauen in der Welt kein Interesse mehr bestehen kann.

Sokrates wirkt in freier, ungeplanter Kommunikation, ohne Schule und Institution. *Buddha* stiftet die Mönchsgemeinde, um unter der Vorbedingung der Verwirklichung eines absoluten Ethos jedem den Weg ins Nirvana zu bahnen, durch die Mönche aber, die das Ziel erreicht haben, das faktisch noch eine Weile fortgehende Dasein nutzen zu lassen zur Lehre des befreienden Wissens an alle erreichbaren Menschen. *Konfuzius* gründet eine Schule, um durch Bildung sittlich geprägter Staatsmänner die Welt in ihre eigentliche Ordnung zurückzuführen. *Jesus* verkündet und läßt verkünden das Weltende und das Gottesreich.

Sie alle wollen die Welt überwinden, die einen durch Preisgabe der Welt, die anderen durch Ordnung der Welt aus ihrer Anarchie zur rechten Welt. Alle sind übergriffen von einem Überweltlichen. Ihr Weltverhalten, Ausweg aus dem Unheil, greift auch im Ordnungswillen hinaus über menschliches Machen und Planen, weil geführt von einer anderen Instanz.

Im Schema läßt sich sagen: Sokrates geht den Weg des Denkens in der Welt als Vernunft des Menschen; dieser Weg zeichnet den Menschen aus und ist das ihm Mögliche. Buddha will die Welttilgung durch Erlöschen des Daseinswillens. Konfuzius will die Weltwerdung. Jesus ist die Weltkrise.

7. *Lehre und Verkündigung:* Alle vier teilen sich mit. Ihre Berufung erfahren sie als Wirkungsaufgabe. Sie gehen auf die Straße, wandern, stehen in ständigem Umgang, mündlich in Diskussion oder doch in Frage und Antwort, in Lehre, die als solche vorgetragen wird, abgewandelt nach Situationen.

Da es sich bei allen nicht um ein bloßes Wissen von etwas handelt, sondern um die Verwandlung im denkenden inneren Handeln, so ist die Frage, wie dieses Innerste der Seele des Anderen überhaupt zu erreichen ist. Sie wird nicht durch theoretische Erörterung, sondern praktisch beantwortet. Gemeinsam bleibt ihnen das Bewußtsein, sich an eine tiefste Innerlichkeit zu wenden, die noch vor allem Tun liegt, und darin bezogen zu sein auf etwas unbedingt Gültiges, auf das Sein selbst, auf die Ewigkeit, auf Gott, auf eine in Urbildern sich zeigende Ordnung – oder wie sonst dies Andere heißt, das dadurch, daß es auf solche Weise gegenständlich (objektiv) gedacht wird, schon nicht mehr ist, was es eigentlich ist.

Die Frage, wer überhaupt zugänglich ist für solche Lehren, beantwortet Buddha: »Dem Verständigen gehört die Lehre, nicht dem Törichten«, – Jesus aber: »Lasset die Kindlein zu mir kommen!« Sokrates unterscheidet, sein Daimonion wehrt ab, wenn Ungeeignete seinen Umgang suchen. Konfuzius achtet auf die Begabung. Jesus wendet sich an alle.

Vergleichen wir Jesus und Buddha: Jesu Verkündigung steht im Zusammenhang des gottgewirkten Geschehens. Wer mit Jesus geht, gerät in eine Leidenschaft, die im Augenblick der ungeheuersten Entscheidung ihre Quelle hat. Buddha verkündet seine Lehre, tatenlos wandernd, in aristokratischer Ruhe, ohne Zureden, indifferent gegen die immer gleiche Welt. Jesus gründet sich auf das Alte Testament, Buddha auf die indische Philosophie. Jesus fordert Glauben, Buddha Einsicht.

Vergleichen wir Jesus und Sokrates: Jesus lehrt durch Verkündigung der frohen Botschaft, Sokrates durch Hineinzwingen in das Denken. Jesus fordert Glaube, Sokrates Dialektik des Denkens. Jesus wirkt in unmittelbarem Ernst, Sokrates indirekt, auch durch Ironie. Jesus weiß von Gottesreich und ewigem Leben, Sokrates weiß nichts Sicheres davon und läßt die Frage offen. Beide lassen den Menschen keine Ruhe. Aber Jesus verkündet den einzigen Weg, Sokrates läßt den Menschen frei, erinnert ihn nur ständig an die Verantwortung aus dem Freisein. Beide erheben den höchsten Anspruch, aber Jesus mit bestimmtem Inhalt, Sokrates in unbestimmten, unendlich bestimmbaren Räumen. Jesus gibt, was das Heil ist. Sokrates wird Anlaß, danach zu suchen.

8. *Schweigen und Nichtwissen:* Die vier kennen und betonen das Schweigen. Sie verschweigen nicht, aber ihre tiefste Wahrheit kann nur indirekt mitteilbar werden, auch für sie selber. Daher sprechen sie in Gleichnissen, werden in Augenblicken stumm, verweigern ausdrücklich die Antwort auf solche Fragen, die sie für ungemäß halten.

Sie alle haben kein Interesse für metaphysische Spekulation, keines für Naturwissen. Es gibt weite Bereiche, wo sie gar nicht wissen wollen.

Dazu kommt an entscheidender Grenze ihr betontes Nichtwissen. Wo ein Wissen nicht erreichbar ist, soll die Zeit mit ergebnislosen Gedanken nicht vergeudet werden. Auch in großen Fragen ist das Wissen nicht notwendig, wenn das Heil der Seele nicht davon abhängt. Es gibt die vielen überlieferten Lebensformen und herkömmlichen Ordnungen, die in der Welt genügen und die man einhalten mag, wo sie mit dem Grundziel nicht in Gegensatz geraten.

d) *Unser Verhalten zu den vier maßgebenden Menschen:* Die vier sind keine Philosophen, sofern ihnen Wissenschaft gleichgültig war und sofern Philosophie Denken auf dem Wege und unter Voraussetzen der Wissenschaften ist. Es ist falsch, Sokrates (auf Grund eines Satzes des Aristoteles) als Begründer der induktiven Wissenschaft oder auch nur als ein Glied im wissenschaftlichen Fortschritt aufzufassen. Die vier sind in der Geschichte der Philosophie nicht durch angebbare rationale Positionen vertreten. Sie haben keine Werke geschrieben. Drei von ihnen gelten großen religiösen Glaubensgemeinschaften als Gründer. Ihnen klingt es absurd, diese Gottgesandten als Philosophen anzusehen. In welchem Sinne sind sie dann auch für die Philosophie in Anspruch zu nehmen?

Ihnen ist die Religion im Sinne dessen, was kultische und kirchliche Glaubenswirklichkeit von Gemeinschaften ist, nicht wesentlich. Sie sind eine geschichtliche Wirklichkeit, die zugleich für Philosophie und für kirchliche Religion fordernd da ist, und die es verwehrt, von Philosophie oder Religion als Alleinbesitz usurpiert zu werden. Philosophie darf für sich in Anspruch nehmen, von den Erfahrungen dieser Großen und ihrer persönlichen Wirklichkeit sich inspirieren zu lassen.

Die Ursprünglichkeit und das Leben auf eigene Gefahr ohne vorgegebene Gemeinschaft für das, was sie tun, ist in Jesus, Buddha, Konfuzius und nicht anders in Sokrates. Alle vier sind aufgetreten als die maßgebenden Menschen, die sie sind, ohne sich selbst zum Vorbild zu machen (das »Ich bin der Weg, die Wahrheit und das Leben« des Johannes-Evangeliums ist sicher kein Jesuswort). Aber sie wurden solche Muster, sie prägten ein Menschsein, ohne daß ihr Unerschöpfliches in Gesetz und Gedanke angemessen fixiert werden konnte. Und dann erst wurden sie im Bilde verwandelt bis zur Gottwerdung.

Für das Philosophieren sind sie Menschen. Als Menschen müssen sie jeweils mit ihren besonderen Charakterzügen ihre Grenzen haben, mit ihrer Geschichtlichkeit der Allgemeingültigkeit für alle entbehren. Es sind mehrere, es gilt nicht einer ausschließlich und allein. Daher sind sie zum je ausschließend Einzigen, zum Wahren an sich verabsolutiert nur dort, wo mit ihrem Bilde durch so Glaubende eine Verwandlung vor sich gegangen ist, in der sie den Charakter natürlichen Menschseins verlieren.

Der Gehalt dieser Wirklichkeit der vier maßgebenden Menschen ist die Erfahrung der menschlichen Grundsituation und die Vergewisserung der menschlichen Aufgabe. Sie sprechen sie aus. Sie gelangen damit zu den Grenzfragen, auf die sie die Antworten geben. Ihr Gemeinsames, letzte menschliche Möglichkeiten verwirklicht zu haben, ist aber in seinem Gehalt nicht Eines. Sie sind auch nicht in einem Aggregat zu einem Ganzen des Wahren zu vereinigen. Sie beziehen sich sachlich aufeinander, weil sie aus menschlichen Möglichkeiten leben und fragen und antworten, aber sie stehen auch disparat nebeneinander als unvereinbar in einem einzelnen Menschen, der etwa alle ihre Wege zugleich ginge.

Gemeinsam aber bleibt ihnen dies: in ihnen werden Erfahrungen und Antriebe des Menschseins im Äußersten kund. Was hier wesentlich war, das ist für immer auch der Philosophie wesentlich. Die vier haben sich geschichtlich als unumgänglich erwiesen, durch ihre Wirklichkeit und durch ihre Denkweise. Sie sind Quellen des Philosophierens geworden und Anstoß zum Widerstand, in dem die Widerstehenden sich erst klar wurden. Bis heute ist es eine Frage, wie wir uns philosophisch zu ihnen verhalten, und wie sie sich zueinander verhalten für den, der sie alle wahrnimmt, und was sie ohne die organisierten Religionen bedeuten, für die sie als Stifter und Autorität gelten.

Unser philosophisches Verhalten zu ihnen ist dieses: Wir sind ergriffen von dem ihnen Gemeinsamen, weil wir mit ihnen in der Situation des Menschseins stehen. Keiner von ihnen kann uns gleichgültig sein. Jeder ist wie eine keine Ruhe lassende Frage an uns.

Wir werden uns bewußt, daß wir in der eigenen Wirklichkeit keinem von ihnen folgen. Wenn wir den Abstand spüren zwischen dem Ernst dieser Großen und der Fragwürdigkeit des eignen Lebensganges, so erfahren wir die Notwendigkeit, den uns möglichen Ernst zu finden. Jene Maßgebenden werden dabei Orientierung, nicht Vorbild zur Nachahmung. Inhaltlich unbestimmt aber können wir allen zugleich in dem Einen folgen: in der Betroffenheit von der Forderung ihres Ernstes.

Jeder der vier hat seine eigene Größe in dem, was in den Anderen nicht vergleichbar ist. Sokrates und Konfuzius weisen auf Wege, die auch wir zu gehen vermögen, wenn wir sie auch nicht erreichen. Wir folgen dem Sokrates im Fragen unter der unfaßlichen höchsten Instanz auf dem Wege des innerlich handelnden Denkens, folgen dem Konfuzius im Verwirklichen natürlicher Menschlichkeit.

Jesus und Buddha sind auf andere Weise gegenwärtig. Jesus lehrt im Blick auf Weltende und Gottesreich das in der Welt nicht zu verwirklichende Ethos der Bergpredigt. Buddha weist den Weg aus der Welt in das Nirvana. Beide leben in Weltindifferenz aus dem Äußersten. Faktisch, wenn überhaupt, folgen ihnen nur sehr wenige Menschen.

Auch bei Sokrates und Konfuzius können die Inhalte ihres Gedachten heute zumeist nicht die unsrigen sein, aber ihre Denkungsart ist ein Weg für uns. Bei Jesus und Buddha dagegen ist nicht nur der Inhalt, sondern die Form des Lebens und Denkens selber uns verwehrt, – oder sie sind zu wählen mit den Konsequenzen, ohne die alles unredlich bleibt. Dagegen sind sie als Frage für uns von einzigem Gewicht. Wir wissen nur, was wir sind und tun, wenn wir es im Schatten von ihnen her sehen.

Ich vermute, daß Abendländer mit wenigen Ausnahmen bei unbefangener Vergegenwärtigung ebenso urteilen. Nur Vernachlässigung entscheidender Punkte und verschleiernde Umdeutungen erlauben den Schein einer grundsätzlichen Gefolgschaft gegenüber Jesus und Buddha. Die mögliche Wahrheit der Nachfolge jener Einzigen ist aber mit solchen Unredlichkeiten nicht beschritten. Wo sie wirklich geschieht, ist sie ehrfurchtgebietend. Aber die Bedingungen der Gefolgschaft und die unausweichlichen Konsequenzen soll ein philosophierender Mensch klar sehen. Dann erst kann er in den konkreten Situationen seines Lebens, nur hier, wissen, was er tut und was er will.

Bibliographie

I. Quellen

Bibel:

Die Heilige Schrift des Alten Testaments, übers. v. E. Kautzsch, 4. Aufl., herausgegeben v. A. Bertholet, Tübingen 1922–1923.
Textbibel des Alten und Neuen Testaments, herausgegeben v. E. Kautzsch. Das Neue Testament in Übersetzung v. C. Weizsäcker, 3. Aufl., Tübingen 1911.
Neutestamentliche Apokryphen, in deutscher Übersetzung v. E. Hennecke, Tübingen 1924.

Buddhistischer Kanon (Pālikanon):

Übersetzungen von K. E. Neumann: Die Reden Gotamo Buddhos aus der Längeren Sammlung Dīghanikāyo, 4 Bde., München 1927–1928. – Die Reden Gotamo Buddhos aus der Mittleren Sammlung Majjhimanikāyo, 3 Bde., München 1922. –
Sammlung der Bruchstücke. – Die Lieder der Mönche und Nonnen Gotamo Buddhos, 2. Aufl. München 1925. – Der Wahrheitspfad (Dhammapadam), 2. Aufl. München 1921.
Dīghanikāya, in Auswahl übers. v. O. Franke, Göttingen 1913.
Die Reden des Buddha aus dem Anguttara-Nikaya, übers. u. erläutert v. Nyānatiloka, 5 Bde., München-Neubiberg o. J. (1922 ff.).
Samyutta-Nikāya, deutsch v. W. Geiger, 2 Bde., München-Neubiberg 1925–1930.
Reden des Buddha, übers. v. H. Oldenberg, München 1922.
Pāli-Buddhismus in Übersetzungen aus dem buddhistischen Pāli-Kanon und dem Kammavāca v. K. Seidenstücker, 2. Aufl. München-Neubiberg 1923.

Chinesischer Kanon:

Die fünf kanonischen Bücher: Schu-king, Schi-king, I-king, Liki, Tschun-thsiu.
Die Konfuzianischen Schriften: Ta-hio, Lun-yü, Tschung-Yung, Schriften des Meng-tse.
Schi-king; das kanonische Liederbuch der Chinesen, deutsch v. V. v. Strauß, Heidelberg 1880.
I-King, das Buch der Wandlungen, deutsch v. R. Wilhelm, Jena o. J. (1923).
Kung Fu Tse, Gespräche (Lun Yü), deutsch von R. Wilhelm, 2. Aufl. Jena 1914.
Li Gi, das Buch der Sitte (darin: Ta-hio, Tschung-Yung), deutsch v. R. Wilhelm, Jena 1930.
Schu-king, englisch übers. v. J. Legge, Oxford 1879.
Hans Haas: Das Spruchgut Kung-tszes und Lao-tszes in gedanklicher Zusammenordnung, Leipzig 1920.

Platon:

Opera, rec. Ioannes Burnet, Tom. I–V, Oxford o. J.
Sämtl. Werke, deutsch v. O. Apelt u. a., mit Gesamtregister, Leipzig 1911–1920.
Werke, übers. v. F. Schleiermacher, I, 1 – III, 1, 2./3. Aufl., Berlin 1855–1862.
Dialoge I–IV, übertr. v. E. Salin (Apologie, Kriton, Phaidon – Theätet – Euthy-

phron, Laches, Charmides, Lysis – Gastmahl, Phaidros), Sammlung Klosterberg, Basel 1945–1952.
Lexicon Platonicum, v. F. Ast, 3 Bde., 1835, Neudruck Berlin 1908.

Xenophon:
Erinnerungen an Sokrates, Verteidigung des Sokrates, Gastmahl, Von der Haushaltungskunst; deutsche Übersetzung i. d. Sammlung v. Osiander u. Schwab, 5. Aufl. Stuttgart 1872; Haushaltungskunst 1828.

II. Literatur

Beckh, Hermann:
Buddha und seine Lehre, Stuttgart 1958.

Bruns, Ivo:
Das literarische Porträt der Griechen im fünften und vierten Jahrhundert vor Christi Geburt, Berlin 1896.

Bultmann, Rudolf:
Jesus, Berlin o. J. (1926, 2. Aufl. 1929).

Chantepie de la Saussaye:
Lehrbuch der Religionsgeschichte; vierte, vollständig neu bearbeitete Auflage, herausgegeben v. A. Bertholet u. E. Lehmann, 2 Bde., Tübingen 1925.

Crow, Carl:
Konfuzius, Staatsmann, Heiliger, Wanderer (Original: Master Kung), Deutsch Berlin 1939.

Dibelius, Martin:
1.: Jesus, Berlin 1939.
2.: Die Botschaft von Jesus Christus – Die alte Überlieferung der Gemeinde in Geschichten, Sprüchen und Reden, Tübingen 1935.

Emerson, Ralph Waldo:
1.: Versuche; aus dem Englischen v. G. Fabricius, Hannover 1858.
2.: Vertreter der Menschheit, übertr. v. H. Conrad, Leipzig 1903.

Forke, Alfred:
Geschichte der alten chinesischen Philosophie, Hamburg 1927.

Franke, O.:
Geschichte des chinesischen Reiches, 4 Bde., Berlin 1930–1948.

Gabelentz, Georg von der:
Confucius und sein Lehre, Leipzig 1888.

Gigon, Olof:
Sokrates – Sein Bild in Dichtung und Geschichte, Bern 1947.

Hoffmann, Ernst:
Platon, Zürich o. J. (1950).

Jaeger, Werner:
1.: Paideia, 3 Bde., Berlin 1934–1947.
2.: Die Theologie der frühen griechischen Denker, Stuttgart 1953.

Kern, Heinrich:
Der Buddhismus und seine Geschichte in Indien, deutsch v. H. Jacobi, 2 Bde., Leipzig 1882–1884.

Köppen, Friedrich:
Die Religion des Buddha, 2 Bde., Berlin 1857–1859.

Maier, Heinrich:
Sokrates – Sein Werk und seine geschichtliche Stellung, Tübingen 1913.

Meyer, Eduard:
Geschichte des Altertums:
Bd. 3: Das Perserreich und die Griechen, 2. Aufl., Stuttgart 1912.
Bd. 4: Das Perserreich und die Griechen (3. Buch: Athen. Vom Frieden von 446 bis zur Kapitulation Athens im Jahre 404 v. Chr.), 2. Aufl., Stuttgart 1912.

Oldenberg, Hermann:
Buddha, 7. Aufl., Stuttgart 1920.

Pischel, Richard:
Leben und Lehre des Buddha, Leipzig 1917.

Schayer, Stanislav:
Vorarbeiten zur Geschichte der mahāyānistischen Erlösungslehren, Diss., Freiburg 1921.

Schwartz, Eduard:
Charakterköpfe aus der antiken Literatur (darin: Sokrates und Plato, Polybios und Poseidonios, Cicero, Diogenes und Krates, Epikur), Berlin 1902, 4. Aufl. 1912.

Schweitzer, Albert:
Geschichte der Leben-Jesu-Forschung, 5. Aufl., Tübingen 1933.

Stenzel, Julius:
1.: Studien zur Entwicklung der Platonischen Dialektik von Sokrates zu Aristoteles, 2. Aufl., Leipzig u. Berlin 1931.
2.: Sokrates; in: Pauly-Wissowa, Realencyklopädie, Stuttgart 1926.

Stübe, Rudolf:
1.: Confucius, Tübingen 1913.
2.: Das Zeitalter des Confucius, Tübingen 1913.

Wilhelm, Richard:
1.: Kung-tse, Stuttgart 1925.
2.: Kungtse und der Konfuzianismus, Berlin 1928.
3.: Chinesische Philosophie, Breslau 1929.